"十三五"国家重点出版物出版规划项目

政府社会资本管理文丛

政府社会资本理论构建

王竹泉◎著

中国财经出版传媒集团
中国财政经济出版社

图书在版编目（CIP）数据

政府社会资本理论构建 / 王竹泉著. --北京：中国财政经济出版社，2020.12

（政府社会资本管理文丛）

“十三五”国家重点出版物出版规划项目

ISBN 978-7-5223-0222-5

Ⅰ.①政… Ⅱ.①王… Ⅲ.①政府投资-合作-社会资本 Ⅳ.①F830.59

中国版本图书馆 CIP 数据核字（2020）第 251270 号

责任编辑：孙 琛　　责任校对：徐艳丽

封面设计：智点创意　　责任印制：党 辉

政府社会资本理论构建

ZHENGFU SHEHUI ZIBEN LILUN GOUJIAN

中国财政经济出版社 出版

URL：http：//www.cfeph.cn

E-mail：cfeph@cfeph.cn

社址：北京市海淀区阜成路甲 28 号　邮政编码：100142

营销中心电话：010-88191522

天猫网店：中国财政经济出版社旗舰店

网址：https：//zgczjjcbs.tmall.com

北京富生印刷厂印刷　各地新华书店经销

成品尺寸：185mm×260mm　16 开　10.5 印张　260 000 字

2020 年 12 月第 1 版　2020 年 12 月北京第 1 次印刷

定价：50.00 元

ISBN 978-7-5223-0222-5

（图书出现印装问题，本社负责调换，电话：010-88190548）

本社质量投诉电话：010-88190744

打击盗版举报热线：010-88191661　QQ：2242791300

总 序

对政府社会资本的研究始于我将集体选择理论引入企业理论和会计研究。集体选择理论发源于公共管理学、社会学范畴，用于解决社会中的公共选择问题。集体选择是“各参与者依据某项规则相互协商而确定集体行动方案的过程”。企业是社会的细胞，企业的形成过程也具有明显的集体选择特征，因此，在国家自然科学基金“利益相关者结构特征与财务披露监管模式研究”（70472013）和教育部新世纪人才支持计划（NCET05－0590）的支持下，我尝试将集体选择理论引入企业理论研究，提出“企业的本质是利益相关者集体选择”（2008）的论断，并以利益相关者理论和集体选择理论为基础，建立了企业所有权安排的理论解释框架，为企业理论的研究提供了新的视角。2011年，我提出了“利益相关者集体选择视角的企业价值管理研究”的研究计划，并在当年获得了国家自然科学基金立项资助，课题编号为71172099。

随着利益相关者集体选择视角的企业价值管理研究的深入，政府的角色和作用引起了我的兴趣和关注。传统的企业理论都将政府视为一个提供公共产品的超然主体，因而政府对企业价值的影响和作用均是被视为企业的环境因素。无论是赞同政府干预还是针锋相对地反对，政府与企业的关系都只是被视为政府作为社会管理者与企业作为被管理者的行政管理关系，不同学派分歧的焦点只是政府在企业（或市场）形成或发展过程中的行政权力的边界和作用，甚少有对企业形成和发展过程中政府公共资源配置的性质和作用进行深入的研究。众所周知，企业是一个资源配置的社会建构。在企业形成的资源配置中，政府是否也和其他资本投资者一样投入了具有个性化的公共资源？如果政府也在企业形成的资源配置中投入了个性化的公共资源，为什么其他的资源提供者可以享有企业的所有权，而政府却从来都没有被纳入企业所有权的框架之内呢？如果企业的本质是利益相关者的集体选择，政府是否是当然的集体选择参与者之一呢？

深入考察政府的公共资源配置，不难发现，其并非均为公共产品。实质上，在每家企业的形成和发展过程中，政府都或多或少地投入了具有排他性、竞争性的公共资源，例如，授予每家企业独一无二的“名号”或“代码”的使用权，赋予其在特定空间或区域开展营业活动的许可权，赋予其开展特定营业活动的许可权以及给予企业的各种专项支持政策（如建设用地、基础设施配套等优惠政策，人才引进、招商引资等专项支持政策），等等。政府为企业提供的这些公共资源具有显著的个性化特征，其在每家企业的资源配置中更符合资本的特性，不应该将其与公共产品相混淆。在对政府公共资源配置进行深入分析后，我提出了“政府社会资本”的概念，将政府公共资源配置区分为政府公共产品和政府社会资本，前者是非排他性、非竞争性的，必须按均等化的原则配置，后者则具有一定的排他性和竞争性的特征，其在企业之间的配置更具有个性化和资本性的特征。

在此基础上，我把对政府社会资本的概念和相关理论的思考带到我在中国海洋大学开设的"利益相关者会计与价值管理"课程中，与硕士、博士研究生们一起探讨，这些探讨既包括对政府社会资本的界定、构成要素及其分类、测度、权力属性及其确认、权力边界及行权方式等基础理论问题，也包括宏观、微观层面政府社会资本的应用探讨。宏观层面的应用涉及政府与市场关系重构、政府公共资源配置与经济社会发展规划、财税体制改革、产权制度改革、营商环境优化、环境治理及国家监督体制改革等国家治理创新的思考，微观层面的应用涉及企业构建的资源配置中政府与市场的关系、企业的资本禀赋及企业中的政府社会资本测度、企业中的政府社会资本所有权确定与企业混合所有制改革、政企关系重构等企业制度创新的思考。2018 年，我提出的"政府社会资本管理文丛"（涵盖《政府社会资本理论构建》《政府社会资本与企业理论创新》《政府社会资本与国家治理创新》3 部著作）入选"十三五"国家重点出版物出版规划项目，旨在创建"政府社会资本基础理论""政府社会资本所有权与政府公共管理权协同的国家治理理论"和"异质性资本禀赋的利益相关者集体选择的企业理论"，为新时代国家治理体系现代化和中国特色企业理论的创新发展作出贡献。感谢"十三五"国家重点出版物出版规划项目、中宣部"文化名家暨'四个一批'人才工程"和财政部"会计名家培养工程"对本丛书创作和出版的支持。

本丛书凝聚了我和长期以来合作研究的团队同事和学生的集体智慧。中国海洋大学管理学院权锡鉴院长一直支持我开展政府社会资本及其应用的创新研究，并与我一起以利益相关者集体选择理论、政府社会资本理论为核心合作完成了国家社科基金重点项目"竞争性国有企业混合所有制改革的现实困难与理论突破"（课题编号：16AJL007），武辉教授、杜媛副教授、祝兵博士、张璠博士、王苑琢博士、宋晓缤博士、史晓洁博士、韩星佳硕士、任祯硕士、于小悦硕士等也参与了合作研究，为本丛书的顺利出版提供了有力支持，在此一并表示衷心的感谢。

本丛书的出版得到了中国财政经济出版社会计分社樊清玉社长和责任编辑的特别支持，在此表示感谢。由于学识和能力有限，丛书中的观点和论述难免有错误和偏颇，敬请读者给予批评指正。

王竹泉

2020 年 12 月

目　录

导论 …………………………………………………………………………（ 1 ）

第一章　资源配置中的政府与市场关系 ……………………………………（ 22 ）
　第一节　宏观资源配置中的政府与市场关系 ……………………………（ 22 ）
　第二节　微观企业资源配置中的政府与市场关系 ………………………（ 28 ）
　第三节　宏观微观资源配置中政府与市场关系的贯通 …………………（ 31 ）

第二章　政府社会资本与政府公共产品 ……………………………………（ 35 ）
　第一节　政府职能与政府公共资源配置 …………………………………（ 35 ）
　第二节　政府公共产品与政府社会资本的分野 …………………………（ 42 ）
　第三节　政府公共资源统筹配置 …………………………………………（ 46 ）
　第四节　政府社会资本的本质 ……………………………………………（ 48 ）

第三章　政府社会资本的功能与作用 ………………………………………（ 51 ）
　第一节　政府社会资本与经济秩序治理 …………………………………（ 51 ）
　第二节　政府社会资本与社会秩序治理 …………………………………（ 55 ）
　第三节　政府社会资本与社会民生治理 …………………………………（ 61 ）
　第四节　政府社会资本与文化治理 ………………………………………（ 64 ）
　第五节　政府社会资本与生态治理 ………………………………………（ 65 ）

第四章　政府社会资本层次、结构与测度 …………………………………（ 68 ）
　第一节　宏观层次政府社会资本结构与测度 ……………………………（ 68 ）
　第二节　中观层次政府社会资本结构与测度 ……………………………（ 77 ）
　第三节　微观层次政府社会资本结构与测度 ……………………………（ 85 ）

第五章　政府社会资本管理体系 ……………………………………………（ 90 ）
　第一节　政府社会资本所有权及其确认 …………………………………（ 90 ）

第二节 政府社会资本信息披露 …………………………………… (95)
第三节 政府社会资本运营管理 …………………………………… (98)

第六章 政府社会资本理论应用 …………………………………… (105)
第一节 政府社会资本与企业理论创新 ……………………………… (105)
第二节 政府社会资本与企业制度创新 ……………………………… (108)
第三节 政府社会资本与国家治理创新 ……………………………… (117)

第七章 政府社会资本的应用拓展 ………………………………… (124)
第一节 政府社会资本与财税体制改革 ……………………………… (124)
第二节 政府社会资本与创新驱动发展 ……………………………… (132)
第三节 政府社会资本与国家监督体系改革 ………………………… (139)

第八章 未来展望 ……………………………………………………… (147)
第一节 政府社会资本制度的选择 …………………………………… (147)
第二节 政府社会资本制度的未来展望 ……………………………… (149)

主要参考文献 ………………………………………………………… (150)

导　论

政府社会资本理论是我在最近20年对会计理论的重要基础理论——企业理论的深入思考和不断探索基础上提出的，其经历了一个问题逐渐聚焦、逻辑层层递进、思想不断升华的过程。也是我个人的两大研究方向[①]之一——利益相关者会计与价值管理研究不断深化的过程。如果将这一过程与个人之前的研究探索过程结合起来，大致可以将其划分为四个阶段：（1）从会计准则到会计理论；（2）从会计理论到企业理论；（3）从企业理论的局限分析到利益相关者集体选择企业观；（4）从利益相关者集体选择企业观到政府社会资本理论的构建。

一、从会计准则到会计理论

（一）初为人师：潜心教学

1965年，我出生于山东栖霞，15岁时考入了当时北京八大学院之一的北京钢铁学院（现北京科技大学），学习热门专业——工业自动化专业。在北京钢铁学院的四年本科学习过程中，我接受了系统的工科教育训练，养成了良好的学习习惯，形成了科学的逻辑思维能力，这为我一生的学习和工作打下了坚实的基础。1984年7月，大学毕业后我被分配到冶金工业部张家洼工程指挥部（现鲁中矿山公司）机械动力处工作。工作半年之后，冶金工业部应经济建设之需要，在青岛组建青岛冶金矿山职工大学。当时经济管理类专业人才奇缺，大部分普通高校也是刚刚开始恢复设置这些专业。青岛冶金矿山职工大学1985年首次招生开设的是采矿、选矿、企业管理、工业会计4个专业，但企业管理和工业会计专业师资却严重匮乏。因此，冶金工业部从分配到张家洼工程指挥部的大学毕业生中选拔出10人到东北工学院（现东北大学）跟随本科生学习进修，5人学习企业管理专业，5人学习会计学专业，以充实经济管理类的师资力量，我参加了那次选拔并幸运地入选，从此便与会计学专业结下了不解之缘。

我在东北工学院进修了两年时间。可能是对数字和严谨的勾稽关系的热爱，加上在工业自动化专业学习时对“控制论”等的感悟和理解，让我对严谨务实的会计专业有一种一见如故的感觉，我深深地喜欢上了这个专业，倍加珍惜这份美好的邂逅。1987年1月，我结束了在东北工学院的进修学习，回到了青岛冶金矿山职工大学，正式开启了作为高校教师的职业生涯。

---

① 从1999年开始攻读博士学位至今，我的研究主要集中在两个领域，一是利益相关者会计与价值管理，二是营运资金管理。

初为人师的几年，主要精力都是在教学上。广泛阅读专业书籍，撰写讲稿，除了每堂课的教学重点、主要内容安排外，还要设计每堂课的例题和练习题。这些例题不是简单地将其他教材中的例题改头换面，而是在学习了各门教材相关的知识点并理解了相关的知识点的内在逻辑关系之后再自行设计。对于初次授课的教师来讲，自己设计例题和练习题是一个很好的提升教学能力的方法，不仅是一个理论知识的巩固和提高的过程，更是一个讲授知识点之间内在关联关系的预演，只有准确把握了知识点之间的内在关联关系，才可能举一反三，信手拈来。这样既能使教师在课堂上避免照本宣科，提高学生的学习积极性，又能够讲得头头是道，提高课堂讲授的深度和效果。记得当时我为第一门课《经济活动分析》准备的讲稿达到了七八百页，最厚的活页夹都放不下，平均每节课就有十几页，而要写出这十几页的讲稿至少需要花费十几个小时。正所谓“台上一分钟，台下十年功”。

由于对课程教学内容理解透彻，教学态度一丝不苟，并善于启发和推导，因此，很快赢得了学生的信任和赞誉，也进一步增强了自己做好一名教师的信心和动力。在之后几年的《经济活动分析》课程的教学中，尽管早已有现成的讲稿，但是每次我都是从零开始，重新撰写每学期课程的讲稿。虽然额外花费了更多的时间，但这个过程还是非常值得的，对于提高教学水平和教学能力很有帮助。1990 年初，我调到了青岛建筑工程学院（现青岛理工大学）管理系工作，除了《经济活动分析》外，开始讲授《成本会计》《国际会计》《高级财务会计》等课程。在这些课程的教学中，我均坚持每上一门课，就重新撰写一本讲义，所有的时间几乎全用到了备课、上课上，教学水平和教学能力逐渐提升。1992 年，青岛建筑工程学院举办了首届青年教师讲课比赛，我报名参加并最终荣获一等奖，是全校仅有的两名一等奖之一。同年，我被评为山东省高等学校优秀青年教师。

1992 年 11 月，国务院以国函〔1992〕178 号文件批准了《企业会计准则》《企业财务通则》① 的发布施行，随后发布了 13 个行业的会计制度和 10 个行业的财务制度（简称“两制”），拉开了我国企业会计核算制度与国际惯例接轨的序幕。“两则”“两制”意味着在我国实施了 40 多年的计划经济体制下的会计制度和财务制度将全面与国际惯例接轨，是会计制度和财务制度的一次革命性的变革，上千万的广大会计从业人员的专业知识更新是一项巨大的工程，我也全力以赴地投入这场轰轰烈烈的巨大工程之中。1993 年春天到夏天共 3 个多月的时间，除了学校正常的学生授课，每周要为青岛市财政局委托的培训班授课 30 多个小时，嗓子都累得嘶哑了。虽然很累，但是广大会计从业人员的学习热情极大地激励着我去不断提升和完善自己，最终，圆满地完成了青岛市财政局委托的培训任务。这场培训既让我对“两则”“两制”有了系统、深入的理解和把握，也让我在青岛的会计界有了较大的影响。1993 年，全国注册会计师资格考试第一次面向社会统一考试，我以青岛市最高的成绩一次性全科通过了中国注册会计师资格考试。从 1994 年开始，每年的 6—8 月，我都会受邀为青岛市财政局组织的注册会计师考试辅导班授课。由于讲授得条理清晰，深入浅出，重点难点阐释透彻，深得学生的好评。那时，其他班的很多学员都挤到我上课的教室听课，导致我上课的大阶梯教室总是人满为患，很多人都坐在台阶上、窗台上听课，200 多人的教室实际有 300 多人在听课。我辅导的课程也从一科到后来的《会计》和《财务管理》两科，

① 《企业会计准则》和《企业财务通则》，简称“两则”。

1994—1998 年，我辅导过的参加注册会计师考试的学员不下 5000 人。这期间，我每年还为参加中级会计资格考试的学员提供辅导，辅导过的学员人数也不下 5000 人。1997 年我又以青岛市的最好成绩一次性通过了全国首次注册资产评估师资格考试，成为少有的同时具有注册会计师和注册资产评估师资格且均全科一次性通过的专业技术人员，在青岛会计界有了广泛的影响。

（二）初涉研究：会计准则

我早期的学术研究多是与专业教学结合在一起的。我国 1993 年实行的与国际惯例接轨的会计制度，不仅开创了我国会计改革和发展的新时代，而且对会计专业教育也产生了革命性的影响，会计准则和国际会计惯例成为那个时期会计教学和研究的热点。针对当时我国会计准则研究不够深入的现实情况，我有意识地将专业课程教学和资格考试辅导作为发现研究课题的机会，并对捕捉到的研究课题进行深入研究。

在我国首次研究制定企业具体会计准则并向社会公开征求意见期间，我就积极参与，并针对企业具体会计准则征求意见稿中存在的问题撰写研究论文和政策建议。1996 年 3 月我在《会计研究》发表的“关于外币报表折算程序的探讨”一文，论证了不同的境外营业性质下外币报表折算差额的性质及其对外币财务报表折算程序的影响，揭示了外币财务报表折算程序选择的内在逻辑，指出了我国《外币折算》具体会计准则（征求意见稿）规定中存在的逻辑错误，提出了具体修改建议并得到采纳。

“对国外子公司投资的权益法核算研究”（《财经科学》，1998 年第 4 期）、“外币报表折算差额的成因及其决定因素”（《上海会计》1998 年第 6 期）、“外币报表折算差额研究”（《会计之友》1998 年第 2 期）等论文，对外币财务报表折算与长期股权投资准则的结合应用以及外币财务报表折算差额的成因解释进行了深入的分析，纠正了当时注册会计师考试、会计专业资格考试指定用书等对这些问题理解和解释中的错误。

在企业合并与合并会计报表准则方面，1997 年 12 月发表在《会计研究》上的“合并会计报表的所得税会计处理”一文，对公司间交易未实现内部利润的时间性差异特征以及其所得税影响在合并会计报表上的列示进行了深入研究，设计了合并会计报表上的递延所得税处理方法，这一研究获得了“中国中青年财务成本研究会”（现中国会计学会财务成本分会）第三届科研成果评奖（1993－1997 年）论文类成果的唯一一等奖，这比我国在 2007 年发布的《企业会计准则解释第 1 号》才补充规定公司间交易的未实现利润在合并财务报表中作递延所得税处理早了 10 年。此外，围绕我国《企业合并》和《合并财务报表》准则列报规定中的一些错误发表了“合并会计报表时提取盈余公积的抵销方法辨析”“论合并会计报表对公司间资产交易的抵销”“编制合并会计报表的几个特殊问题”等论文。

在现金流量表准则方面，1998 年在《现代会计》发表了“关于增值税有关的现金流量的列报”一文，揭示了现金流量表直接法和间接法的衔接原理。此后，陆续发表的“坏账业务在现金流量表上的列示”“论汇率变动对现金流量影响列报的改进”“现金流量分类几个特殊问题的分析”“论资产减值准备在现金流量表的列示”“编制现金流量表的特殊问题及处理技巧”等对现金流量表准则的列报及其编制技巧进行了分析。

从 1996 年到 1999 年，我先后在《会计研究》上发表了 3 篇论文，并在《经济管理》《财经科学》《财务与会计》《上海会计》《财会月刊》《会计之友》等核心期刊发表与教学内容相关的 10 多篇专业研究论文。这些论文都是在课程教学和资格考试辅导中发现问题并加以研究解决的，且主要是围绕企业会计准则展开的。

（三）博士深造：会计理论

虽然在1999年之前我已发表了不少的论文，其中在《会计研究》上就有3篇，在专业教学方面也小有名气，但是，我感觉自己的视野很有局限，研究的层次较低，只是在已有理论基础上的局部深化，尚没有系统性的理论创新。1998年7月，我发表在《会计研究》1997年第12期上的论文“合并会计报表的所得税会计处理”被评为“中国中青年财务成本研究会第三届优秀科研成果一等奖”（论文类唯一一项一等奖），我受邀参加由东北财经大学举办的中国中青年财务成本研究会1998年年会并领奖。这是我第一次参加学术会议，这次会议让我打开了眼界，在会上有幸见到了著名的会计学家郭道扬教授、谷祺教授以及当时在业界颇有影响的一批中青年会计学者：王光远、赵德武、刘明辉、张龙平、王化成、陆正飞、夏博辉、陈毓圭等。在王棣华教授的推荐下，我加入了中国中青年财务成本研究会，成为这个充满活力的学术组织中的正式一员，也从此开启了我的学术之旅。

1999年3月，我应邀参加在杭州举办的“会计准则理论研讨会”，在会上做了题为“关于增值税有关的现金流量的列报”的报告，指出了当时为执行现金流量表准则要求企业在核算应付款项、应收账款时设置“货款”“增值税”明细账户的误区，提出了现金流量表间接法中对经营性应收、应付项目列报的方法。在会上，除聆听了葛家澍教授“美国关于高质量会计准则的讨论及其对我们的启示”以及时任中国会计学会秘书长、财政部会计司副司长刘玉廷做的“加强会计理论研究，推动我国会计准则建设”和时任中国证监会首席会计师的张为国教授做的题为“国际会计准则的动向与对策”的报告外，还参加几个小组的分组研讨，有幸认识了曲晓辉教授、潘琰教授、薛云奎教授、刘峰教授等，不仅增进了与同行之间的交流，也进一步开拓了我的学术视野。

为了进一步提升自己的理论素养，我有了攻读博士学位的打算。1999年4月，中南财经大学举办面向21世纪会计教育改革研讨会，我应征的论文“迎接知识经济，改进会计教学”入选会议交流。我在会议上向罗飞教授表达了跟随他攻读博士学位的愿望，罗飞老师给了我很大的鼓励。1999年9月，我顺利考取中南财经大学会计学专业博士研究生，师从罗飞教授。

入学后我很快就认识到了自己学术研究的不足：“就会计论会计”，缺乏系统的理论创新。在罗飞教授的指导下，我首先开始研读经济学、管理学、会计学和财务学的经典著作，从中寻求思想的火花和创新的灵感。在博士学习的前两年的时间里，我基本天天都泡在学校的图书馆，系统地阅读了科斯、哈特、斯蒂格利茨等著的《契约经济学》、哈罗德·德姆塞茨著的《所有权、控制与企业》、曼瑟尔·奥尔森《集体行动的逻辑》、乔·B. 史蒂文斯著的《集体选择经济学》、平狄克等著的《微观经济学》、张维迎著的《博弈论与信息经济学》、斯蒂芬·P. 罗宾斯著的《管理学》、张培刚著的《微观经济学的产生与发展》、唐·埃思里奇著的《应用经济学研究方法论》、詹姆斯·范霍恩等著的《现代企业财务管理》、罗斯·瓦茨等著的《实证会计理论》、威廉姆·R. 司可脱著的《财务会计理论》、斯蒂芬·A. 泽弗等著《现代财务会计理论——问题与论争》、财务会计准则委员会《论财务会计概念》、杨瑞龙等《企业的利益相关者理论及其应用》以及迈克尔·哈默、詹姆斯·钱皮著的《改革公司》、乔恩·休斯等著的《供应链再造》等关于业务流程再造和供应链管理等的系列著作，理论基础得到了夯实。在罗老师的指导下，我研究的视野不再局限于会计准则，深入参与了导师罗飞教授承担的国家自然科学基金课题“现代企业制度下国有企业财务管理与会计管理模式研究”（课题编号：79770101）和教育部人文社科规划项目“会计监督与会计委派制制度创新与完善问题研究”（项目编号：01JA790108）的研究。在导师的指导下，我开始尝试将会计监督、财务管理等纳入公司治理结构中进行考察，将会计研究、财务研究与现代企业制度的研究紧密地联系起来，并取得了初步的成果。代表性成果有：“国家作为出资者对国有企业的财务管理”（《会计研究》，2001年第4期）、“国有企业财务与会计监督”（《管理会计》（台湾），2000第53期）、“会计监督是保证现代企业制度良好运行的重要机制”（《财会通讯》2000年第3期）、“关于国有控股公司财务管理模式的调查”（《经济研究参考》，2000年G－8）、“会计委派制利弊谈”（《国有资产管理》2001年第4期）、“国家出资者对国有企业的会计监督：理论与模式”（《中国会计理论与实务前沿》2001年）、“论国有控股公司财务机制的构造，《四川会计》2001年第7期”“论国有企业财务管理的环境与财务关系”（《会计论坛》2002年第1辑）、“论国家出资者对国有企业的管理应以财务管理为中心”（《国际财务与会计》（香港），2003年第1期）、“论国有企业的财务决策机制”（《财经论丛》，2003年第3期）等。以上论文2003年以“国有企业财务与会计监督”（系列论文）的形式参加湖北省哲学社会科学成果奖评审并荣获二等奖。协助导师开展课题研究的锻炼对我后期的学术研究产生了重要影响，也将我的研究兴趣引入了公司治理领域。

二、从会计理论到企业理论

（一）研究起点：会计监督

会计监督是会计的基本职能之一，也是多年来我国会计理论研究的焦点。早在20世纪五六十年代和80年代，会计学界就曾为会计有无监督职能而争论不休，但没有定论。1985年颁布的《中华人民共和国会计法》（以下简称《会计法》）肯定了会计的监督职能，才使争论暂告一个段落。进入20世纪90年代，会计理论研究的焦点一度转向了会计准则和会计核算制度。1992年颁布《企业会计准则》和《企业财务通则》以后，更是把会计理论研究的焦点引向了会计准则和会计核算制度领域，对会计监督的研究则有所忽视，明显滞后。特别是在企业进行建立现代企业制度改革以后，由于会计监督的理论研究没有及时跟上，结果导致会计工作秩序混乱、会计信息失真的现象愈演愈烈，严重阻碍了我国国民经济的正常、健康发展。

1999年修订的《会计法》对“会计监督”的规定虽然有了较大的突破，但也给会计监督的理论研究提出了许多新的课题。什么是会计监督？其主体、对象、客体、依据、方式是什么？会计监督与内部控制、审计监督、财务监控（或财务监督）有何关系？在现代企业公司治理结构中，会计监督的地位和作用是怎样的？它是如何发挥作用的？如何处理不同主体、不同层次会计监督的关系？如何对会计监督体制进行优化和设计，等等。对于这些问题，理论和实践都未能很好地解决，但亟须解决。由此可见，会计监督虽然是一个老话题，且为中国会计理论研究的一大特色，但关于会计监督的理论特别是关于公司治理结构中的会计监督的理论却仍然十分薄弱，进行深入、系统的研究十分必要。它不仅对丰富具有中国特色的会计理论和方法体系具有重大的学术意义，而且对于解决会计信息失真这一世界性难题具有重要的实用价值。因此，2001年，在导师罗飞教授的指导下我选择了“公司治理结构中的会计监督研究”作为博士学位论文研究的选题。

几十年的争论和研究却没有形成一套系统、完善的理论体系，除了说明会计监督本身确实是一个复杂性问题外，也说明我们过去的研究方法可能存在问题。总结我国会计监督的理论研究，最大的问题就是没有弄清楚会计监督的基本含义和本质特征，以至于会计界直到现在对此仍非常模糊、分歧较大，这种状况直接影响了中国会计研究的纵深发展。会计监督理论研究在概念上的纠缠，与我国长期以来在理论研究中没有科学划分财务与会计有很大的关系，财务管理与会计、财务监督与会计监督的关系没有理顺。另外，在研究视野上，局限于会计的狭隘框架内，就会计论会计，把研究焦点集中在作为会计职能的“会计监督”上，忽视了对公司治理结构中各方面利益相关者会计监督的研究。因此，我对会计监督的研究建立在以下几点基本认识的基础之上：（1）会计监督体系的建立和完善，会计监督职能的加强，是保证我们初步建立的现代企业制度良好运行的一种重要机制。因此要把会计监督的研究与建立现代企业制度结合起来，要与公司治理结构的优化结合起来。（2）尽管财务管理和会计存在着密切的联系，但它们是两门不同的学科，不仅存在的客观基础不同，而且具有不同的性质、属性、对象和职能。因此，必须把会计监督和财务监督区分开来。（3）把会计监督的目标定位于防范会计信息失真，而不包括监督经济活动和财务收支的合法性、合理性等。这并不妨碍在实践中把对会计信息的监督与对经济活动和财务收支的合法性、合理性等的监督结合起来进行，但这种结合并不是必然的选择，是否结合取决于能否提高监督效率，因此应当视具体情况做具体分析。（4）会计监督是一个复杂的控制系统，对会计监督的研究不能撇开对会计环境的分析，必须以会计环境分析为立足点，从整个经济系统的相互联系中研究影响会计信息质量的各种因素，寻求治理和解决问题的对策。（5）会计监督属于一种制度安排，因此，必须从经济利益关系的角度研究会计监督，要重视公司治理结构中各利益相关者的经济利益与会计信息的关系，从利益相关者围绕会计信息经济后果的博弈中考察利益相关者会计监督体制的形成和变迁逻辑。（6）在公司治理的理念上，把公司的所有利益相关者作为平等的缔约主体，坚持利益相关者共同利益最大化的治理逻辑，而不是传统的以股东利益最大化为导向。（7）不以会计监督是中国会计理论研究的特色而固步自封，要博采众长，充分借鉴国外在会计监督方面的先进经验。同时，要防止崇洋媚外，盲目照搬。

基于以上几点认识，我在研究中主要采取了以下几种研究方法：（1）借鉴系统论、控制论和信息论的基本原理，运用静态分析和动态分析相结合的分析方法剖析会计监督体系的构成要素、会计监督体系各组成部分的相互关系、会计监督与外部环境之间的联系以及会计监督在公司治理结构中的功能作用及其运行机制等；（2）运用博弈论和制度经济学的分析方法对利益相关者会计操纵行为和会计监督行为进行分析，剖析利益相关者个体理性选择的影响因素及其对利益相关者会计监督体制的影响，剖析利益相关者会计监督体制形成和变迁的内在逻辑和基本规律；（3）运用历史分析及国际比较分析等方法对不同国家、不同时期公司治理结构中的会计监督体制进行研究，总结各种会计监督体制形成的历史条件、特点及其经验和教训，寻求有效会计监督体制的内在规律性；（4）运用规范分析和实证分析相结合的方法对现行的会计监督体制及其运行效果进行分析评价。

（二）研究提升：分类监管

在公司治理结构中的会计监督研究中，我深刻认识到，公司治理和会计监督密切相连。

一方面，财务披露是公司治理的决定性因素之一，其制度的完善与否决定了公司治理的成败。另一方面，公司治理结构又直接影响着财务披露的要求、内容和质量。进入 21 世纪以后，在公司治理中考虑利益相关者的整体利益、鼓励利益相关者适当参与的利益相关者理论开始引起广泛关注，作为公司治理研究重要组成部分的会计监督研究也不应例外。

国内对利益相关者理论的关注始于 1996 年。在 2000 年以前，相关的研究主要是将该理论与传统的公司治理理论进行比较，比较的侧重点是控制权和剩余索取权的制度安排。崔之元（1996）、周其仁（1996）、费方域（1996）等都对此进行了研究。但由于处于研究初期，因此，对这种理论如何具体指导公司治理的实际运作关注不够，利益相关者参与公司治理的机制和模式方面的研究成果很少。在这一时期，运用利益相关者理论研究会计监督问题可以说还是一个空白。

2000 年以后，国内一批学者开始关注利益相关者理论的应用研究，把利益相关者理论的研究推进到公司治理机制和公司治理运作模式研究的层面，并发表了一系列有影响的研究成果，为利益相关者理论在我国的发展作出了重要贡献。李维安（2000）指出，公司治理不仅仅是静态的治理结构，还包括动态的治理运作。必须对公司治理的实务运作进行深入的研究来指导企业实践，规范企业治理行为，防止出现现代企业制度改革中新的治理结构“空洞化”。他建议从制定指导公司治理实务的基本准则——公司治理原则入手来建立与完善中国的公司治理。2001 年，由李维安教授主持的中国公司治理原则课题组研究起草了《中国公司治理原则》（草案），该草案单设一章对利害相关者的利益保护作出具体规范。提出中国公司必须构筑以股东、经营者、职工、债权人、供应商、客户、社区等利害相关者为主体的共同治理机制，保证各利害相关者作为平等的权利主体享受平等待遇，并设计了一套系统的保护各方利益相关者利益的治理原则和治理机制。该项研究对我国公司治理特别是利益相关者参与公司治理起到了重要的推动作用。中国证监会和国家经贸委在 2002 年初出台的《上市公司治理准则》第六章也专门规定了公司治理中的利益相关者问题，从制度层面为上市公司治理中利益相关者的利益保护奠定了基础。之后的研究则把利益相关者理论更加向前推进了一步，即不是对所有利益相关者“等量齐观”，而是在科学界定的基础上对不同的利益相关者进行“分类治理”。这方面研究的代表主要有贾生华、陈宏辉（2002），吴玲、陈维政（2003）等。

受利益相关者理论和分类治理理念的影响，我尝试将利益相关者理论引入会计监督研究，首先对利益相关者的会计行为进行了分析，指出每一类利益相关者对待会计信息的态度都具有两面性。一方面，每一类利益相关者的经济利益都和会计信息有着非常密切的联系，自利的本性使他们都有通过操纵会计信息而牟取私利的动机，在条件具备时，这种动机就会转化为实际的操纵会计信息的行为；另一方面，各类利益相关者的经济利益之间存在着相互制约、此消彼长的关系，因此，一部分利益相关者通过操纵会计信息而获利必然导致其他利益相关者经济利益的损失，为了防止或减少这种损失，可能遭受损失的利益相关者就会对其他利益相关者操纵会计信息的行为进行监督。因此，必须建立利益相关者相互之间进行会计监督的体制[①]。然后，我从制度安排的视角研究了公司治理结构中各利益相关者的经济利益

① 详细内容请参见王竹泉：《利益相关者会计行为的分析》，载《会计研究》，2003 年第 10 期。

与会计信息的关系，在利益相关者围绕会计信息的博弈中考察利益相关者会计监督体制形成和变迁的基本逻辑，指出利益相关者会计监督体制具有多样性和动态性的特点。即利益相关者会计监督体制具有状态依存的特征，对应企业重要利益相关者的不同分布状态，与之相适应的利益相关者会计监督体制也是不同的。在此基础上，系统地探讨了利益相关者会计监督体制的构造原理，分别从利益相关者的个体理性和集体理性探讨了利益相关者会计监督体制的自然构造和人为构造，为利益相关者理论在会计监督领域的应用研究奠定了良好的基础。

2004 年，在博士期间研究的基础上，我首次申请了国家自然科学基金课题“企业利益相关者结构特征与财务披露监管模式研究”，获得了立项（课题编号：70472013）。该课题在合理界定参与公司治理和财务披露监管的利益相关者基础上，对利益相关者的结构特征进行分类和定量分析，对各类利益相关者的财务披露监管偏好进行研究，并根据利益相关者的结构特征对企业进行分类，有针对性地分析研究各类企业的利益相关者参与公司治理的机制和财务披露监管的具体模式，力求为国内外企业完善财务披露监管提供科学、系统的政策建议。具体研究内容包括：（1）财务披露监管基本理论问题研究；包括财务披露监管概念的界定，财务披露监管的目标、主体、客体、依据、方式，财务披露监管体系的基本结构和层次，财务披露监管与财务监督、审计监督、内部控制的关系，等等。（2）财务披露监管与公司治理的关系研究；以利益相关者理论为基础，研究财务披露监管与公司治理的关系，剖析财务披露监管在公司治理中的地位、作用和运行机制。（3）利益相关者结构特征研究；借鉴利益相关者理论中已有的关于利益相关者分类的研究成果，结合对不同类型利益相关者受财务披露影响程度及其参与财务披露监管的便捷程度的分析，确立利益相关者结构的描述特征和分析方法，并运用该方法对企业利益相关者的结构特征进行分析，为按利益相关者结构特征分别研究与其相适应的财务披露监管体制奠定基础。（4）利益相关者财务披露监管偏好与财务披露监管的博弈分析；对财务披露虚假进行分类，对各类财务披露虚假对利益相关者利益分配的影响进行规范分析和实证检验，从而对各类利益相关者的财务披露监管偏好进行分析总结。在此基础上，运用博弈论的分析方法对各类利益相关者参与财务披露监管的行为进行分析，为公司治理结构中财务披露监管体制的构造提供科学的解释。（5）利益相关者财务披露监管体制设计原理和基本模式构造；在对各类利益相关者的财务披露监管偏好和财务披露监管行为分析的基础上，研究利益相关者财务披露监管体制设计的基本原理和一般方法，提出改革公司治理结构中财务披露监管体制的基本思路和发展方向，并针对具有不同利益相关者结构特征的企业对与其相适应的财务披露监管模式作初步设计，再通过设计同类利益相关者共同分担监管成本的机制以有效地解决初步设计模式中可能存在的利益相关者集体理性与个体理性的矛盾问题，对各种监管模式进行优化设计，以保障各种模式实施的有效性。（6）利益相关者财务披露监管体制的变迁与转型；运用制度经济学中关于制度变迁的理论和分析方法对不同利益相关者结构下财务披露监管体制的变迁逻辑进行分析，对利益相关者财务披露监管体制和监管模式的转型条件和演进路径进行分析。（7）企业财务披露监管体制和监管模式改革的政策建议；综合上述研究的成果，提出对中外企业财务披露监管体制和监管模式改革的建议，并对完善各国的公司治理准则提供借鉴。

该课题的特色在于跳出会计的局限，把财务披露监管置于公司治理结构中进行研究，把财务披露、利益相关者的经济利益和财务披露监管三者有机地联系起来，运用经济学的主流理论——博弈论和制度经济学的理论分析财务披露监管。主要创新是：（1）把利益相关者理论引入财务披露监管的分析框架，有别于当时研究中以委托代理理论为主的分析范式；（2）提出了财务披露监管体制和监管模式应当与企业的利益相关者结构特征相适应，因此，财务披露监管体制应针对不同类型企业分别研究和设计，清楚地揭示了财务披露监管体制的动态性、多样性的特点，并对企业按利益相关者结构特征进行分类提供了定量分析方法；（3）运用博弈论的分析方法建立不同类型利益相关者参与财务披露监管的定量分析模型，为利益相关者财务披露监管体制的构造提供决策支持；（4）提出不同类型的利益相关者对虚假财务披露的监管具有不同偏好的观点，并在此基础上提出利益相关者共同参与、实行分工监管的财务披露监管新思路，为公司治理结构中财务披露监管体制和监管模式的改革提供了理论依据。在实行分工监管的基础上，通过设计同类利益相关者共同分担监管成本的机制以有效地解决利益相关者的集体理性与个体理性的矛盾问题，避免在财务披露监管中“搭便车”现象的发生①；（5）与利益相关者财务披露监管体制具有动态性的特征相适应，提出财务披露监管体制和监管模式演进和转型的分析框架和方法，为企业财务披露监管体制的优化提供理论支持。

（三）殊途同归：企业理论

在对会计理论的研究中，稍晚于对会计监督理论的系统探索，是我从利益相关者角度对财务报告模式改革的研究。2002 年，我提出的“利益相关者治理与财务报告模式改革研究”获得教育部人文社科规划专项课题立项。该项目指出：传统的企业治理理论以委托代理理论为基础，遵循“股东至上”的逻辑，主要研究所有权与经营权分离后如何协调股东和经营者之间的关系。但只研究股东、经营者之间关系的企业治理显然已无法适应进入知识经济和网络经济时代后企业治理的新形势，如何处理股东、债权人、经营者、职工、政府等利益相关者相互之间的关系则成为新经济模式下企业经营效率的关键所在。21 世纪必将是利益相关者共同治理的世纪。利益相关者共同治理，其治理的目标不再是股东财富最大化，而应当是利益相关者总体财富最大化和利益相关者之间利益分配关系的最优化。与此相适应，反映企业为利益相关者创造的总体财富数量及其分配情况和各方利益相关者在企业中享有的权益（或剩余权益）的信息自然就成为企业治理主体——利益相关者最为关注的信息。

虽然财务报告模式改革研究与会计监督研究的领域有较大的差异，但是殊途同归，随着研究的深入，都让我对会计基础理论产生了深刻的反思，也开始从基础理论层面探求推动会计理论创新发展的突破口。事实上，会计学属于社会科学，与其他社会科学的研究一样，目标、主体和边界是社会科学理论的基本分歧之所在。一个学科的基础理论需要在这些决定学科基本属性的问题上作出清晰、可靠的回答，从而为学科的发展和壮大提供坚实的基础支撑。但是，随着经济社会的发展，不论是社会科学的目标，还是其主体、边界都可能发生变化，这就对传统的学科基础理论提出了挑战，如何完善和变革学科基础理论以适应甚至引领学科发展方向是每一个社会科学学科都面临的共同课题。毫无疑问，作为会计基础理论中最为重要的组成部分——企业理论的创新发展成为会计理论创新发展和突破的焦点。

2003 年，在“论建立适于利益相关者共同治理的财务报告模式”② 一文中，我指出，虽然如何处理股东和经营者的关系在当前仍然是公司治理的一个重要内容，但只研究股东、

① 详细内容可参见王竹泉：《利益相关者财务披露监管的分析框架与体制构造》，载《会计研究》，2006 年第 9 期。

② 王竹泉：《论建立适于利益相关者共同治理的财务报告模式》，载《会计之友》，2003 年第 8 期。

经营者之间关系的公司治理显然已无法适应进入知识经济和网络经济时代后公司治理的新形势。在新的经济模式下，企业是利益相关者相互之间缔结的“契约网”，各利益相关者或在企业中投入物质资本，或在企业中投入人力资本，或在企业中投入制度和环境资本（如作为征税者的政府），目的是获取单个产权主体无法获得的合作收益。而如何处理股东、债权人、经营者、职工、政府等①利益相关者相互之间的关系则成为决定新经济模式下企业经营效率的关键所在。2004 年，在“基于业务流程管理的价值增值报告模式研究”② 一文中，我进一步指出：企业实质上是股东、债权人、经营者、雇员等利益相关者之间缔结的一系列契约结合体，因而对企业投入、产出的界定应建立在利益相关者的基础之上。一方面，企业的产出要得到顾客认可并通过交易而实现，因此企业的产出价值表现为交换价值，用货币形式表示为顾客的支付价格。另一方面，企业的投入成本是为其产出所必需的对外支出，它通过与供应商的交易而实现，同样用货币形式可表示为向供应商的支付价格。从价值链的角度来看，企业价值链的上游是供应商，下游是顾客，企业自身就是一个投入、产出的价值增值系统，它利用了利益相关者的各种资源，协调不同的资源组合进行投入、产出活动以得到回报。当顾客支付价格超过企业对外支出价格时，就形成了企业的价值增加，我们将其称为企业总体价值增值。从这一角度看，股利、利息、工资等都应看作是各利益相关者从总体价值增值中分配到的增值，并非企业的投入成本。而企业存在的根本目的就是提高利益相关者资源在企业中的回报程度，创造最大的总体价值增值。

虽然公司治理结构中的会计监督研究和利益相关者治理与财务报告模式改革研究都触及了作为会计基础理论的企业理论，并都提出了企业的个性化和分类问题，但显然还没有形成自己的对企业理论涉及的主体、目标、边界等基本问题的系统阐释。

三、从企业理论的局限到利益相关者集体选择的企业观

为进一步加强高等学校青年学术带头人队伍建设，加速培养造就一大批拔尖创新人才，大力增强高等学校原始性创新能力，持续提升高等学校的学术水平和人才培养质量，教育部 2004 年设立了“新世纪优秀人才支持计划”。2005 年，我入选了教育部新世纪人才支持计划，支持我开展“利益相关者治理与价值管理”的研究，研究的目标是提出一种科学的利益相关者总体价值增值形成和分享的理论解释框架，并以该理论框架为基础总结分析现代企业基于价值的管理思维和管理模式，从而为完善企业治理、改进企业管理提供理论指导。同时，提出一种新型的财务报告体系和财务报告模式，使其同时兼顾利益相关者治理和企业价值管理的需要。在教育部新世纪人才支持计划的支持下，我从企业理论的局限分析为起点，

① 对于利益相关者，有许多不同的解释，最广泛的解释是除包括股东、债权人、经营者、职工、政府等外，还将供应商和顾客纳入其中。笔者认为，如果将所有与企业有利害关系的主体都包括在作为治理主体的利益相关者内，则不仅企业与市场的边界以及企业在价值链中的角色会变得模糊不清，而且使利益相关者共同治理下企业的目标——利益相关者总体财富最大化成为一句空话，因为在这种情况下，企业已没有外界利益关联主体，企业将成为一个完全封闭的系统，而这个系统不具有自增益的特征。因此，笔者认为，供应商和客户是区分企业与市场的边界，它们与企业都是价值链上创造价值并传递价值的主体，而不属于利益相关者共同治理中的治理主体，其他利益相关者作为共同治理的主体其目标是在供应商传递来的价值基础上创造更大的价值并传递给顾客，即实现价值增值最大化。

② 详细内容参见：王竹泉、高芳：《基于业务流程管理的价值增值报告模式研究》，载《会计研究》，2004 年第 9 期。

对企业本质、企业目标、企业的所有权归属、企业价值以及企业边界等企业理论的基本问题进行了系统的分析，借鉴社会公共事务决定的集体选择理论，总结提出了利益相关者集体选择的企业观和企业价值创造和分享的基本解释框架。

（一）研究起点：理论局限

企业理论是指研究企业的本质、边界、目标、企业治理等问题的理论。其研究、发展经历了古典企业理论、新古典企业理论、新制度企业理论、新资本企业理论几个阶段。

一般认为，企业理论研究起始于1776年的亚当·斯密，属于古典经济学，其用整体主义价值观研究企业，从整个社会的视角用分工、专业化解释生产力的提高、企业的本质、企业的目标。其他古典制度经济学家同样坚持整体主义方法论，从社会整体的角度看待企业，认为企业是其所在制度环境内生的产物，包括私人财产权制度、生产技术制度和文化制度。

新古典经济学将数学方法用于经济分析，不考虑企业内部如何运作，只将企业视为一个生产函数，用边际分析的方法推出企业的本质是追求边际利润。至20世纪，新制度经济学开始挑战新古典经济学的企业理论，用企业中的和企业外的各种制度解释了企业对股东价值最大化的追逐目标和企业的本质，包括交易成本理论、委托－代理理论、团队理论、纵向一体化理论等。这些理论形成了主流的企业理论。主流企业理论先后经历了两个阶段：交易成本理论和委托－代理理论默认物质资本所有者拥有企业所有权，讨论企业的本质；团队理论、纵向一体化理论探讨企业合并的理由，并论证物质资本拥有所有权的必要性。

20世纪末，挑战股东价值观的利益相关者理论将企业视为利益相关者共享产权、共同治理的产物；或者人力资本与非人力资本的合约，或者企业是由关键资源和其代理人的互补组成的一个合约组结；或者企业在本质上是一个能力集合。这些都可归类为新资本理论。通过对新资本的发现，新资本理论认为企业是金融资本、人力资本、组织资本、社会资本的合约（杨继国、安增军，2004）。

1. 企业的本质与主体

对企业本质的研究起源于科斯（Coase，1937）的交易费用理论，他认为“建立企业有利可图的主要原因似乎是，利用价格机制是有成本的”，企业本质上是节约交易费用的产物。这其实与企业的财务目标“企业价值最大化”是不一致的，成本节约并不等价于价值创造，而企业内部市场交易的存在也使交易的范围难以界定。科斯并未言明企业的主体是谁，但提出了著名的企业产权理论，创立了产权经济学派，提出产权是附着于实物财产或劳务的一组权利束，企业产权是建立在企业财产基础上的各种权利，主要包括所有权、控制权以及索取权等。

阿尔奇安和德姆塞茨（Alchian & Demsetz，1972）在此基础上提出了团队理论，认为企业本质上是一种团队生产，生产中投入使用的要素、资源，以及企业的产出都是团队共同努力的成果，并非归一人所有，企业应属于团队的中心签约人，即监督者，并赋予其以剩余索取权以及相对称的控制权。但谁可以担当中心签约人，团队理论并未言明。霍姆斯特姆和泰勒尔（Holmstrom & Tirole，1987）、张维迎（1995）进一步提出企业团队中的所有权即剩余索取权应归属于物质资本所有者，因为其边际产出最难测度，或者资本是一个最可信的显示信号。

后来的学者格罗斯曼和哈特（Grossman & Hart，1986）、哈特和莫尔（Hart & Moor，1990）建立了著名的GHM（格罗斯曼－哈特－莫尔）理论，或称之为不完全契约理论，提出产权是资产拥有者所拥有的排他性权利，由于企业中存在的不完全契约，以及不完全契约下的敲竹杠问题，契约中未提及的剩余控制权更重要，于是企业所有权被定义为拥有剩余控制权或事后的控制决策权。威廉姆森（Williamson，1972）在资产专用性的基础上提出物质资本所有者应掌握所有权，杨瑞龙、杨其静（2001）却提出拥有专有性资产的所有者才真正有实力分享组织租金，他们被其他团队成员依赖，是团队生产所必需且难以被替代的。

在不完全契约的基础上，多位学者都认可企业的契约本质，威廉姆森（Williamson，1972）、克莱因（Klein，1978）、詹森和麦克林（Jensen & Meckling，1976）、张五常（1983）分别提出企业本质上是一组契约的集合。但这些契约包括哪些，是交易契约还是资本契约？契约论未对企业契约本身给以清晰的界定，使企业在本质上无法区别于其他主体，市场、企业之外的所有机关事业单位和非营利组织都可视为契约的集合。周其仁（1996）进一步提出，企业契约是人力资本与非人力资本的特殊合约，人力和非人力资本所有者是企业的共同主体。他将论证的重点放在两类资本的共同作用上，只注重探讨企业的两类资本所有者之间的契约关系，但却未对同一种资本内部不同所有者之间的契约关系作过多探讨。

这些研究用不同方法论、从不同视角全方位探究了企业的本质，要么以物质资本所有者股东为中心，要么即使认同了利益相关者对企业所有权的共享，却未明确指出根据什么原则共建了怎样的所有权结构，所有权结构中又需要什么性质的资本共同合作创造价值。当前社会上出现了多种类型的可创造价值的资本，如掌握供应商资源和客户资源的社会资本，掌握制度资源的政府社会资本等，那么由这些不同性质的资本共同签约构成的企业，如何界定其为各类资本所有者创造价值的本质？

2. 企业的边界

企业应以什么为界一直是经济学家热衷探讨的问题。科斯用交易费用概念解释企业的边界，“企业将倾向于扩张直到在企业内部组织一笔额外交易的成本，等于通过在公开市场上完成同一笔交易的成本或在另一个企业中组织同样交易的成本为止”。因此企业的边界取决于由企业代替市场而节约的交易费用与企业存在而引起的内部组织费用在边际上相等之处。

在如何界定交易与交易费用上，威廉姆森（Williamson，1979，1980，1985）、克莱因（Klein，1978）把视角转向公司治理，他们认为，有限理性和机会主义的存在导致了交易活动的复杂性和交易费用的增加，应选择不同治理结构与不同的交易类型相匹配，使交易成本最小化。因此，威廉姆森是将资产专用性和交易频率作为决定企业边界的关键变量。只有当资产专用性程度和交易频率都较高时，企业才会代替市场，即出现企业一体化。

团队生产理论认为，对签约后的机会主义行为的监督成本是企业规模限定的界限。Holmstrom 等（1994，1998，1999）从激励角度探讨企业的边界，他们认为：一项任务是采取内部雇用还是外部购买，取决于不同的任务对不同约束的人所需要的绩效度量成本、监督成本和激励效果；如果绩效度量成本较低，将偏向于采取市场契约的方式，例如代理制、特许经营等。Rajan 和 Zingales（1997，1998，2000）指出，对任何关键性资源的控制权都是权力的一个来源，“进入权”是使用或处理企业关键资源的能力，企业边界被定义为创造企业价值（最大化盈余）的关键资源的集合。

随着信息技术的发展，知识经济下企业边界的新变化对传统理论提出了挑战。Helper 等（2000）认为，在知识经济条件下，企业边界的法律和关于所有权的定义变得无关紧要，一些超越企业法律和所有权边界的新型组织形式将出现，市场和企业间的边界逐渐消失。

Holmstrom 和 Milgrom（1994）、Garicano 和 Santos（2002）、Garicano 和 Hubbard（2003）从分工的角度研究，提出企业边界可以被定义为个体间收入分享安排的范围，它可以反映与工作分派问题相关的权衡，也就是如何使经济机会与个体有效地匹配。Alvarez 和 Barney（2004）提出企业家与企业的存在就是为了创造和占有与市场机会有关的经济租金，组织边界的选择主要取决于与市场机会有关的经济租金创造过程中显性知识和隐性知识的相对重要性。Jacobides 和 Winter（2007）则从一个真实企业家的角度说明一个具体企业边界选择的经济逻辑，即企业边界就是企业家冒险的边界，企业边界范围的选择反映了企业家自己关于“如何赚钱”的理论。

总的来看，已有研究从交易费用、契约、激励、资源权力、知识资产、分工、企业家、信息技术等各种角度探讨了企业边界的决定因素。但其共同的特点在于将企业及其边界的决定因素或决定者归于一种或一类主体，即认可股东对企业的单边决定观，从经济学或管理学视角抽象的分析企业边界的拓展受哪个主体、什么因素的决定。但若从现实出发，认可实际的企业可能由多类利益相关者共同拥有的企业理论，企业边界的决定逻辑将重新建立。正如当前我国兴起的 PPP 模式（Public - Private Partnership），正是由政府、私营资本、民营资本合作建立的参与公共基础设施建设的一种项目运作模式。这种模式下所建立企业的边界在何处？现有企业理论中的各学派并未对其作出解释。

3. 企业的目标

企业的目标被认为是企业成立的宗旨，它规定了企业发展的终极目的，并指导着企业的发展方向。企业目标的设定必然直接受制于企业的所有者。因此企业目标的研究事实上是探讨企业归谁所有的问题。

新古典、新制度经济学下的企业理论，在股东价值观下对企业归物质资本还是人力资本所有者所有做了大量的辩论。自利益相关者价值观下的企业理论提出后，Freeman（1984）、Mitroff（1983）、Carroll（1989）等学者提出利益相关者价值最大化的企业目标，并指出其与股东价值最大化目标的区别在于：是否仅以经济价值为目标，是单一维度的价值目标还是多主体角度的价值目标，是经济人理性的决策过程还是多种选择的决策程序。其后的学者如 Brenner 和 Cochran（1990，1991）进一步用层次分析法解析、度量出利益相关者价值最大化目标。但是从理论上看，对利益相关者多种多样的解释使该理论的进展十分缓慢。从实践中可看到，不同企业的利益相关者不同，但如何对企业进行分类，如何界定各类企业的利益相关者，现有理论并未给出清晰的思路，利益相关者最大化的目标也就变得模糊。

4. 局限性分析

综观已有研究，不难看出：以交易成本理论和契约理论为核心的企业理论虽然解释了企业与市场的边界，却没有对企业的所有权边界和企业的目标给出合理的解释。不完全契约、资产专用性等理论虽然探讨了企业的所有权边界，并推动了公司治理研究的兴起和发展，却忽视了对企业经营边界的考察。企业理论的创新发展需要弥补已有理论的缺陷，对企业的所有权、参与主体、企业目标和企业边界等基本问题给出全面、科学的回答。

（二）理论借鉴：集体选择

现代企业理论认为，企业的本质是一系列契约的组合。但契约具有不同类型，有企业创立者之间达成的企业章程或合伙协议类型的契约，也有企业与其他利益相关者在市场交易中达成的各种交易契约，如企业的采购合同、销售合同、聘用合同、借款合同，等等。在契约的形式上，既有显性或正式的契约，也有隐性或非正式契约。企业的本质是一系列契约的集合，未能区分上述不同类型的契约，难以清晰地界定企业和其他社会个体的边界，更难以解释企业的所有权归属和目标。

企业并非天然存在，而是一种社会建构。借鉴社会公共事务决定的集体选择理论进行分析，标志企业诞生的企业契约也就是作为缔约主体的企业利益相关者的集体选择，因此，王竹泉（2006）指出：企业的本质实质上是一种集体选择。参与这种集体选择的利益相关者（企业契约的缔约主体）通过集体选择确定他们的共同利益，对这种共同利益的追求决定了企业的目标。但是，并非企业的所有利益相关者都能够参与企业的集体选择或成为企业契约的缔约主体[①]。

王竹泉等（2006）进一步指出：理论上，企业的各类利益相关者都有参与这种集体选择的权力，但在现实中并非每个企业的所有利益相关者都能够参与企业的集体选择或成为企业契约的缔约主体。因此，我们可以按是否能够参与企业的集体选择将企业的利益相关者分为两大类：一类是企业内部的利益相关者；这类利益相关者实际参与企业的集体选择，他们是企业这一集体的共同利益和目标的制定者，并力图通过他们的合作实现这一共同利益和目标。企业内部利益相关者共同利益和目标是企业的商业价值的体现，分享这一商业价值的主体也正是这些内部利益相关者。另一类是企业外部的利益相关者，该类利益相关者不能直接参与企业的集体选择，但由于他们也是企业的利益相关者，企业的活动会对他们的利益产生直接的影响，这种影响体现为企业的社会价值。因此，企业外部利益相关者既是影响企业商业价值（内部利益相关者价值）实现的环境因素，同时也是分享企业社会价值的利益主体。在此需要强调的是：即使是同一个企业，其参与企业集体选择的利益相关者也并非一成不变，而是随着企业的发展变化不断变化，并由此导致企业组织形式和企业共同利益的变化，从而使企业内部利益相关者和企业外部利益相关者也处在动态调整的过程之中。原来是企业内部利益相关者的，可能演变为企业外部利益相关者，而原来是企业外部利益相关者的，则可能转化为企业内部的利益相关者。

企业内外利益相关者构成的多样性和动态性使利益相关者价值表现为多种形式。当决定企业目标的内部利益相关者只是股东这一类利益相关者时，利益相关者价值就是股东价值。当决定企业目标的内部利益相关者是股东、债权人两类利益相关者时，利益相关者价值变成了股东和债权人两类利益相关者的共同价值。能够决定企业目标的利益相关者范围进一步扩大时，利益相关者价值的内涵和外延也会随之扩大，而企业社会价值（企业对外部利益相关者的价值）的内涵和外延则随之缩小。由此可见，股东价值只是利益相关者价值的一种表现形式，利益相关者价值具有更为丰富的内涵。

不同的企业具有不同的集体选择，不同的集体选择导致每一个企业具有自己的个性。这种个性不仅体现在其内部利益相关者和外部利益相关者的具体构成方面，而且更体现在其企业价值增值分享的制度安排方面。这种制度安排的差异并非由企业的组织形式来决定，即使同是公司制企业，其利益相关者的集体选择也可能大相径庭。因此，在研究企业价值增值分享时，不应简单地按企业组织形式对企业进行分类，更不能将股东作为企业剩余价值增值唯

---

① 详细分析参见王竹泉：《利益相关者会计的提出与会计信息披露的外部性》，载《现代会计与审计》，2006 年第 1 期。

一分享者的制度安排视为理所当然，而应按企业利益相关者的结构特征或利益相关者的集体选择类型进行分类研究。同样的道理，公司治理的其他制度安排，也应当按企业利益相关者的结构特征或利益相关者的集体选择类型进行分类研究，而不应强求一致或从法律上作出硬性的统一规定。

企业的内部利益相关者分享企业的商业价值，即企业价值增值，而企业外部利益相关者则分享企业的社会价值。不管是企业的商业价值的分享，还是企业的社会价值的分享，都是由契约来约束的。约束企业的商业价值分享的契约是内部利益相关者之间达成的企业契约，而约束企业的社会价值分享的契约则是企业与外部利益相关者之间的交易契约。在市场经济条件下，应最大限度地保护契约自由，只要这种契约不会侵害签约主体之外的其他利益相关者的利益，即体现了社会公平。在这一总的原则下，任何形式的商业价值、社会价值分享契约都应得到社会的尊重和认可，并理应受到法律的保护，而不应当通过法律加以禁止或给予不合理的限制①。

不仅由于企业内部利益相关者可以有多种不同的组合，而且即使在内部利益相关者的组合一定的情况下，由他们的集体选择所达成的商业价值分享契约也可以有多种结果，因此，在企业价值增值（或商业价值）的分享方面可以有多种不同的组织契约。在这些契约中，可以是所有内部利益相关者完全按约定比例共同分享企业价值增值；也可以是各类内部利益相关者先按契约规定的固定金额参与分享，其余部分再由所有内部利益相关者按约定比例共同分享；还可以是一部分内部利益相关者按固定的金额参与分享，而其他内部利益相关者完全按约定比例共同分享剩余的企业价值增值，或其他内部利益相关者先按契约规定的固定金额参与剩余的企业价值增值分享，再按约定比例共同分享最后剩余的企业价值增值。只要这些契约没有侵害外部利益相关者的正当利益，这些契约都体现了契约自由和社会公平。

同样，不仅由于企业的外部利益相关者有很多种类，而且即使在外部利益相关者一定的情况下，企业与这些外部利益相关者的交易契约也可以千变万化。只要企业与某一类外部利益相关者之间的交易契约不侵害其他外部利益相关者的利益，则这些交易契约都符合社会公平的原则，因而应得到社会的尊重和认可，并理应受到法律的保护。

（三）总结提升：新企业观

随着研究的逐渐深入，我更加深刻地认识到，对利益相关者进行管理已成为企业价值管理的重要内容。然而，从当时价值管理的相关理论中，无论是价值管理的概念、价值管理的目标还是价值管理模式等研究中，大多数仍然是以股东单方面治理作为基本前提，缺乏将利益相关者治理和价值管理结合起来的系统研究和整合研究。在实践层面，虽然利益相关者治理和价值管理的实践正在向公司治理和企业管理的主流迈进，但是，利益相关者治理的内涵却存在较大的差异。Agle 和 Agle（2007）对从财富 500 强中随机选择的 100 家公司的调查表明，10 家公司支持“单纯的股东导向”的股东价值最大化，22 家公司支持一个对股东导向的“合法的和道德的界限”，64 家采用了方法来“最大化所有利益相关者的福利”，而另外两家致力于解决“在获取公平收益时的社会问题”。此外，德国企业因重视员工利益而获得成功，日本企业因在治理结构中引入主银行而缓解了股东和债权人之间的矛盾，西班牙的

---

① 对利益相关者价值和企业价值的进一步探讨参见王竹泉、逄咏梅、马广林：《利益相关者与企业价值增值创造和分享》，载《中国会计研究与教育（创刊号）》，2006 年第 1 期。

蒙德拉冈企业因赋予全体员工所有权并实行员工自治而存续半个多世纪。可见，现实社会的利益相关者并非仅有一种形式。治理结构的多样性必然要求企业价值管理的多样性。鉴于此，我在前期提出“企业的本质是利益相关者集体选择”并建立了企业所有权安排的理论解释框架基础上，提出了“利益相关者集体选择视角的企业价值管理研究”的研究计划，并在当年获得了国家自然科学基金立项资助（课题编号：71172099）。

“利益相关者集体选择视角的企业价值管理研究”将集体选择理论、企业本质、企业所有权理论、利益相关者理论和价值管理理论结合起来，沿着利益相关者治理—企业所有权及企业分类—价值管理目标—企业价值形成机理及社会资本价值贡献测度—价值管理模式的思路，在利益相关者集体选择的视角下探讨企业所有权的多种形式，形成企业创新性分类，并在该分类的基础上研究不同类型企业价值管理的具体目标及其业绩衡量方法，最终在不同目标指导下探索与之相适应的系统的价值管理模式，构建利益相关者集体选择视角下企业价值管理的理论解释框架，为完善公司治理、改进企业管理提供指导。这一研究也把引入集体选择理论完善企业理论的尝试推向了新的高度，“利益相关者集体选择的企业观”脱颖而出。

1. 理论统一：企业边界

利益相关者集体选择的企业观首先将企业及其形成逻辑、企业的治理与经营管理统一在同一个理论框架下进行解释，运用集体选择理论对企业及其形成逻辑进行分析，并对企业的所有权边界和企业的经营边界作出解释。王竹泉、杜媛（2012）指出：企业是利益相关者集体选择的产物，是企业契约选择者的集体选择达到的一种可接受的均衡状态。如果把企业视为利益相关者的集体选择，则企业的形成需要经过两个层次的集体选择：第一层次集体选择的参与者是所有可能的利益相关者，选择的内容是是否参与企业契约的签订，选择的结果将决定企业所有权主体的边界。第二层次集体选择的参与者是企业的所有者，选择的内容是企业控制权和剩余分享权在所有者之间的分配，选择的结果将决定企业所有权的行为边界，两个层次的集体选择共同决定了企业的所有权边界。不论是第一层次的集体选择还是第二层次的集体选择，其能够达成均衡状态的约束条件是参与选择者的个体理性和集体理性同时得到可接受程度的满足，而只有当某种组合的利益相关者集体选择在两个层次的集体选择中同时存在均衡状态，这种组合的利益相关者所组建的企业才能形成。要使参与集体选择的利益相关者的个体理性和集体理性同时得到满足，其蕴含的基本思想是合作共赢。即集体选择不仅增进了集体福利，而且增进了每一个参与者的个体福利。利益相关者合作企业的核心和生命力在于能否实现合作共赢。

如图 0－1 所示，如果说参与企业契约的利益相关者共同签订的企业契约界定了企业的所有权边界，那么，企业与利益相关者签订的交易契约则界定了企业的经营边界。从广义经营活动的视角来看，企业设立时参与企业契约的利益相关者共同签订的企业契约也就是企业设立时企业与其所有者签订的投入资本的交易契约，因此，企业设立时的所有权边界与经营边界是统一的，我们将其称为“初始经营边界”，此时企业的价值也就等于其所有者投入资本的价值。而在企业开始经营之后，其经营边界随之向外拓展，其边界由企业在设立之后所签订的交易契约决定，履行这些交易契约的结果将决定企业设立之后所实现的价值增值或企业为其所有者创造的价值。因此，我们把包括企业契约在内的所有交易契约所对应的经营边界称之为“广义经营边界”，而将“广义经营边界”与“初始经营边界”之间的部分称为“企业设立后拓展的经营边界”。不论是企业的所有权边界，还是企业的经营边界，都不是一成不变的。当原有的利益相关者集体选择的均衡状态被一种新的均衡状态取代时，就意味着一个新的企业的诞生，而之前的那种均衡状态所对应的企业就此消亡。正是这种集体选择均衡状态的变化，实现了新旧企业的更替和变革，与之同时完成的是企业所有权边界和经营边界的调整。因此，动态变化是企业所有权边界和经营边界的基本特征。

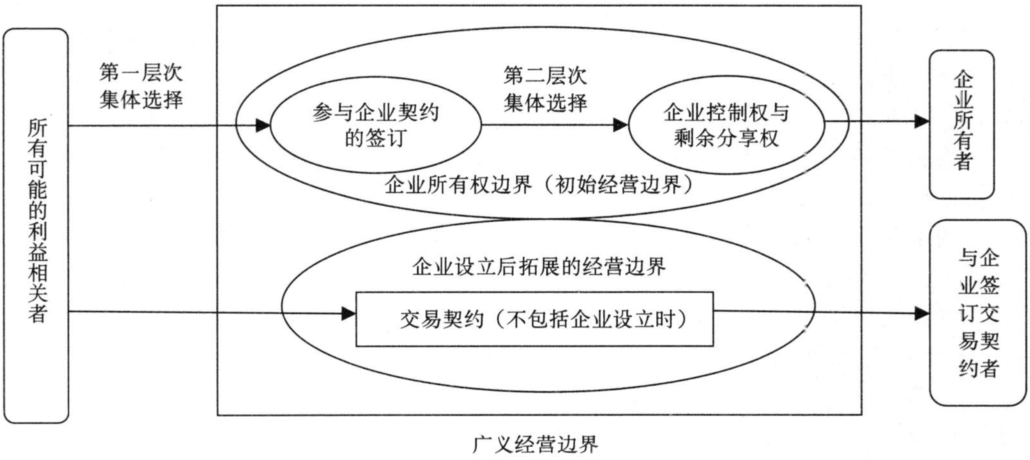

图0－1 企业的所有权边界与经营边界示意图

2. 逻辑统一：模式机理

从利益相关者集体选择的企业观出发，企业价值的归属主体是企业内部利益相关者，企业价值管理的目标是实现内部利益相关者共同利益最大化。内部利益相关者对企业价值的影响，可以通过以下两个路径来实现：一个是通过优化资本结构：每一个企业都是一个不同形态资本的结合体，需要物质资本、智力资本和社会资本的协同运作，内部利益相关者向企业投入的资本的规模和结构决定了企业初始经营边界的资本基础状况，也决定了企业成立或重组完成时的初始企业价值的高低。吸引企业急需的相应形态和有实力的资本所有者加入集体选择，也就意味着对企业内部利益相关者投入资本的规模和结构的一次选择，也代表着企业成立或重组完成时资本和企业价值的初始状态。但是，如果企业价值的提升仅是由内部利益相关者投入资本的增加形成的，则意味着企业价值管理的贡献为零，所以，企业价值管理应重点通过内部利益相关者资本结构的优化来实现多种形态资本协同效应的提高进而实现企业价值的提升。因此，内部利益相关者首先可通过优化内部利益相关者资本结构对企业价值产生影响。另一个是优化治理结构：由于内部利益相关者是企业的所有者，不仅决定了企业的目标选择，而且决定着企业的治理结构和治理机制，因此，内部利益相关者可通过优化治理结构对企业价值产生影响。虽然体现内部利益相关者共同利益最大化的企业目标与外部利益相关者追求自身利益最大化的目标存在着明显的矛盾和冲突，但是，以合作共赢理念为宗旨的利益相关者理论告诉我们，两者完全是可以统一、协调的。而实现这种统一、协调的唯一途径就是打破原来的利益个体的界限，重构各种形式的利益共同体，创新商业模式和业务运作流程，通过信息共享、资源共享、优势互补等方式，实现利益共同体的整体利益最大化和利益共同体各方利益的最大化。因此，企业可通过变革和创新与外部利益相关者的商业模式或交易结构来实现企业价值的提升。

与任何制度和模式一样，利益相关者视角的企业价值管理模式也会因企业而异。因此，要对利益相关者视角的价值管理进行研究，首先，必须对企业进行适当的分类，而进行分类的关键是企业目标的异同。根据利益相关者集体选择的企业理论，每一个企业的具体目标都是其内部利益相关者集体选择的结果，所以，根据内部利益相关者集体选择的类型来区分企业的不同类型是利益相关者视角的企业价值管理的逻辑起点。其次，由于不同企业内部利益相关者的构成不同，因此代表内部利益相关者共同利益的企业价值的具体内涵也会有所不同。当扩大内部利益相关者的范围时，企业价值（内部利益相关者价值）的内涵和外延也会随之扩大，而企业社会价值（企业对外部利益相关者的价值）的内涵和外延则随之缩小。因此，根据企业类型即内部利益相关者结构的不同，运用会计的收益理论研究不同类型企业的企业价值衡量指标是利益相关者视角的企业价值管理应该解决的第二个问题。最后，虽然企业通过内部利益相关者优化资本结构和治理结构以及通过外部利益相关者变革和创新商业模式和业务流程是各种类型企业均适用的作用机理，但是，由于不同类型企业的内部、外部利益相关者的构成不同，而且在他们之间的信任和合作关系可能各异，因此，不同类型企业在内部利益相关者和外部利益相关者之间就可能具有不同形式、不同紧密程度的合作关系和利益分享关系，从而也会形成不同类型的企业价值管理模式，这意味着利益相关者视角的企业价值管理模式也必须区分企业的不同类型进行分类设计。

因此，从利益相关者集体选择的视角探讨企业类型的重新划分，在企业重新分类的基础上研究不同类型企业的企业目标及其价值计量，分析不同类型企业的企业价值形成机理，进而分析不同类型企业可能实现的内部利益相关者结构以及该类企业与外部利益相关者的合作关系类型，从而对不同类型企业的价值管理模式进行研究设计，是利益相关者视角的企业价值管理的基本框架。

3. 工具统一：拓展应用

企业理论是公司治理和企业管理研究的理论基础。“利益相关者集体选择的企业观”为我们提供了一种新的认识和解释企业的工具。利用这一新的认识工具，我们可以对企业理论的一些基本问题重新展开分析，不仅包括企业形成逻辑和企业边界，而且可以对企业的目标、企业的本质、企业价值等基本理论问题赋予新的解释。在对企业基本理论进行重新研究的基础上，“利益相关者集体选择的企业观”还可以对我们从事以下研究提供新的视角和理论支持：(1) 企业分类治理和内部控制的研究；尽管同属于公司或企业，但是其治理的模式是不能照搬的，因为每一个公司或企业都具有自己的个性。但是，如何在公司或企业治理的研究中对公司或企业进行分类，“利益相关者集体选择的企业观”为我们提供了一个很好的分析框架。(2) 企业业绩评价研究；不同的企业，由于其参与企业契约集体选择的利益相关者的不同而具有不同的所有权和目标追求，因此，对企业的业绩评价必须分别不同类型的企业而设置与其相适应的评价体系和评价指标。(3) 企业价值管理研究；利益相关者集体选择的结果不仅决定了企业的所有权边界和企业的目标，而且也决定了企业的经营边界和商业模式，因此，不同类型的企业其企业价值的衡量方法应该是不同的，而要实现企业价值增值的商业模式也会有差别。(4) 企业社会责任研究；根据是否参与企业契约的集体选择可以将利益相关者划分为内部利益相关者和外部利益相关者，内部利益相关者即企业的所有者，增加内部利益相关者的价值是企业的经济责任，而外部利益相关者是独立于企业的社会主体，增加外部利益相关者的价值就是企业的社会责任。(5) 企业财务报告改革研究；传统的财务报告模式是建立在股东独享企业所有权的企业制度之上的，当企业的所有权为更多的利益相关者所分享时，财务报告的目标、权益理论和企业的收益计量等都会随之发生变化，“利益相关者集体选择的企业观”为不同类型利益相关者企业的通用财务报告设计提供了一个新的思路。(6) 企业会计政策选择研究：企业会计核算的范围和会计政策的边界在哪里？谁应该成为企业会计政策选择的主体？企业会计政策选择需要满足的集体理性和个体理性条件各是怎样的？在不同类型的企业中，上述问题的答案是否会有差异？这些问题是企业会计政策选择研究应该解决却未能很好解决的问题，为上述问题的解决提供了参考。(7) 企业财务理论创新研究：传统企业财务理论一直将由投资活动和筹资活动组成的理财活动作为研究重点，而对经营活动另行对待且较少关注。同时，其关注的资本形态主要是财务资本和物质资本，其所研究的财务主体也始终没有超出投资者和经营者的范围。随着经济社会的发展和企业的变革，传统企业财务理论的局限性日益突出。“利益相关者集体选择的企业观”为我们创建“以内部利益相关者为财务主体、以广义营业活动（包括投资活动、筹资活动和经营活动）为财务边界、以广义资本（包括财务资本、物质资本、知识资本、网络资本或社会资本）的配置和运用为研究对象”的新型企业财务理论奠定了理论基础。

四、从利益相关者集体选择企业观到政府社会资本理论构建

（一）问题提出：政府角色

依据利益相关者集体选择企业观的解释，企业的本质是利益相关者的集体选择。众所周知，企业有独资企业、合伙企业和公司制企业三种组织形式。对于公司制企业来说，不论是一般的有限责任公司[①]，还是股份有限公司，由于其股东的人数至少 2 个或 2 个以上，将其解释为参与企业契约（公司章程）签订者之间的一种集体选择无可厚非。同样，对于合伙企业来说，因为合伙企业的成立是以合伙企业的协议为前提的，因此，将合伙企业解释成参与合伙企业契约签订的主体的集体选择也顺理成章。但是，如何看待“独资企业”“一人有限责任公司”和“国有独资公司”？如何用利益相关者集体选择的企业观解释这些企业成立的集体选择？如果利益相关者集体选择的企业观仅适用于一般的有限责任公司、股份有限公司和合伙企业，则将企业的本质概括为“利益相关者的集体选择”显然还很不严谨。利益相关者集体选择的企业观能够自圆其说吗？

企业是资源配置的社会建构。市场和政府在资源配置中作用的不同既是区分不同经济体制的核心标志，也必然给资源配置所建构的企业打上清晰的社会制度的烙印，从而彰显出不同经济体制下企业制度的鲜明特色。西方主流企业理论都将政府作为社会管理者超然存在于企业组织之外，从而使政府成为企业构建过程中的外生变量，政企关系仅仅被视为政府作为管理者、企业作为被管理者的公共管理关系。随着利益相关者集体选择视角的企业价值管理研究的深入，政府在企业建构的资源配置中的角色和作用引起了我的兴趣和关注。作为资源

① 按《中华人民共和国公司法》，有限责任公司由 50 个以下股东出资设立。但按《中华人民共和国公司法》规定允许设立“一人有限责任公司”（指只有一个自然人股东或者一个法人股东的有限责任公司）和“国有独资公司”（指国家单独出资、由国务院或者地方人民政府授权本级人民政府国有资产监督管理机构履行出资人职责的有限责任公司。），因此，此处“一般的有限责任公司”是指由 2 个以上、50 个以下的股东出资组建的有限责任公司。

配置的两大手段之一，在企业形成的资源配置中，政府的作用是什么？政府是否也和市场的其他资本投资者一样投入了具有个性化的公共资源？如果政府也在企业形成的资源配置中投入了个性化的公共资源，为什么其他的资源提供者可以享有企业的所有权，而政府却从来都没有被纳入企业所有权的框架之内呢？如果企业的本质是利益相关者的集体选择，那么，政府是否应当是当然的集体选择参与者之一呢？

（二）深入考察：公共资源

政府与市场作为两种不同的资源配置方式，政府与市场的作用及其相互关系是不同学派分歧的焦点。而焦点中的焦点则是如何看待政府公共资源配置的性质。不同学派过多地将论证的焦点集中到政府和市场的资源配置功能谁主谁次上，而忽视了对分歧最大的政府公共资源配置功能的细致、深入研究，似乎都把政府公共资源配置的主要功能视为提供公共产品，或投资于市场失灵的公共领域。那么，除提供公共产品之外，政府还有无其他的公共资源配置？中国与西方国家在政府公共资源配置上的主要差异何在？政府为实施创新驱动发展战略而配置的巨额公共资源的性质是公共产品还是政府社会资本？

纯粹的公共产品应具有非排他性、非竞争性的特点。深入考察政府的公共资源配置，不难发现，现实中政府所配置的公共资源并非全部是公共产品，在实施创新驱动发展战略的新时代，具有一定的排他性和竞争性特征的政府公共资源配置越来越多，主要包括政府为招商引资、科技创新而专门建设的特区、开发区或创新园区等特殊基础设施、面向引入企业或创新企业的特殊许可和专项支持政策以及政府直接给予的专项经费支持，等等。实质上，在每个企业的形成和发展过程中，政府都或多或少地投入了具有排他性、竞争性的公共资源，例如，授予每个企业独一无二的“名号”或“代码”的使用权、赋予其在特定空间或区域开展营业活动的许可权、赋予其开展特定营业活动的许可权以及给予企业的各种专项支持政策（如建设用地、基础设施配套等的优惠政策，人才引进、招商引资的专项支持政策）等。政府为企业提供的这些公共资源具有显著的个性化特征，其在每个企业的资源配置中更符合资本的特性，不应该将其与公共产品相混淆。在我国，这些公共资源配置虽然体现了社会主义市场经济所具有的集中力量办大事的体制优势，但也容易产生腐败和社会不公等负面效应。

因此，追本溯源，对政府公共资源配置属性进行分类，区分政府公共产品配置的公共性和政府社会资本配置的私有性，并分别与政府的“公权力”（政权）和政府的“私权利”（产权）相对应，为从根本上化解当前理论和实践中的政企关系理论分歧和现实困境奠定科学的基础。为此，在对政府公共资源配置进行深入分析后，我提出了“政府社会资本”的概念，将政府公共资源配置区分为政府公共产品和政府社会资本，前者是非排他性、非竞争性的，必须按均等化的原则配置，后者则具有一定的排他性和竞争性的特征，其在社会个体（企业）之间的配置更具有个性化和资本性的特征。

（三）创新突破：中国特色

政府与市场的关系是经济学的永恒主题。对这一问题的回答，在微观层面将直接影响企业制度和公司治理，在宏观层面则将直接关系到经济体制和国家治理。企业是资源配置的社会建构。市场和政府在资源配置中作用的不同既是区分不同经济体制的核心标志，而且也必然给资源配置所建构的企业打上清晰的社会制度的烙印，从而彰显出不同经济体制下企业制度的鲜明特色。不论是从党的十九大报告对中国特色社会主义进入新时代的历史定位来看，还是从我国改革开放 40 多年所取得的举世瞩目的巨大成就来看，中国特色社会主义市场经济体制的话语体系和四个自信已初步确立，但是深入企业制度的微观层面，中国特色企业制度特别是其中最具特色的政企关系尚未形成自己的话语体系，从而使中国特色社会主义市场经济体制的话语权缺乏坚实的微观基础，亟待夯实。

事实上，古今中外，政府不仅仅是一个拥有公共权力的超然主体，也是一个实实在在地拥有公共资本投资权力的主体。与其他国家相比，中国在资源配置中最大的特色就是政府公共资源配置。无论是政府公共资源配置的规模，还是政府公共资源配置的广度和深度，都是其他任何国家不能比拟的。中国经济体制和企业制度的特色在很大程度上也是由政府公共资源配置的特色决定的。目前，中国特色企业理论和企业制度话语体系苍白的主要原因就是对中国政府公共资源配置的特色视而不见，导致将政府配置的所有公共资源都视同是公共产品。政府社会资本理论构建必须从概念到应用全面纠正这种错误认识，赋予作为政府社会资本投资者的政府以相应的资本所有权。

在对政府公共资源配置属性进行分类的基础上，将政府社会资本的概念纳入企业理论的框架，突破“产权理论”“超产权理论”的理论局限，在创建“不同形态资本禀赋的利益相关者的集体选择”的企业理论的同时，将政企关系拓展到基于政府社会资本所有权的政企关系和基于政府社会公共管理权的政企关系双重关系框架之下，从而将企业制度与政企关系的研究拓展到一个新境界，构建中国特色的企业理论与企业制度的话语体系，为“市场在资源配置中起决定性作用和更好发挥政府作用”提供革命性的企业制度和政企关系设计，将企业构建为政府和其他资本提供者共建共治共享的共同体，并通过政府作为社会管理者和政府作为社会资本投资者与企业的双重关系，调整政企之间的利益分配关系，实现社会公平和经济效率的统一，为我国新时期国家治理体系和治理能力现代化建设提供理论支撑。

基于上述研究，2018 年，我提出了“政府社会资本管理文丛”（涵盖《政府社会资本理论构建》《政府社会资本与企业理论创新》《政府社会资本与国家治理创新》3 部著作）出版计划，并入选国家“十三五”国家重点出版物出版规划项目，旨在创建政府社会资本基础理论和“异质性资本禀赋的利益相关者集体选择的企业理论”以及“政府社会资本所有权与政府公共管理权协同的国家治理理论”，为新时代国家治理体系现代化和中国特色企业理论的创新发展做出贡献。本书是该文丛的奠基之作。感谢“十三五”国家重点出版物出版规划项目和中宣部“文化名家暨四个一批人才工程”、财政部“会计名家培养工程”对本丛书创作和出版的支持。

制度创新是经济社会发展的不竭动力。不论是在宏观层面还是在微观层面，也不论是政治层面还是经济层面，需要改革的制度不胜枚举。如何才能抓住“牛鼻子”，牵一发而动全身，集政治与经济、宏观与微观的改革于一体，并真正体现我国社会主义市场经济体制的优势特色，非政企关系改革莫属。政府社会资本理论将为全面深化政企关系改革、创新中国特色企业制度和国家治理体系、推动经济社会高质量发展作出独特的贡献，为中国特色社会主义市场经济体制的发扬光大提供坚实的理论支撑。

第一章　资源配置中的政府与市场关系

第一节　宏观资源配置中的政府与市场关系

一、基本经济制度层面的政府与市场关系

关于政府与市场在资源配置中的作用，一直是经济学家争论的焦点，并已成为划分经济学理论流派和基本经济制度的分水岭。以斯密为代表的自由放任主义坚持“看不见的手”可以自发调节，无需政府干预。凯恩斯则认为“看不见的手”也会失灵，必须利用政府这只“看得见的手”干预。20 世纪五六十年代，凯恩斯经济学得到了西方国家的普遍推崇，并形成凯恩斯主义。20 世纪 70 年代，西方各国的经济发展陷入停滞，既看到市场不足又看到政府缺陷的新自由主义得以兴起。以弗里德曼为代表的货币主义学派、以科斯为代表的产权理论学派和以布坎南为代表的公共选择学派等迅速发展。20 世纪 80 年代末 90 年代初，新自由主义的经济改革带来了一系列更为严重的问题，倡导政府干预的凯恩斯主义再次引发了经济学界的关注。2007 年美国发生金融危机以来，政府干预的凯恩斯主义又重新出现。2010 年诺贝尔经济学奖获得者彼得·戴蒙德主张政府干预，支持财政刺激。2014 年，《21 世纪资本论》作者托马斯·皮凯蒂指出，摒弃政府调节的新自由主义大大加重了资本主义世界财富和收入分配的不平等，反倒是重视政府干预的凯恩斯主义盛行时期有关国家的收入不平等才没有扩大。另一位诺贝尔经济学奖得主萨缪尔森也认为，完全的自由放任与社会不平等的扩大有着必然的联系。2014 年，诺贝尔经济学奖得主斯蒂格利茨建议中国在市场与政府的关系上不宜过分偏向某一方，而应走中间道路。2016 年，新加坡国立大学郑永年指出，东亚经济体的成功是同时发挥了市场和政府两个作用，政府和市场的有效配合使东亚社会仅仅用了 30 多年的时间走完了西方 100 多年的历程。由此可见，即使在西方，人们仍然在探讨政府和市场的关系该如何处理。

不论是改革开放之前，还是改革开放至今，我国关于政府与市场在资源配置中作用的理论和实践都与西方国家有很大差异。当然，这是我国由改革开放前实行计划经济逐步调整到目前的中国特色社会主义市场经济体制所决定的。傅殿才（1995）指出，在传统的计划经济体制下，计划与市场的关系问题实际上是不容争论的，只能实行全面的、无所不包的计划经济。当时的理论界普遍认为，计划和市场是性质完全不同的两种资源配置方式，分属于社会主义和资本主义的两大完全对立的社会基本制度范畴，只有计划才是社会主义的东西，而

市场则完全是资本主义的东西，社会主义国家绝对不能有。十一届三中全会以来，我国对计划经济体制进行了调节，在计划经济的框架内适度扩大市场作用，确认了经济体制改革的基本原则——“计划经济为主，市场调节为辅”。不过，这一阶段的改革仍坚持计划的主导地位。党的十四大正式拉开了市场经济改革的帷幕，政府与市场在资源配置的职能划分上发生了根本性的转变。这一阶段中，市场机制不断强化，成为独立的体制性因素和资源配置的基础性力量。楚永生（2003）认为，政府与市场在某种程度上是两种配置资源和协调社会经济活动的主要机制或制度安排。对两种资源配置机制或制度安排不同程度和不同方式的选择与组合，将会导致资源配置效率高低与成本收益大小的差别。在市场经济条件下，政府与市场在配置资源方面都有各自独立发挥作用的范围和领域，同时也存在二者作用交叉的地带。在政府与市场都能发挥配置资源作用的情况下，政府与市场配置资源的边界就取决于成本与收益的比较。一般而言，在同样情况下应遵循市场优先原则，须确立市场在资源配置的基础性地位。赵良庆（2004）提出，一方面在经济运行过程中发挥市场激励约束机制和市场配置资源的基础性作用；另一方面要求建立和完善社会主义市场经济制度的实现的有效形式，也就是构建一个最有利于促进发展生产力的政治法律制度和政府管理制度。冯俏彬和贾康（2010）指出，失灵而替代的单向思维，强化了对二者冲突的认识。但在真实世界中，政府与市场从来共同作用，尽管在某些历史时期，其中某一方曾居于更为显眼的地位。另外，近几十年来，纯公共产品与纯私人产品的联结部分不断地发生着多样化的升级发展，从而使政府与市场愈益相互渗透融合。

尽管我们在经济理论上也受到了西方经济思潮的影响，但是马克思主义政治经济学以及中国特色社会主义理论在我国改革开放以来的经济理论和改革实践中都取得了主导地位，并逐渐形成了中国特色社会主义市场经济的话语体系。十八届三中全会提出“市场在资源配置中起决定性作用和更好发挥政府作用”之后，持“市场决定论”的国内外新自由主义者纷纷用新自由主义理论对此进行错误解读。对此，程恩富（2013、2014）旗帜鲜明地提出“要分清两种市场决定性作用论”，指出两种决定论的本质区别主要体现在“市场决定性作用”和政府的规划配置作用在功能上的良性互补、在效应上的协同和在机制上的背反。洪银兴（2016、2017）指出，中国特色社会主义政治经济学是当代中国马克思主义政治经济学。其话语体系包括三个方面：一是马克思主义政治经济学尤其是《资本论》提供的政治经济学话语体系；二是中国特色社会主义经济创新的话语体系；三是批判地吸收世界成熟的经济学理论。并对市场决定资源配置的条件下，政府经济功能的“四强”进行了论述。卫兴华、逄锦聚、顾海良、胡培兆、顾钰民、李建平、蒋永穆等（2017）都对此进行了论述。洪银兴（2020）再次强调，相应的政治经济学不能只研究制度，还需要研究经济运行和经济发展的问题，由此政治经济学的理论体系就会形成经济制度、经济运行和经济发展（其中包括对外经济）三大部分。党的十九大报告对中国特色社会主义进入新时代的论断以及十九届四中全会公报对社会主义制度与市场经济有机结合的显著优势的总结均是对中国特色社会主义市场经济话语体系和实践成功的充分肯定。

二、公共资源配置中的政府与市场关系

在公共资源配置（即公共产品供给）方面，萨缪尔森（1954）将公共产品定义为“每个人对这种产品的消费，都不会导致其他人对该产品消费的减少”。布坎南（1965）提出了

俱乐部物品，按布坎南的解释，私人物品是俱乐部成员数为 1 的物品，纯公共产品是成员数为无限大的物品。尽管对公共产品的界定有差异，但他们都认同公共产品应由政府来提供。

科斯（1974）首先提出公共产品的私人提供，其理由是市场机制与政府手段都会出现失灵，需要比较政府与私人提供公共产品的优劣，并有倾向性地选择私人提供。在此基础上，巴泽尔（1997）认为公共产品并非物品自身的属性，而是人们根据界定物品产权是否能带来净收益而选择界定某一物品的产权。Marmolo（1998）也认同公共产品并非物品自身的属性，但认为供给方式的不同才是根本标志。

在公共资源配置方式上，“政府—市场”二分法占据了主流。前者更注重分配功能（或公平），后者更注重配置功能（或效率），由于无法证明“政府失灵”一定小于“市场失灵”，因此，主流经济学无法将分配因素从公共产品提供过程中剥离出去。2009 年诺贝尔经济学奖获得者埃莉诺·奥斯特罗姆则认为：极少有制度不是私有的就是公共的，公共财产制度本身是一种排他性私有产权的形式——只是私有财产权利不应该被等同于个人产权。在此基础上，她提出了公共池塘的自主治理方式。Shao 和 Zhou（2016）指出，投票的机制并不能保证其结果总是符合公共产品提供的有效水平。Dekela 等（2017）则指出，当总收益超过所造成的损害时，若以社会中获益的部分补偿利益受害群体而同时不损害获益群体的利益，便可能导致公共产品供给的帕累托改进。

我国学者对公共资源配置的认识与国外学者也有较大的不同。何秉孟（2014）指出，“市场的决定性作用”仅仅限于资源配置的一般性资源，并不包括地下资源及其他关系国计民生的必须由国家控制的战略性资源、特殊资源。周绍东（2015）则提出了公共产品过度供给问题，特别是在支持科技创新、产业转型升级、高端人才引进培育等方面。洪银兴（2016）指出，涉及国家安全和生态安全的，涉及环境保护方面的，涉及全国重大生产力布局、战略性资源开发和重大公共利益等项目，以及基本公共服务的配置，政府不只是进入，而且应该充分并且强有力地发挥作用。宋磊和谢予昭（2019）发现，中国式政府—市场关系经历了以行政思路解读市场逻辑、以行政措施培育市场机制、以政策调整引导市场主体、以行政力量补充市场作用等不同的阶段，具有鲜明的中国特色。新时代，平衡政府与市场之间的关系仍是全面深化改革的核心问题（时家贤和袁玥，2019），陈云贤（2019）开宗明义地提出，中国特色社会主义市场经济是有为政府与有效市场相结合的经济，林毅夫（2020）强调，有效市场的发育需要有为政府的正确干预。

在公共资源配置方式方面，张琦（2015）建议要告别“政府—市场”的二分法，要以新的理论框架来研究现实中的公共产品问题。洪银兴（2016）指出政府配置公共资源主要是政策路径，包括利用收入分配政策促进社会公平主义；通过产业政策和负面清单引导产业结构转型升级；通过财政和货币政策调节宏观经济运行。林毅夫（2017）的新结构经济学倡导有为政府，他认为有为的政府需要处理先行者的外部性和软硬基础设施完善的协调问题，实现因势利导。洪银兴（2018）指出，对于政府作用的领域不应局限于市场失灵、产权保护、宏观调控这些传统经济学假设中，结合中国国情，在公共资源配置领域中还需政府发挥重要作用。方福前（2019）指出，不同于新自由主义将政府和市场对立起来，中国社会主义市场经济体制改革的特色是让市场在资源配置中起决定性作用和更好发挥政府作用。

三、宏观资源配置中的政府与市场关系的统一

政府与市场关系的表现形式是不断变化的，它取决于不同的历史时期和社会阶段。不管市场经济处于什么阶段、社会形态如何不同，完全的自由放任和完全的政府干预都是不可行的，仅仅依靠政府或市场中的一方无法实现资源的有效配置。社会主义市场经济中，充分发挥政府效能以及让市场在资源配置中起决定性作用是唯一出路。在社会主义初级阶段发展市场经济，既可以体现制度优势，又可以带来瞩目的治理效能，实现“有为的政府”与“有效的市场”的相互补充。

在国家治理体系现代化、社会主义市场经济体制改革的大背景下，深入认识“市场决定与市场失灵”及“国家调节与政府失灵”，是创新中国特色国家理论体系的基础。在发现和认识政府失灵和市场失灵的基础上，处理好政府与市场关系的核心问题是使市场在资源配置中发挥决定性作用，以及政府效能最大化，形成政府“有形之手”与市场“无形之手”的相互协调。

（一）市场决定与市场失灵

市场的决定作用最先起源于西方国家的古典经济学理论，它强调经济自由、无国家干预。18 世纪中叶，伴随着英国工业革命的兴起，资产阶级的力量逐渐壮大。告别了早期的资本短缺，市场经济蓬勃发展，一直以来主张重商主义的国家政策逐渐无法适应当时社会经济发展的需求，以亚当·斯密为代表的自由放任主义开始兴起。自由放任主义将自由放任作为经济政策的核心，强调市场自身的调节作用，认为市场用“看不见的手”就完全可以支配社会经济。政府没有必要也不应该干预市场经济，只需要做好保卫国家安全、建立健全司法制度、提供公共事业的工作即可，政府只是“守夜人”的角色。在亚当·斯密之后，英国经济学家西尼尔也是自由放任主义的拥护者，他指出政府的唯一合理基础是与人方便，政府的义务就是竭尽所能的增加被统治者的福利。“萨依定律”无疑也是市场决定论、自由放任主义下的产物，它强调“资本主义市场经济一般不会出现任何过剩问题，能自动达成供需平衡”。显然，这一时期的西方国家完全依靠市场调节社会经济，国家对经济的参与度为零，政府只承担政治社会职能。

20 世纪 70 年代，随着凯恩斯主义带来的滞胀问题，经历了政府全面干预的西方国家开始重新将市场决定论奉为圭臬。新自由主义思想的兴起意味着市场决定论的回流，它虽然允许国家进行少部分干预，但仍指出市场是完全自由的竞争、提倡继续自由放任的市场经济与发挥“看不见的手”的力量、主张私有化与个人主义。从自由放任主义到新自由主义，虽然政府干预程度有所增加，但市场仍然是调节社会经济的第一手段，市场在资源配置中的决定性作用毋庸置疑。

然而，市场决定论并不是完美无缺的，单纯只依靠市场手段并不能保证经济长期平稳运行，无论是 1929 年爆发的经济大危机还是 2007 年席卷全球金融市场的金融海啸都是过度依赖市场自发调节、引发市场失灵的直接证明。针对上述的市场失灵情况，福利经济学家认为依靠政府解决市场缺陷无疑是最好的方式，这也是大多数人的共识。事实上，在两次金融危机爆发后都出现了政府干预经济说与强调国家调节作用的学说理论。查尔斯·林德布洛姆（2003）认为，“抛开专政残暴的政府与主张自由的政府之间的区别，一个政府同另一个政府的最大不同，在于市场取代政府或政府取代市场的程度”。查尔斯·沃尔夫（2007）认为

政府与市场之间的选择是复杂的，不是纯粹在政府与市场间的选择，而经常是在这两者的不同组合间的选择以及资源配置的各种方式的不同程度上的选择。但是，政府干预应该到何种程度？政府与市场两种手段之间应如何协调配合？完全依靠政府调节经济是否就没有缺陷？这一系列问题还需要我们对国家调节及其缺陷进行具体分析。

（二）国家调节与政府失灵

最早的国家干预经济始于20世纪初，自由竞争的资本主义逐渐向垄断资本主义过渡，1929年爆发的经济危机快速席卷了西方世界，这极大地震撼了西方经济学界，也打破了一直以来的“斯密神话”，为凯恩斯政府全面干预主义的出现奠定了现实基础。凯恩斯认为单纯只依靠“看不见的手”放任私人经济制度自发调节，无法解决经济危机中出现的问题。只有扩大政府职能，以政府的宏观公共政策弥补市场缺陷，才能矫正市场经济的偏差。在之后资本主义发展的黄金时期里，凯恩斯主义一直被奉为经典理论，人们普遍认可以政府职能的扩大，认为政府干预可以有效解决市场失灵问题。

相对西方国家的全面干预或全盘否定，我国对政府经济职能的认识与应用循序渐进，大致可以分为三个主要阶段。20世纪50年代，我国社会主义处于萌芽阶段，与之相对应的是高度集中的计划经济时期，此时普遍认为政府具有分配和监督职能，并以分配职能为主。1978年的党的十一届三中全会，正式标志着我国进入了经济转轨阶段，政府经济虽仍然占据主体地位，但也逐渐形成了多种经济形式并存的结构。这一时期最为典型的就是政府三职能论，即分配、调节和监督，其中仍以分配职能为基础，在之前对国民经济进行分配和调节的基础上，新引入了调节职能，对国民经济平稳运行进行合理调节。总体来说，在改革开放前，我国在逐渐认识到市场作用的同时不断完善政府职能，但仍始终坚持政府为主导的经济运行机制。

然而不论是我国还是西方国家，以国家干预为主的经济政策在历史舞台上的存在都是立谈之间，虽然风靡一时却最终被市场经济取代，究其原因是因为国家调节的失灵。正如导致市场失灵的核心是外部性，导致政府缺陷的根本原因是内在性。政府部门追求自身利益而非社会公众的集体利益，因为存在经济人假设，政府部门人员在进行决策时也会将自身或本集体的利益置于首位取代公共利益。不同于市场和私人企业较为单纯单一的目的，政府的目标相对要复杂许多：一方面要履行好非经济职能，如维护社会稳定、保证人民生活水平、提高人民生活幸福度；另一方面，政府的经济职能也要发挥作用，既要促进经济增长，又要保证足够的税收收入。从某种程度而言，政府追求的目标有时会相互矛盾，在这种情况下政府只能权衡利弊。同时，因为每一个政策的制定都要充分反映民意，需要花费大量的民意调查、反映和再修订的时间，这就造成了政府在出台政策或实施某一项目的低效率。割裂成本与收益的正常联系是导致低效率的另一重要原因。政府的主要收入来源就是税收，不同于企业的收入取决于其提供产品的情况，政府收入具有非价格性质，与政府完成任务的质量情况并没有直接联系。并且，政府成本的增加可以为其下一年的预算增加带来支持，低效率也成为了在所难免的事。在决策方面，公共决策虽然方法众多却没有最佳方式，决策机构庞大、层级过多也为政策的准确高效率下达执行造成了障碍，信息不完整造成的偏差都会导致决策失误。

（三）市场决定与国家调节：功能互补与组合应用，兼顾效率与公平

由此可见，有关政府与市场的关系一直是许多理论学派研究的焦点问题，我们不能否定任何一种理论曾出现的正确性，因为每一种政府经济职能理论在某一特定时间的出现都经过了实践的检验，并取得了一定的成功，可以在当时作为政府与市场关系的主导思想在历史的洪流中站住脚跟。但是我们也要意识到，政府的经济职能因为社会形态的不同而不同，即使在同一种社会形态下，不同的历史阶段、国家发展情况也会导致政府经济职能的不同定义和作用。同时，我们也要清楚地认识到，不管市场经济发展处于什么阶段、社会形态是如何不同，万能的市场和万能的政府都是不存在的，完全的自由放任和完全的政府干预都是极端的想法，仅仅依靠政府或市场中的一方无法实现资源的有效配置。所以，在国家治理体系现代化、社会主义市场经济体制改革的大背景下，我们既要认识到既有的政府缺陷和市场缺陷，也要适应如今我国的国情和经济发展，正确定位政府经济职能，处理好政府与市场的关系。

通常而言，当市场与政府的配合运作既有利于经济运行均衡于最优经济水平，又有利于国民经济的各个领域运行均衡于最优公平程度时，称为最优的市场和政府组合。实际上，正如习近平总书记在党的十八届中央政治局第十五次集体学习时发表讲话指出的，“在市场和政府作用的问题上，要讲辩证法、两点论，要讲‘看不见的手’和‘看得见的手’都要用好，努力形成市场作用和政府作用有机统一、相互补充、相互协调、相互促进的格局”。市场与政府是一对优势互补的力量，单纯只使用其中的某一种力量都会造成整体失衡，政府与市场这两股力量需要互相促进、弥补对方劣势并监督对方的运行，从而实现市场与政府的完美配合，维护经济平稳运行。刘国光（2015）认为，资源配置有宏观、微观不同层次，还有许多不同领域的资源配置。在资源配置的微观层次，即多种资源在各个市场主体（企业、机构、家庭、个人）之间的配置，市场价值规律可以通过供求变动和竞争机制促进效率，发挥非常重要的作用，也可以说是“决定性”的作用。但是在资源配置的宏观层次，如供求总量的综合平衡、部门地区的比例结构、自然资源和环境的保护、社会资源（财产、收入）的公平分配等方面，以及涉及国家社会安全、民生福祉（住房、教育、医疗）等领域的资源配置，就不能都依靠市场来调节，更不用说“决定”了。市场机制在这些宏观层次和重要领域存在很多缺陷和不足，需要通过国家干预、政府管理、计划调节来矫正、约束和补充市场的行为，用“看得见的手”来弥补“看不见的手”的缺陷。

但是，在对政府与市场进行组合应用的过程中，我们也要意识到一种有效的组合只有在特定的历史阶段和范围内才显示效率，而这种效率并不一定能保证经济福利在社会成员中的公平分配。如果说政府的经济职能是追逐效率，那么政府的政治社会职能的最终目标一定是维护社会的公平稳定。效率与公平一直以来是经济发展的两大问题：效率是生产效率、劳动效率，公平则是指平等的分配，属于分配领域。

我国的社会主义市场经济曾一度以效率优先、兼顾公平，然而随着经济的不断发展、社会的不断进步，效率与公平日益成为并重的两大标准。在资源配置的过程中既要强调效率，又要注重公平；通常而言，我们将市场视为追逐效率的载体，依靠政府来维护公平。政府与市场是实现资源配置的两大主体，计划与市场也是资源配置的两种重要手段。根据公共产品理论，具有非排他性、非竞争性的公共产品、公共资源由政府配置，市场资源由市场配置。我们假设市场是无法完全提供公共产品的，只有政府才能很好地提供公共产品。然而在实际生活中，政府既无法轻易对公共产品进行估计，也无法消除人们对公共产品的搭便车行为，导致了公共产品的低效率。同时，公共产品的非排他性和非竞用性也为市场带来了很多问题：当很多人搭便车时该如何收费？价格该如何制定？若没有正确的价格引导，产量又该如何确定？一般而言，政府会通过税收的方式让所有人强制为搭便车行为买单，然而因为选择需求的存在使这样的做法似乎也并不是那么让人信服，也违背了公平性。因此，政府公共资源配置的属性和构成对政府与市场的关系将产生重要影响，也在很大程度上影响了宏观的公平和效率。

综上所述，政府干预并不是纠正市场失灵的灵丹妙药，市场失灵也不是政府干预的充分条件。市场和政府都有其缺陷，我们在现实中的实际选择就是如何合理的处理二者关系，如何将二者巧妙的组合应用。这一选择是复杂的，不仅仅是定义市场与政府的边界，确定二者的作用范围，更是在资源配置不同程度上的选择。

第二节　微观企业资源配置中的政府与市场关系

一、国外微观企业资源配置中的政府与市场关系研究

与基本经济制度层面政府与市场关系以及公共资源配置领域各种学派的丰富研究相比，国外关于微观企业资源配置中政府与市场关系的研究则要单薄得多，甚至很少被直接探及。

虽然对政府与市场的关系以及政府在配置公共资源的范围、方式等方面存在着分歧，但是在大多数西方国家中“市场是配置资源的基本方式，国家调节市场，市场引导企业，政府一般不直接干预企业的经济行为和经营行为，而是通过改变市场经济环境间接地引导和影响企业的经济活动”的政企关系模式还是被普遍接受的。青木昌彦（1999）将政企关系分为三种类型：权威关系型、关系依存型和规则依存型，Shleifer 和 Vishny（2004）也总结了关于政府的三个模型：即扶持之手、无形之手和掠夺之手，但无论是哪种类型的政企关系或政府模型，政府都被视为企业生存和发展中重要的外生变量。在西方的企业理论研究最多的就是把企业与政府的关系（或政治关联）视为一种资源，研究这种资源对企业竞争力或绩效的影响。

Epstein（1969）指出，政府作为企业最为重要的一个利益相关者，是企业环境中不确定因素的重要来源。企业的竞争环境与政府管制、公共政策之间存在着实质性的依存关系，政府日益被看作能够给企业的竞争活动创造最佳环境的竞争工具。Brenne（1980）、Douglas（1995）等学者认为企业的政治关联实际上就是若干种资源要素的一个集合，这些资源要素能够帮助企业影响政府决策或者帮助企业获得政府的承诺，从而使企业获得独特的竞争优势。根据资源基础理论的观点，企业政治关系是一种重要的政治资源，可以成为企业的一种潜在竞争优势。Sapienza（2004）在研究意大利企业时发现，有政治关系的企业能够以比较低的利息从国有银行获得贷款，而且与执政党政治关系越紧密越容易获得较低的银行贷款利率。Faccio（2006）进行跨国研究发现，在 47 个国家中有政治关系的企业的实际税率往往要低于那些无政治关系的企业。Bertrand（2007）通过研究法国有政治关系的企业发现，在法国如果企业的行为有助于扩大就业，政府会给这些企业相应的税收优惠。Goldman（2008）等以 1990－2004 年美国部分企业为样本进行研究发现，在美国政治竞选结束后，支持取胜政党竞选的企业会随之获得更多的政府订单，而支持失败政党竞选的企业自此之后获得政府订单的数量会急剧下降甚至消失。Goldman 等（2009）关注董事会成员的政治关系，

一旦具有政治关系的新董事会成员加入公司，公司股票在一段时间内会产生一定程度的正的超常收益率。Narjess Boubakri（2011）对比了发展中国家和发达国家的具有政治关联的民营企业，发现政治关联对民营企业的作用机理在这两类国家是类似的。Lux，Crook 和 Woehr（2011）研究表明，驱使企业作出政治行为的因素有三大类：制度因素、行业因素和企业因素。此外，Jun Su（2013）和 Min Zhang（2015）分别研究了政治关联对并购绩效和企业多元化的影响。

二、国内微观企业资源配置中的政府与市场关系研究

与国外在微观企业资源配置中政府与市场关系的研究较为单薄的现状不同，我国探讨政企关系的研究数量虽然不少，但是主要集中在国有企业改革的研究中。从一般企业制度和企业基础理论角度进行的特色研究甚少，且与政府与市场关系及公共资源配置的研究相比，相关的研究也要少得多。

赵曙明（1998）将世界上典型的政府与企业的关系划分为四种：一是美国式的，可称“警民”关系，即美国的政府机构与企业之间的关系是法律界定经济关系，政府着重告诉企业哪些事可以干，哪些事不该干，政府只是掌握宏观调整。二是日本式的，可称“朋友”关系，政府和企业“穿一条裤子”，着重告诉企业应该怎样干，政府协助和支持企业发展。三是德国式的，可称“仲裁”关系，强调效率和公平的合理取舍，政府按照竞赛规则对企业进行公平裁定。四是传统的中国式的，可称为“父子”关系，也有人称“婆媳”关系。我国政府对经济的调整在很大程度上是控制投资行为，有时要管理具体审批每一个投资项目，直接干预企业的经营管理。孙关宏等（2002）指出，主要西方国家市场经济中政府与企业的关系模式分为政府规制型和政府引导型。政府规制型模式以美国和英国为主要代表，其基本特点是尽量让市场这只“看不见的手”发挥作用，政府主要对市场进行规范和管制。政府引导型以法国的计划调节市场经济、德国的社会市场经济、瑞典的福利国家市场经济最具代表性。这一类型的国家经济活动以市场为基础和纽带，企业在市场机制的作用下自主经营，但是企业活动受到政府一定的干预和协调，而不是绝对自由。张康之（2003）指出，正值西方发达国家纠结于如何选择和改良政府职能模式时，亚洲新兴工业化国家和地区的政府创造性地走出了政府职能模式的“第三条道路”——尝试使用了一种新型的政府职能模式——引导型政府职能模式。这一模式被中国政府广泛采用并且在有中国特色的社会主义理念指导下得到了完善。潘石、莫衍（2005）指出：政府参与具有二重性，即政府的公共利益性与自身利益性，作为企业投资者的政府参与的二重性的外化过程就是政企关系特殊化的过程。何平（2011）指出，要全方位地、系统地研究政府与企业间的各类复杂关系问题，把相对笼统的概念细节化、具体化，为建立社会主义市场经济理论体系框架打下良好基础。吴金群、李潇（2013）构筑了法制基础上的政企互动模式，包括政府为企业提供制度供给、优质服务、适度管制、产权保护等形成的政府与企业的直接互动、政府通过市场与企业的间接互动以及政府通过社会与企业的间接互动。夏小林（2015）从国际视角对切割政企关系的改革进行了评述，并建议国有经济体制改革要坚持有分有合的政企关系原则并在实践中不断完善之，摒弃切割、“切断”政企关系的谬见及影响。彭向刚和周雪峰（2016）认为，随着中国经济发展进入新常态，政企关系的发展体现出新的含义和特征，这对新型政企关系及政府规制的理论与实践提出了新的挑战与要求。李春明（2017）进一步指出，亲清政企关

系是对政企关系内容和政府企业双方处理关系的要求，构建亲清政企关系有利于促进一个国家（地区）政治清明、社会公正、经济持续健康发展。聂辉华（2020）提出，政企关系是理解中国长期经济增长和经济转型的微观基础，也是转型经济中最重要的关系之一。从政府对企业是否干预以及如何干预两个维度，可将世界各国或地区的政企关系分为四种类型：政企合作、政企合谋、政企分治和政企伤害，应用动态政企关系框架可以解释“中国奇迹”以及相关的重要现象。

受国外关于政治关联研究的影响，国内学者也对中国企业政治关联的影响进行了大量的研究。研究发现，具有较强政治关联的企业，会获得更多的政府支持，如政府补贴（陈冬华，2003）、融资便利（余明桂、潘红波，2008）、进入管制行业门槛降低（罗党论、刘晓龙，2009）等。方军雄（2007）研究发现政府在资源配置过程中存在对国有企业的“父爱”倾向，民营企业在许多方面都面临着严重的所有制歧视。罗党论和甄明丽（2008）的研究表明，在金融生态环境较差的地区，企业获取各类资源，如从政府控制的银行获得贷款支持、进入政府审批的金融市场等，都需要与政府建立政治关系。杜兴强等（2009）认为不同的政治关联对企业业绩有着不同的影响，民营上市公司的代表委员类政治联系对企业业绩具有显著的正面影响；政府官员类政治联系对企业业绩具有显著的负面影响。潘越等（2015）首次从政企关系重建的视角考察了地方主政官员更替与国有企业高管非正常变更之间的内在关系。结果发现，市委书记更替导致市委直管国有企业的高管发生非正常变更的可能性显著增加。魏炜、朱青元、林桂平（2017）考察了不同所有制情境与并购情境下政治关联对并购绩效的影响，并论证不同维度的政治关联对企业并购绩效的影响差异。研究表明，政治关联对企业的会计并购绩效有负面作用；政治关联对国有企业绩效具有显著的负面作用，而对民营企业效果不显著；在多元化并购中，拥有政治关联的公司并购绩效要好于非政治关联公司，这一正向作用对民营企业尤为明显。杨筠和宁向东（2018）指出，政治关联对企业获取政府补贴有正向影响，且政治关联削弱了政府补贴对企业创新绩效的积极作用。陈爽英、傅锋、井润田（2020）发现，企业家政治关联对企业研发投资影响呈倒“U”形作用。

三、微观企业资源配置中的政府与市场关系的统一

国外主流理论将政府限定在“守夜人”角色，否定政府对异质性资源配置权的运用并不是基于现实世界的一种行为刻画，更不符合中国企业独特的制度背景。吕立邦、黄恒学（2016）指出，国有企业中的政企关系基本内涵包括政治维度下的治理者与工具关系、经济维度下的所有者和经营者关系以及本质维度下的政府与市场关系三对关系。王竹泉和杜媛（2012）、王竹泉等（2017）从企业利益相关者集体选择逻辑出发，认为政府通过对某些特殊性权力和资源分配权的运用，事实上成为了企业的内部利益相关者，此类资源与公共产品和服务资源存在本质区别，它们与企业的物质资本、智力资本等其他的投入要素相同，具有明显的资本属性特征，是政府向企业所投入的“政府社会资本”，应当将其与公共产品区分开来。以此为基础，对政府的社会管理者身份和企业所有者身份予以区别对待和分类治理，有利于理顺政企双方的资源配置关系，从而构建良性的政企关系。

王竹泉（2018）延循这一研究逻辑，基于政府的双重资源配置权这一客观基础现实，提出将政府配置的公共资源按照其属性分类的不同，区分为政府公共产品和政府社会资本，

通过对政府两类资源配置在企业集体选择过程中参与层次的区分，厘清政府社会资本投资对企业产权契约层次参与的本质与政府应当的产权主体地位，将政府在政企关系构建中的隐性产权关系予以显性化和制度化，通过显性的产权制度约束将政府和企业各利益相关方之间的权利和义务规范化，从而为良性政企关系的构建奠定制度基础。

第三节　宏观微观资源配置中政府与市场关系的贯通

不论是宏观资源配置中的政府与市场关系，还是微观企业资源配置中的政府与市场关系，各种理论和认识分歧的核心都是对政府的资源配置方式和所配置资源的性质认识不同。虽然政府参与了每个企业资源配置的过程，但是如前所述，不论是在宏观资源配置中的政府与市场关系，还是在微观资源配置中的政府与市场关系，现有理论都未认可政府作为政府社会资本出资者的身份，而是将政府作为社会公共管理者超然存在于企业组织之外。因此，从资源配置中的政府与市场关系视角提出政府社会资本概念，并将其与政府提供的公共产品区分开来，以此为基础将宏观资源配置中的政府与市场的关系和微观资源配置中的政府与市场关系贯通起来，是构建逻辑严谨、自成体系的政府社会资本理论的关键。本书将在区分政府公共产品和政府社会资本的基础上，对如下问题进行深入探讨和突破，实现宏观资源配置与微观资源配置中政府与市场关系的有机贯通，从而构建与中国特色社会主义基本经济制度一脉相承的中国特色国家治理体系和中国特色企业制度。

一、中国特色社会主义市场经济体制与中国特色企业制度的贯通

综观国内外的研究，有一个共同的特点，就是相对于基本经济制度层面的政府与市场关系、公共资源配置（公共产品）经济学理论来说，在微观企业理论和企业制度层面探讨政企关系的研究都要少得多。虽然近年来结合我国现实国情的企业制度研究特别是国有企业制度研究开始得到重视，但是其所依据的核心理论框架仍然是西方主流的委托代理、契约理论等，远未形成中国特色企业制度的话语体系，这在政府公共资源配置相对较弱的西方市场经济国家来说，也许无可厚非，但是对政府公共资源配置功能强大的我国来说却是值得反思的。党的十九届四中全会对中国特色社会主义基本经济制度作出新概括后，中国特色企业制度话语体系的苍白更难以为中国特色社会主义基本经济制度提供坚实的微观基础支撑，亟待夯实。

本书选择资源配置中最具中国特色也是观点分歧最大的政府公共资源配置分析为逻辑起点，按政府公共资源配置属性将政府配置的公共资源区分为政府公共产品和政府社会资本，创建政府社会资本的概念，然后，通过政府社会资本在企业形成过程中的功能作用分析，论证政府作为政府社会资本投资者应与其他资本投资者共享企业所有权，从而创建每个企业都是“政府作为政府社会资本投资者与其他资本投资者的集体选择”的中国特色企业理论新框架。

二、宏观层面的混合所有制经济与微观层面的企业混合所有制的贯通

党的十八届三中全会把混合所有制经济提高到基本经济制度的重要实现形式这一前所未

有的高度予以强调，并把推行混合所有制改革作为主攻方向。但是，混合所有制经济是一个宏观资源配置的范畴，中国从计划经济时期的纯粹的公有经济到改革开放以来非公有经济成分的不断增多，比例不断增大，毫无疑问早已步入混合所有制经济形态。皮凯蒂在《21世纪资本论》的中文版自序中指出，“中国是一个极大的特例，公共资本占国民资本的一半左右（约1/3—1/2），若公共资本能够保证更均等地分配资本所创造的财富及其赋予的经济权力……，中国可能最终找到公共资本和私人资本之间的良好妥协和平衡，实现真正的公私混合所有制经济”。

企业混合所有制却是微观资源配置的范畴。虽然中国具有庞大的政府公共资源配置规模，但如果将政府配置的公共资源均视为政府公共产品，则在微观资源配置层面混合所有制将仅在有一般国有资本投入的非国有企业中发生，而这样的企业在全社会的企业总量中所占的比例很低①，要使企业混合所有制成为企业制度的普遍形式几乎不可能。

党的十九届四中全会《决定》提出“健全劳动、资本、土地、知识、技术、管理、数据等生产要素由市场评价贡献、按贡献决定报酬的机制”，其中，土地、知识、数据等生产要素参与分配均为首次提出，而且在这些资源的提供中，政府作用可能更为突出。如何使政府提供的土地、知识、数据等生产要素也平等地由市场评价贡献、按贡献决定报酬，将是健全社会主义基本经济制度需要解决的重大课题。但是，不论是公共管理理论，还是企业理论，目前都未认可政府作为公共资本出资者的身份，而是将政府作为社会管理者超然存在于企业组织之外。因此，将政府作为具有社会公共管理权和政府社会资本所有权双重权力的主体并将政府作为每一个企业的政府社会资本投资者纳入企业制度的分析框架之内，从而创新企业混合所有制制度将是中国特色企业制度的突破口之所在。显然，若将政府公共资源配置区分为政府公共产品和政府社会资本，则每一个企业中也都或多或少拥有政府所投入的政府社会资本，则每一个企业都是一个政府投入的政府社会资本与其他投资者投入的资本的一个混合所有制企业，混合所有制不论从宏观层面来看还是从微观层面来看都真正成为基本经济制度的重要实现形式。

三、宏观层面的国家治理与微观层面的公司治理的贯通

政企关系反映了国家在某一特定时期的政治、经济生态等境况。在西方资产阶级发展初期，主张商业领域的自由发展，减少甚至是不要政府干预；而在西方国家实现工业化进程中，为应对“市场失灵”，国家主义则主张政府对企业发展的干预；随着当代社会政治、经济等问题交织和复杂化，政企之间的合作和互动变得日益密切。“单纯的市场经济和国家干预经济已经成为过去式。”实践表明，在现代社会，无论是政府对企业的统摄控制，或者是政府对商业领域的放任无为，都是不可取的。因此，新型企业制度和政企关系的研究必须在协调的政府社会管理职能（政治职能）和政府经济发展职能（经济职能）的框架下进行

① 据国家统计局第四次经济普查按登记注册类型分组的企业法人单位的数据显示，截至2018年年底，我国内资企业法人单位数为1834.8万个，其中国有企业7.2万个，集体企业为9.8万个，股份合作企业2.5万个，联营企业0.7万个，有限责任公司233.4万个，股份有限公司19.7万个，私营企业1561.4万个。且不说股份合作企业、联营企业、有限责任公司、股份有限公司中有相当数量的企业还不符合混合所有制的企业所有权结构，仅国有企业和私营企业等明显不符合混合所有制企业所有权结构的企业比例就高达85.5%。即使所有的国有企业都实行了企业混合所有制改革，其所占所有内资企业法人数量的比例也不过是0.39%。

研究。

但是，在宏观的国家治理层面的政企关系研究中，大多数研究是在探讨通过法律、制度和伦理来规范政府公共权力的行使，少有研究触及政府对企业除公共权力之外的私有权力，如政府社会资本所有权。与之相对应，在微观的公司治理层面的政企关系研究中，大多数研究也都是将政府的公共权力视为企业所有权和公司治理的环境变量，而鲜见将政企关系和政府社会资本所有权纳入企业理论和企业所有权的框架内进行探讨。

将政府公共资源配置区分为政府公共产品和政府社会资本，前者与政府社会公共管理权相对应，在宏观的国家治理层面表现为政府对社会中的每一个企业都拥有监督管理的权力，在微观的公司治理层面表现为政府作为社会公共管理者与企业的政权关系，这种关系强调公平性，具有“清”的特征，一视同仁，泾渭分明。后者与政府社会资本所有权相对应，在宏观的国家治理层面对应着政府在每一个企业中应享有的所有权，在微观的公司治理层面表现为政府作为政府社会资本所有者与企业的产权关系，这种关系强调效率性，具有“亲”的特征，紧密相连，和谐共生。

四、宏观层面的公平、效率与微观层面的公平、效率的贯通

企业是在市场中运行的主体，而同一个市场上有众多的企业，理想状态下每个企业的目标都是在不侵害社会公共利益的前提下追求自身价值最大化。政府和企业的关系既会影响到每个企业自身的价值，又会影响到企业之间的公平和社会公共利益的维护，如何协调政府与企业的关系？

作为政府发挥作用的重要领域，政府公共资源配置未来应该朝着健全公共资源产权，完善资源配置体系方向进行，这个动态演进过程既包括外在的形态创新，又包括内在的逻辑变革，而现有的研究主要根据资源性质和配置层次进行区分，导致政府资源配置分类与配置目标（公平、效率、公共利益、私人利益）之间整体性逻辑思考有所不足。此外，政府职能作为引导公共资源配置的风向标，将其纳入政府公共资源配置的分析框架中，对于明确公共资源配置目标具有重要作用，而已有的研究大多是在公共管理范畴下探讨政府宏观、调控职能，而鲜有在经济发展目标和公共管理双重职能框架下对政府公共资源配置属性和内涵做创新研究。

将政府公共资源配置区分为政府公共产品和政府社会资本，前者遵循均等化配置的原则，强调公平优先，后者则强调效率优先，不受均等化配置的束缚。显然，政府社会资本的提出为政府公共资源配置跳出效率和公平纠缠的泥潭提供了有力的工具。政府公共产品以公平性为目标，而政府社会资本以效率性为目标，当然这里的公平和效率都是指宏观公平、宏观效率。在微观层面，区分政府公共产品和政府社会资本后，政府公共产品由于其自身的属性决定了其对社会中每一个微观个体的公平性，而追求效率的政府社会资本则按市场化配置的原则，投入的越多，则享有的所有权也相应增多，政府作为投资者获得的回报也越大，实现了微观层面效率与公平的统一。

五、宏观层面政府的政治、经济职能与微观层面的税收、利润分配的贯通

与传统的政府单一作为社会公共管理者与市场的关系相对应，政府与市场之间的利益关系也只是体现为单一的税收关系（政府作为物质资本投资者直接投资的市场主体除外）。政

府社会资本投资的收益与政府公共产品供给的回报相同，均只能通过税收方式得以实现。在征收税种与税率上，接受政府社会资本投资的市场主体与未接受政府社会资本投资的市场主体并无差异，市场主体须按照税法规定无条件地缴纳税收。

在这种单一税收关系体系内，当政府社会资本投资达到预定投资目标时，接受政府社会资本投资的市场主体会给政府来带丰厚的税收利益；但当政府社会资本投资未达到预定投资目标时，则会产生投资与收益主体不对称问题，因政府社会资本投资所造成的财政收入缺口实际上是由全部企业缴纳的税收来弥补的，这就会造成投资受益主体与投资回报来源的错位，变相提高了未获得政府社会资本投资市场主体的税负水平，破坏了税收公平原则。不仅如此，税收的强制性和公共性特征决定了政府和市场主体之间在利益关系上的敌对性，政府与市场无法真正实现协同。

科学合理的财税管理体制是优化资源配置、维护市场统一、促进社会公平、实现国家长治久安的制度保障。将政府公共资源配置区分为政府公共产品和政府社会资本为财税管理体制改革进而促进政府与市场关系的协同提供了可能。政府公共产品与政府社会资本是属性截然不同的公共资源，政府公共产品不具有资本的属性，是政府作为社会公平的维护者，凭借其特有的地位和权力通过征税来维持供给；政府社会资本具有资本属性，是政府作为政府社会资本所有者，通过有效让渡资产使用权（包括无形资产与有形资产）获得收益。具有一定的排他性、竞争性并注重效率的政府社会资本与非排他的、非竞争性并注重公平的政府公共产品只有实现真正的分离，才能从根源上解决投资主体与投资回报来源上错位的问题。政府公共产品和政府社会资本，它们分别对应着政府社会公共管理职能和政府经济发展职能，目前单一的税收制度必然导致政府双重职能的混淆。改革财税管理体制，实行利税分流，政府公共产品投入的收益仍然由税收体系予以规范，而政府社会资本投资与市场主体的利益关系则通过税后利润分享的方式予以规范，从而实现公平与效率、政治与经济的和谐统一。

第二章　政府社会资本与政府公共产品

与其他国家相比，中国在资源配置中最大的特色是政府公共资源配置，无论是政府公共资源配置的规模，还是政府公共资源配置的广度和深度，都是其他任何国家不能比拟的。这与对政府与市场关系的认识以及政府的职能定位有很大的关系。目前的理论研究对这种差异的认识关注不足，导致大部分研究把政府公共资源配置等同于政府公共产品供给。本章将在政府职能分析的基础上，对政府公共资源配置按照其配置属性进行分类为政府公共产品和政府社会资本，在此基础上对政府社会资本的性质和本质进行阐释，为后续的政府社会资本的结构与功能、测度体系与分布特征、管理体系设计等提供基础支撑。

第一节　政府职能与政府公共资源配置

自党的十八届三中全会以来，我国不断强调市场在资源配置中的决定性作用，同时也明确指出要更好地发挥政府作用。然而，要回答在资源配置中市场该如何发挥决定性作用，政府又怎样更好地发挥作用，需要我们首先厘清政府的职能和作用的边界。

一、政府职能及其边界

政府职能是政府依法在政治、经济和社会层面管理时应承担的责任和功能要求，按其发挥作用的领域分类可以分为政治职能、社会职能与经济职能。通常人们认知中的政府职能是政府的政治、社会职能，而非经济职能，如为了维护统治巩固政权而保卫国家安全、维护国家基本政治制度、加强法制建设等，也有为了维护社会稳定而提供的文化教育和各项社会服务、社会保障等。与政治、社会职能不同，一般意义上的政府经济职能主要包括经济调节、市场监管等宏观上对国民经济进行调节和监督的功能，其强弱主要取决于市场调节与国家调节的力度组合，其理论的逻辑在于对“市场失灵”和“政府失灵”的比较与权衡。

事实上，政府与市场是一对优势互补的力量，市场失灵引发了对政府干预的需要，然而不论是市场还是政府都有其先天缺陷，单纯依靠其中的一种力量都会带来极端主义的问题。从以亚当·斯密为代表的自由放任主义强调市场自身的调节作用，用“看不见的手”支配社会经济，政府只作为“守夜人”保卫国家安全、建立健全司法制度、提供公共事业；到因席卷西方世界的经济危机而快速兴起的以凯恩斯为代表的政府全面干预主义，强调以政府的宏观公共政策弥补市场缺陷，矫正市场经济的偏差；再到既看到市场不足又看到政府缺陷的新自由主义，包括货币主义学派、产权理论学派、公共选择学派、新制度主义学派……在不同的历史时期，西方国家的政府经济职能不断变化，政府干预市场的程度也根据当时主导理论的不同而不同。坦茨（2014）指出，无论在何时何地，无论是经济学家还是政治学家，都很难就政府职能达成一致。统计资料也表明，同一国家的政府职能会随时间的变化而改变，不同国家的政府职能存在较大的差异。Asquer A.（2018）认为，政府通过提供公共产品可以弥补市场失灵，具有调节、引导和维护社会公平的公共管理职能。显然，若一个国家更多地依赖于市场自发调节，其经济职能就相对较弱，也就是所谓的“小政府”；反之，若一个国家政府干预较多，采取大量经济管理与社会控制的财政、货币政策，其经济职能自然较强。

相对于西方国家，我国对政府经济职能理论的研究，时间上较为短暂，理论上也较为单薄，大致可以分为高度集中的计划经济时期、政府经济为主多种经济结构并存时期以及社会主义市场经济时期三个主要阶段，政府职能也从简单的分配、监督二职能到分配、调节、监督三职能，再到社会主义市场经济体制下，政府既要在宏观上调节经济活动，使国民经济有效平稳运行，又要扎实推进基础设施建设，创造良好的经济发展环境。张杰（2017）提出，积极实施和推进以转变政府职能、优化政府机构设置和职能配置为主的党和国家机构改革，是当前理顺和协调好政府和市场关系的主要改革领域和重要突破口。

实质上，政府经济职能与政府非经济职能都是政府职能的有机组成部分，各自有其独立的职能体系。政府的政治、社会职能与经济职能有极大不同，不仅体现在具体内容、相关体系的不同，更是目标价值的不同。政治、社会职能追求公平，其最终目标是实现社会价值的最大化；而经济职能的核心为效率，以经济价值的实现为最终目标。显然，政府职能的目标追求具有双重性，但二者绝不存在发展的先后顺序。我们要兼顾效率与公平，在保证公平的前提下追求效率，做到两手抓、两手硬，实现社会价值与经济价值相互促进、共同发展。习近平总书记在党的十八届中央政治局第二十八次集体学习时的讲话中指出“之所以说是社会主义市场经济，就是要坚持我们的制度优越性，有效防范资本主义市场经济的弊端。我们要坚持辩证法、两点论，继续在社会主义基本制度与市场经济的结合上下功夫，把两方面优势都发挥好，既要‘有效的市场’，也要‘有为的政府’，努力在实践中破解这道经济学上的世界性难题”。林毅夫（2017）的新结构经济学也倡导有为政府，他认为有为的政府需要处理先行者的外部性和软硬基础设施完善的协调问题，实现因势利导。

二、政府公共资源配置的范围与层次

政府职能实施的过程也就是政府公共资源配置的过程。政府职能的范围和层次决定了政府公共资源配置的范围和层次。

（一）政府公共资源配置的范围

改革开放以来，随着市场化改革的不断深化，市场在资源配置中的作用日益增强，政府配置资源的范围和方式也在不断调整。

周雪飞、景平（2015）指出，受计划经济、传统体制的影响，我国公共资源配置长期仰赖“长官意志”“部门意志”和行政化配置。他们认为，2002 年之前，我国公共资源配置主要实行的是政府各部门“自行配置”的分散化、多头式行政管理模式，即公共资源交易管理分散在财政、建设、国土、国资等政府部门，虽然有利于发挥各行业主管部门的专业管理优势，但“长官意志”盛行，且公共资源交易市场被人为分割。

2002 年 1 月，中纪委“实行经营性土地使用权出让招标拍卖、建设工程项目公开招标投标、政府采购、产权交易进入市场”等四项制度提出后，逐步形成了“行政主管部门设立事业性质的交易中心、自我委托、自我交易、自我监督”的公共资源“同体监督”的政府配置模式，以及“国资部门制定规则、交易交由第三方市场独立机构‘产权交易所’实施、多部门联合监管”的公共资源“管办分离”的市场配置模式。

2015 年 7 月，国务院常务会议决定“整合建立统一的公共资源交易平台，以管理创新促进资源配置高效透明”；2015 年 8 月，国务院办公厅下发《关于印发整合建立统一的公共资源交易平台工作方案的通知》。这标志着新一轮公共资源配置改革正式启动并步入“深水区”——如何打破“行政化配置，部门利益博弈”的藩篱，实现政府的“自我革命”，进而走向真正意义上的“市场化配置”。

中共中央办公厅、国务院办公厅 2016 年 12 月印发了《关于创新政府配置资源方式的指导意见》（中办发〔2016〕75 号），该意见指出，在社会主义市场经济条件下，政府配置的资源主要是政府代表国家和全民所拥有的自然资源、经济资源和社会事业资源等公共资源。

2017 年 12 月，国务院办公厅发布的《关于推进公共资源配置领域政府信息公开的意见（国办发〔2017〕97 号）》进一步明确：公共资源配置，主要包括保障性安居工程建设、保障性住房分配、国有土地使用权和矿业权出让、政府采购、国有产权交易、工程建设项目招标投标等社会关注度高，具有公有性、公益性，对经济社会发展、民生改善有直接、广泛和重要影响的公共资源分配事项。

（二）政府预算的内容、分类及其构成

与企业的财务收支活动需要纳入企业的预算一样，政府的资源配置也需要纳入政府预算的统一管理。政府公共资源配置的范围体现在政府预算的内容、分类和具体项目的预算上。

1994 年发布的《中华人民共和国预算法》（以下简称《预算法》）规定：预算由预算收入和预算支出组成。预算收入包括：（1）税收收入；（2）依照规定应当上缴的国有资产收益；（3）专项收入；（4）其他收入。预算支出包括：（1）经济建设支出；（3）教育、科学、文化、卫生、体育等事业发展支出；（3）国家管理费用支出；（4）国防支出；（5）各项补贴支出；（6）其他支出。从 1995 年《预算法》开始实施一直到 2007 年，我国的政府预算对一般公共财政预算和国有资本经营预算并没有严格的区分，而是将两者混在一起。专项支出也没有与一般公共预算支出进行清晰的划分，这意味着政府的行政化资源配置和政府的市场化资源配置没有进行严格区分。

2006 年发布的《国务院办公厅关于规范国有土地使用权出让收支管理的通知》要求，将土地出让收支纳入地方预算，实行“收支两条线”管理。任何地区、部门和单位都不得以“招商引资”“旧城改造”“国有企业改制”等各种名义减免土地出让收入，实行“零地价”，甚至“负地价”，或者以土地换项目、先征后返、补贴等形式变相减免土地出让收入。从 2007 年 1 月 1 日起，土地出让收支全额纳入地方基金预算管理，收入全部缴入地方国库，支出一律通过地方基金预算从土地出让收入中予以安排，实行彻底的“收支两条线”。在地方国库中设立专账，专门核算土地出让收入和支出情况。该通知同时规定：为加强土地调控，由财政部门从缴入地方国库的土地出让收入中，划出一定比例资金，用于建立国有土地收益基金，实行分账核算，具体比例由省、自治区、直辖市及计划单列市人民政府确定，并报送财政部和国土资源部备案。国有土地收益基金主要用于土地收购诸备。但是，除土地使用权外的其他国有资源（资产）有偿使用收入仍在一般公共财政收入预算之中①。2020 年修订的《中华人民共和国预算法实施条例》规定：预算法第二十七条第一款所称国有资源（资产）有偿使用收入，是指矿藏、水流、海域、无居民海岛以及法律规定属于国家所有的林、草原等国有资源有偿使用收入，按照规定纳入一般公共预算管理的国有资产收入等。

2007 年，《国务院关于试行国有资本经营预算的意见》发布，中央和地方政府为推动经济发展而发生的资本性支出②、费用性支出③以及其他支出④等需纳入国有资本经营预算，从而形成了国有资本经营预算（政府以所有者身份依法取得国有资本收益，并对所得收益进行分配而发生的各项收支预算）与一般公共预算（对以税收为主体的财政收入，安排用于保障和改善民生、推动经济社会发展、维护国家安全、维持国家机构正常运转等方面的收支预算）相分离的政府预算体系。

2014 年第一次修正和 2018 年 12 月第二次修正的《中华人民共和国预算法》第五条均规定：预算包括一般公共预算、政府性基金预算、国有资本经营预算、社会保险基金预算。一般公共预算、政府性基金预算、国有资本经营预算、社会保险基金预算应当保持完整、独立。政府性基金预算、国有资本经营预算、社会保险基金预算应当与一般公共预算相衔接。该法第六条均规定：一般公共预算是对以税收为主体的财政收入，安排用于保障和改善民生、推动经济社会发展、维护国家安全、维持国家机构正常运转等方面的收支预算。中央一般公共预算包括中央各部门（含直属单位，下同）的预算和中央对地方的税收返还、转移支付预算。中央一般公共预算收入包括中央本级收入和地方向中央的上解收入。中央一般公共预算支出包括中央本级支出、中央对地方的税收返还和转移支付。《预算法》第七条规定：地方各级一般公共预算包括本级各部门（含直属单位，下同）的预算和税收返还、转移支付预算。地方各级一般公共预算收入包括地方本级收入、上级政府对本级政府的税收返还和转移支付、下级政府的上解收入。地方各级一般公共预算支出包括地方本级支出、对上级政府的上解支出、对下级政府的税收返还和转移支付。该法第九条均规定：政府性基金预算是对依照法律、行政法规的规定在一定期限内向特定对象征收、收取或者以其他方式筹集的资金，专项用于特定公共事业发展的收支预算。政府性基金预算应当根据基金项目收入情况和实际支出需要，按基金项目编制，做到以收定支。《预算法》的第十条和第十一条均分别规定：国有资本经营预算是对国有资本收益作出支出安排的收支预算。国有资本经营预算应当按照收支平衡的原则编制，不列赤字，并安排资金调入一般公共预算。社会保险基金预算是对社会保险缴款、一般公共预算安排和其他方式筹集的资金，专项用于社会保险的收支

① 第二十七条 一般公共预算收入包括各项税收收入、行政事业性收费收入、国有资源（资产）有偿使用收入、转移性收入和其他收入。

一般公共预算支出按照其功能分类，包括一般公共服务支出，外交、公共安全、国防支出，农业、环境保护支出，教育、科技、文化、卫生、体育支出，社会保障及就业支出和其他支出。

一般公共预算支出按照其经济性质分类，包括工资福利支出、商品和服务支出、资本性支出和其他支出。

② 根据产业发展规划、国有经济布局和结构调整、国有企业发展要求，以及国家战略、安全等需要，安排的资本性支出。

③ 用于弥补国有企业改革成本等方面的费用性支出。

④ 具体支出范围依据国家宏观经济政策以及不同时期国有企业改革和发展的任务，统筹安排确定。

预算。社会保险基金预算应当按照统筹层次和社会保险项目分别编制，做到收支平衡。该法第十六条均规定：国家实行财政转移支付制度。财政转移支付应当规范、公平、公开，以推进地区间基本公共服务均等化为主要目标。财政转移支付包括中央对地方的转移支付和地方上级政府对下级政府的转移支付，以为均衡地区间基本财力、由下级政府统筹安排使用的一般性转移支付为主体。按照法律、行政法规和国务院的规定可以设立专项转移支付，用于办理特定事项。建立健全专项转移支付定期评估和退出机制。市场竞争机制能够有效调节的事项不得设立专项转移支付。此外，《预算法》的第二十七条到第三十条均对预算收支范围作了统一规定①。从上述规定可以看出，不同性质、不同功能的政府公共资源配置在政府预算中逐渐被区分开来。

2014 年 10 月发布的《国务院关于深化预算管理制度改革的决定》进一步明确了一般公共预算、政府性基金预算、国有资本经营预算、社会保险基金预算的收支范围，建立了定位清晰、分工明确的政府预算体系，政府的收入和支出全部纳入预算管理。财政部 2016 年发布的《中央国有资本经营预算管理暂行办法》规定：中央国有资本经营预算保持完整独立，并与一般公共预算相衔接，应当按照收支平衡的原则编制，以收定支，不列赤字。中央国有资本经营预算收入是中央部门及中央企业上交，并纳入国有资本经营预算管理的国有资本收益，主要包括：（1）国有独资企业按照规定应当上交国家的利润；（2）国有控股、参股企业国有股权（股份）获得的股利、股息收入；（3）国有产权（含国有股份）转让收入；（4）国有独资企业清算收入（扣除清算费用），国有控股、参股企业国有股权（股份）分享的公司清算收入（扣除清算费用）；（5）其他国有资本经营收入。中央国有资本经营预算支出应当服务于国家战略目标，除调入一般公共预算和补充全国社会保障基金外，主要用于以下用途：（1）解决国有企业历史遗留问题及相关改革成本支出；（2）关系国家安全、国民经济命脉的重要行业和关键领域国家资本注入，包括重点提供公共服务、发展重要前瞻性战略性产业、保护生态环境、支持科技进步、保障国家安全，保持国家对金融业控制力，推进国有经济布局和结构战略性调整，解决国有企业发展中的体制性、机制性问题；（3）国有企业政策性补贴。

2020 年修订的《中华人民共和国预算法实施条例》对一般性转移支付和专项转移支付、政府性基金预算收入与政府性基金预算支出、国有资本经营预算收入与国有资本经营预算支

---

① 第二十七条　一般公共预算收入包括各项税收收入、行政事业性收费收入、国有资源（资产）有偿使用收入、转移性收入和其他收入。

一般公共预算支出按照其功能分类，包括一般公共服务支出，外交、公共安全、国防支出，农业、环境保护支出，教育、科技、文化、卫生、体育支出，社会保障及就业支出和其他支出。

一般公共预算支出按照其经济性质分类，包括工资福利支出、商品和服务支出、资本性支出和其他支出。

第二十八条　政府性基金预算、国有资本经营预算和社会保险基金预算的收支范围，按照法律、行政法规和国务院的规定执行。

第二十九条　中央预算与地方预算有关收入和支出项目的划分、地方向中央上解收入、中央对地方税收返还或者转移支付的具体办法，由国务院规定，报全国人民代表大会常务委员会备案。

第三十条　上级政府不得在预算之外调用下级政府预算的资金。下级政府不得挤占或者截留属于上级政府预算的资金。

出、社会保险基金预算收入与社会保险基金预算支出的范围均作出了详细的规定[①]。不同来源、不同功能、不同性质的预算收入和预算支出的范围逐渐清晰。

（三）政府公共资源配置的层次

由于政府存在中央政府和地方政府之分，因此，政府公共资源配置也有中央政府的公共资源配置与地方政府公共资源配置之分。

哈耶克等根据受益的空间范围，政府提供的公共产品可分为全国性公共产品和地方性公共产品，并主张中央政府应负责全国性公共产品的供给，而地方政府应负责地方性公共产品的供给。斯蒂格利茨、郭庆旺等学者也认为对于覆盖范围横跨多个辖区或及于全国的全国性公共产品，由中央政府供给是有效率的，因为全国性公共产品的受益范围是全国，中央政府提供具有规模经济优势。而如果由地方政府提供，则由于提供过程中会产生正外部性，导致地方政府"搭便车"的问题，进而很可能导致全国性公共产品供给不足的现象。

2014 年第一次修正和 2018 年 12 月第二次修正的《中华人民共和国预算法》均规定：国家实行一级政府一级预算，设立中央，省、自治区、直辖市，设区的市、自治州，县、自治县、不设区的市、市辖区，乡、民族乡、镇五级预算。全国预算由中央预算和地方预算组成。地方预算由各省、自治区、直辖市总预算组成。地方各级总预算由本级预算和汇总的下一级总预算组成；下一级只有本级预算的，下一级总预算即指下一级的本级预算。没有下一级预算的，总预算即指本级预算。国家实行中央和地方分税制[②]。中央预算与地方预算有关收入和支出项目的划分、地方向中央上解收入、中央对地方税收返还或者转移支付的具体办法，由国务院规定，报全国人民代表大会常务委员会备案。上级政府不得在预算之外调用下级政府预算的资金。下级政府不得挤占或者截留属于上级政府预算的资金。

三、政府公共资源配置的方式

由于公共资源本身的特殊性质，公共资源配置的公平性自然受到社会的普遍关注，也成

---

① 2020 年修订的《中华人民共和国预算法实施条例》中的相关规定如下：第九条　预算法第十六条第二款所称一般性转移支付，包括：

（一）均衡性转移支付；

（二）对革命老区、民族地区、边疆地区、贫困地区的财力补助；

（三）其他一般性转移支付。

第十条　预算法第十六条第三款所称专项转移支付，是指上级政府为了实现特定的经济和社会发展目标给予下级政府，并由下级政府按照上级政府规定的用途安排使用的预算资金。

第十四条　政府性基金预算收入包括政府性基金各项目收入和转移性收入。

政府性基金预算支出包括与政府性基金预算收入相对应的各项目支出和转移性支出。

第十五条　国有资本经营预算收入包括依照法律、行政法规和国务院规定应当纳入国有资本经营预算的国有独资企业和国有独资公司按照规定上缴国家的利润收入、从国有资本控股和参股公司获得的股息红利收入、国有产权转让收入、清算收入和其他收入。

国有资本经营预算支出包括资本性支出、费用性支出、向一般公共预算调出资金等转移性支出和其他支出。

第十六条　社会保险基金预算收入包括各项社会保险费收入、利息收入、投资收益、一般公共预算补助收入、集体补助收入、转移收入、上级补助收入、下级上解收入和其他收入。

社会保险基金预算支出包括各项社会保险待遇支出、转移支出、补助下级支出、上解上级支出和其他支出。

② 2020 年修订的《中华人民共和国预算法实施条例》第七条规定：预算法第十五条所称中央和地方分税制，是指在划分中央与地方事权的基础上，确定中央与地方财政支出范围，并按税种划分中央与地方预算收入的财政管理体制。分税制财政管理体制的具体内容和实施办法，按照国务院的有关规定执行。

为影响政府公共资源配置方式选择的关键。陈丹、唐茂华（2008）指出，公共资源配置不公是当前中国社会的普遍现象，这集中反映在教育、医疗卫生服务乃至道路基础设施等诸多领域。刘细良、樊娟（2010）指出，当前我国公共资源“市场化”配置功能尚不完备，政府仍拥有较大垄断配置权。由于制度“缺席”与权力失约，政府干预失灵就会产生“非生产性租金”，在“官本位”文化影响下，受个人机会主义行为倾向驱动容易出现权力腐败现象。周驰（2013）指出，公共资源配置市场化改革是全社会关注的焦点话题，其难点在于如何形成决策权、执行权、监督权既相互制约又相互协调的格局，应从完善管理体制、运行制度、监管机制和法律机制四方面入手，以此“四轮”为驱动，在更深层次和更广领域来推进公共资源配置的市场化，从而实现资源高效利用和源头治腐的双重效应。

为了解决政府配置资源中存在的市场价格扭曲、配置效率较低、公共服务供给不足等突出问题，中共中央办公厅、国务院办公厅《关于创新政府配置资源方式的指导意见》（中办发〔2016〕75号）指出：对于适宜由市场化配置的公共资源，要充分发挥市场机制作用，切实遵循价值规律，建立市场竞争优胜劣汰机制，实现资源配置效益最大化和效率最优化。对于不完全适宜由市场化配置的公共资源，要引入竞争规则，充分体现政府配置资源的引导作用，实现政府与市场作用有效结合。对于需要通过行政方式配置的公共资源，要遵循规律，注重运用市场机制，实现更有效率的公平性和均等化。虽然该意见也明确了“法律明确规定由全民所有的土地、矿藏、水流、森林、山岭、草原、荒地、海域、无居民海岛、滩涂等自然资源，建立明晰的产权制度、健全管理体制，对无线电频率等非传统自然资源，推进市场化配置进程，完善资源有偿使用制度。对于金融类和非金融类经营性国有资产，要建立健全以管资本为主的国有资产管理体制，优化国有资本布局，推动国有资本合理流动、有序进退和优化配置，提高国有资本配置效率和效益。对用于实施公共管理和提供公共服务目的的非经营性国有资产，坚持公平配置原则，积极引入竞争机制提高配置效率，提高基本公共服务的可及性、公平性”，但是，其对不适宜市场化配置、完全适宜市场化配置和不完全适宜市场化配置的公共资源的界定不够清晰，专家学者的认识也不完全一致。

以既可能涉及经济资源，也可能涉及社会事业资源的科技创新资源配置为例，根据政府与市场在科技创新资源配置中的不同地位和作用，科技创新资源配置中的政府配置和市场配置可有三种不同的组合方式。第一种组合：大市场，小政府。阿罗（1962）认为，在完全由市场主导的情况下，技术创新的信息和资源投入不能完全满足创新需要，因此也需要政府的调节机制。李立、邓玉勇（2000）则从市场角度指出，目前我国科技体制改革的重点就是要建立科技资源的市场配置模式，这种模式应包括经费的市场化来源、过程的市场化组织、机构的市场化运作以及科技成果的市场化转化，等等。师萍（2001）引入新制度经济学理论，考察了制度和市场对科技创新资源配置的影响。研究认为，科技资源配置体系可划分为科学技术核心、专业技能系统、制度界面、技术市场四个组成部分，而制度和市场则是系统行为的主要决定因素。刘友平（2004）分析了美国、日本和韩国等国家的科技创新资源配置模式，以及实现资源优化配置采取的措施和经验，指出市场才是科技创新资源配置的主体，资源的配置应完全由市场主导，国家只有监管和辅助的作用。第二种组合：大政府，小市场。李龙一（2003）认为，在我国，政府在科技创新资源配置的多元主体中占据主导地位而市场发挥的作用有限，政府主导科技创新资源配置的方式主要分两种：以财政金融政策为主的科技政策和以政府补贴为主的科技计划体系。彭华涛（2006）运用产权理论和科斯定理，分析指出当政府管制成本小于市场交易成本时，以政府调控来实现区域科技创新资源配置效率远高于运用市场机制配置区域科技创新资源。韩寅（2015）对技术创新过程中的市场失灵机制进行了理论分析，并发现除了经济学意义上的市场失灵原因外，技术创新活动本身的性质也是导致市场失灵的原因，作者认为政府在弥补市场失灵方面应该发挥重要的作用，并提出根据技术创新的不同阶段，提供相应的政策、财政支持手段；加大力度建设科技基础设施、公共研发平台等公共性的支持机构；弥补市场在整合资源过程中的不足，更好地协调市场和政府在技术创新过程中的作用。第三种组合：政府与市场协同配合。朱雪祎等（2007）结合区域创新系统概念，分析了市场和政府在区域创新系统中的不同作用，对创新各个环节中市场失灵状况和政策对策进行了研究。李瑶（2014）认为在科技创新的全过程中，即知识创新、技术孵化、技术应用三个阶段，政府和市场在每个阶段的投入和侧重都不一样，应该相互协调、优势互补。

由此可见，虽然从总体上来看，资源配置只有市场配置和政府配置两种方式，但是在公共资源配置中，什么样的公共资源配置适宜以市场化配置方式，而什么样的公共资源配置适宜政府主导的方式或政府与市场协同的方式，其关键仍然取决于对政府职能和政府与市场关系的把握，为此需要对政府配置的公共资源的属性进行深入的研究。事实上，公平和效率是社会经济运行始终权衡的两大主题，作为经济活动核心的资源配置更是充分体现了这一逻辑。从上述政府预算的内容、分类及具体规定来看，将土地使用权出让收入纳入政府基金性预算，而将与矿藏、水流、海域、无居民海岛以及法律规定属于国家所有的林、草原等国有资源有偿使用收入纳入一般公共预算，某些国有资产收入按照规定纳入一般公共预算管理，而国有资本收益则纳入国有资本经营预算，有的转移支付属于一般性转移支付，而有的转移支付则属于专项转移支付等，如何从政府职能和政府与市场关系的视角对其各自的性质进行审视，从而科学地选择与其相适应的资源配置方式和预算形式，需要深入探讨。除直接体现政府资源配置的政府预算外，政府制定的经济社会发展规划、产业政策和财政、金融专项政策等也都会资源配置产生重要的影响，如何看待这些政策的经济性质和目标导向？如何理解相关政策对企业的影响方式及其经济属性和权力属性？也均需要深入开展研究。

第二节　政府公共产品与政府社会资本的分野

政府公共资源配置的范围和方式取决于对政府与市场关系以及政府的职能定位的认识，其实质是政府公共资源配置所依托的权力属性的不同。

一、政府公共资源配置的权力属性

公共资源是指所有权由全体社会成员共同享有的、有消费竞争性但无排他性的资源（A. 奥斯特罗姆，2000），包括自然资源、经济资源和社会事业资源。许多公共资源具有公共产品的特征，但政府配置的公共资源并不限于公共产品。对于那些无法由市场提供的公共产品，如土地、矿产、水等自然资源需由政府明晰产权才能提高供给效率，实现受益的公平性和均等化；但是对于可以由市场提供的公共资源，须在确立国家所有权地位的基础上，将所有权、使用权和收益权相分离，通过国有资本授权经营体制，实施政府直接授权的国有资本投资运营模式。这部分公共资源更具有公共资本的属性，由于产权分明，经济主体通过市场交易提高投资效率并获得回报。

公共产品是“每个人对这种产品的消费，都不会导致其他人对该产品消费的减少”，纯粹的政府公共产品具有非排他性、非竞争性的特点。布坎南（1965）将产品供给比喻为俱乐部，当俱乐部成员只有1个时，这种产品就是私有产品，而当俱乐部成员无限大时，该产品就成为了纯公共产品。由此可见，公共产品和私有产品并非产品本身的特征，而是由对其分享的制度或规则决定的。巴泽尔（1997）明确指出，公共产品并非产品自身的属性，而是人们根据界定产品产权是否能带来净收益而选择界定某一产品的产权。

事实上，现实世界中的政府除了向市场提供公共产品和服务之外，还通过对市场重要异质性资源的分配权追求着自身垄断租金的最大化，以及对市场和企业个体投资效率不足的激励。政府控制着土地、矿产、进出口配额、补贴和信贷等重要资源的配置，掌握着各种商业行为的行政审批和企业经营范围的规制权限（张建军和张志学，2005；周黎安，2007；Fan等，2008）。因此，对政府公共资源配置的权力属性，存在三种不同的观点。第一种观点认为政府权力的运用应以社会公平为目标，政府的资源配置权主要体现为公共产品和服务资源的供给；第二种观点认为政府除向社会供给公共产品和服务资源外，为追求自身垄断租金的最大化，还会凭借国家暴力统治地位而形成的对市场重要异质性资源分配的掌控，在不同利益集团之间进行产权结构的差异性设计，但这很有可能会导致经济体制效率的停滞不前；第三种观点认为政府对市场异质性资源分配权的运用是对市场失灵问题的一种有效补充和政府的内生性治理需求，政府和市场之间本质上是一种合作关系，而非设租和寻租的博弈关系。

二、政府社会公共管理权与政府社会资本所有权

资金议（2017）指出，权力与资本的关系是政商关系当中最为本质的关系。政商关系的实质，从政治层面上可以解释为公权与资本的关系，并将政商关系异化的结果分为两种，一种是以权力寻租为特征的“亲而不清”，一种是以庸官懒政为特征的“清而不亲”，这两种情况又与“政府失灵”和“市场失灵”相对应。以政府最小干预和不作为为特征的“清而不亲”放纵了资本的任性。以政府的全能干预为特征“亲而不清”则忽略了权力的扩张性。

我们认为，虽然这一研究试图通过权力和资本揭示政商关系的本质特征，但是其将“政府归结为公权而将企业归结为资本”“公权为公、资本为私”以及将“亲而不清”“清而不亲”分别对应于“政府失灵”和“市场失灵”等的观点又过于理想化和简单化。实质上，不论是国家治理层面的政商关系，还是公司治理层面的政商关系，其理论分歧的核心都是对政府的资源配置功能和所配置资源的性质认识不同。

从国家治理层面来看，古今中外，政府都绝不仅仅是一个拥有公共权力的超然主体，也是一个实实在在地拥有公共资本投资权力的主体。政府作为国家代理人，其目标和价值追求从来都存在着经济目标（经济价值）、政治目标（社会价值）的双重性。一方面政府通过提供政府社会资本引导市场的资源配置，从而推动经济增长，实现其经济目标；另一方面则通过提供公共产品，维护政权稳定和社会秩序，实现其政治目标。每个国家的政府都必须在两种目标之间进行权衡。当政府更关注所获得的社会价值时，将较少投入政府社会资本，政府对资源配置的引导功能将主要依靠提供公共产品来实现，政府直接的资源配置功能被降低到

最低限度，从而形成“小政府”。虽然“小政府”导致政府的经济价值较低，但是却由于赋予社会个体完整产权以激励其价值创造，且最大限度地消除了政府社会资本投资可能引发的社会不公，因此，可能获得较高的社会价值，从而更好地实现其自身追求的目标。而当政府更关注经济价值时，将形成“大政府”，即政府充分发挥其资源配置功能，不仅通过提供公共产品引导社会资源的配置，而且还通过直接投入政府社会资本引导社会资源的配置，从而实现较高的经济价值。但这势必会引起政府社会资本投入的不均衡，从而引发社会不公，并由此降低政府的社会价值。可见，政府的经济目标和政治目标存在着一定的冲突和矛盾，需要作出取舍和权衡。实践证明，两个极端的选择都不是最佳的选择。若政府充当纯粹“守夜人”的角色，放任市场和企业个体自由发展，就会引发市场失灵的后果，西方国家频发的经济危机已经能够说明这一点；同样，若政府完全取代市场，则又会陷入政府失灵的弊端，我国传统计划经济体制的失败就充分说明了这一点。

从公司治理的层面来看，每一个企业都是资源配置的产物。在每一个企业形成的资源配置过程中，政府都实实在在地投入了具有个性化的基础设施、企业名号、经营许可以及特别政策等，这些投入并非真正的公共产品，而更具有资本的属性，我们将其称为“政府社会资本”。与物质资本、智力资本等其他的投入要素一样，“政府社会资本”对每一个企业的价值创造来说都是不可或缺的，理应赋予作为该类资本投资者的政府相应的资本所有权。但是，不论是公共管理理论，还是企业理论，都未认可政府作为政府社会资本出资者的身份，对每一个企业中均必不可少并由政府投入的社会资本视而不见，忽视了政府作为企业当然所有者的地位，而是将政府作为社会管理者超然存在于企业组织之外。

三、政府公共资源配置分类：政府公共产品与政府社会资本

从政府的双重身份和双重目标分析切入，将政府经济利益与政府社会公共利益、政府作为政府社会资本投资者与政府作为社会管理者区分开来，进而将政府社会资本与政府公共产品区别开来，明确政府社会资本的概念及其经济性质，从而将国家治理层面的政企关系分解为政府作为社会管理者与作为被管理者的企业之间的关系和政府作为政府社会资本投资者与作为被投资者的企业之间的关系两个维度，前一维度是属于政府政治职能下的政权关系，而后一维度则属于政府经济职能下的所有权关系。在此基础上，针对传统企业理论将政府作为超然主体并漠视政府在企业中投入的政府社会资本的局限，以“集体选择理论”和“资源基础理论”为理论依据，将具有政府社会资本禀赋的政府作为参与企业制度集体选择的利益相关者纳入企业制度分析框架，从物质资本、智力资本和社会资本等异质性资本配置的视角总结提炼以“每一个企业都是具有政府社会资本禀赋的政府与其他资本投资者的集体选择所形成的混合所有制企业”为核心的企业理论新框架。

由此可见，从资源配置视角提出政府社会资本概念，并将其与政府提供的公共产品区分开来，可以说是抓住了政企关系研究的牛鼻子。政府社会资本并非真正的公共产品，但却是对企业价值创造来说必不可少的关键资源，将其从公共产品中分离出来，并赋予其投资者——政府对该类资本的所有权，不仅符合产权理论和企业理论的要求，而且更是对社会公共管理理论和国家治理理论误区的纠正。因为将政府社会资本从公共产品中剔除后，公共产品才真正具有了社会公众平等分享的特征。因此，将政府作为具有社会公共管理权和政府社会资本所有权双重权力的主体并将政府作为每一个企业的政府社会资本投资者纳入企业理论的框架

之内，从而创新国家治理理论和公司治理理论将是新型政企关系研究的突破口之所在。

从我国社会经济发展实际和各级政府在市场经济运行过程中所扮演的角色来看，政府的经济职能除了收入分配职能①、经济稳定与发展职能②和市场管制职能③外，还包括政府资源配置职能，即政府通过公共资源配置引导社会资源流动，形成一定的产业结构、区域经济结构等经济结构，优化资源配置结构，提高资源使用效率。改革开放以来，我国政府的公共资源配置规模越来越大，但其中有相当多的部分并非公共产品。无论是各种经济特区、开发园区、产业园区的建设，还是各种招商引资的优惠条件以及对重点产业、重点企业的政府倾斜和专项支持，其背后都伴随着庞大的政府公共资源配置。显然，并不是所有企业都能入驻经济特区、开发园区、创新或产业园区等，更不是所有企业都能够享受政府给予的特殊政策和专项支持，这意味着政府配置的公共资源中有相当大的部分并不属于公共产品。纯粹的公共产品应具有非排他性、非竞争性的特点，但现实中政府所配置的上述公共资源显然不符合这些特点。

在实施创新驱动发展战略的新时代，上述具有部分的排他性和竞争性特征的政府公共资源配置将越来越多，这些公共资源配置虽然体现了社会主义市场经济所具有的集中力量办大事的优势，但也会带来腐败、社会不公等负面效应。因此，追本溯源，本书将政府配置的公共资源按照其属性的不同，区分为政府公共产品和政府社会资本两部分。政府公共产品是指政府为国防、公安、司法、公共交通等公共基础设施、义务教育、基础科技、公共医疗卫生等具有非排他性、非竞争性的政府公共资源配置；政府社会资本是指政府为招商引资、科技创新、重点发展等而专门建设的经济特区、开发园区、创新或产业园区等特殊基础设施、面向引入企业或创新企业及特定主体给予的特殊许可、政策优惠和专项支持等具有部分的排他性和竞争性特征的政府公共资源配置。从更广义的政府公共资源配置（政府代表国家和全民所拥有的自然资源、经济资源和社会事业资源等公共资源）范畴来看，国有土地、矿藏、水流、海域、无居民海岛以及法律规定属于国家所有的林、草原等使用权配置、经济资源和社会事业资源等公共资源配置中具有部分的排他性和竞争性特征的政府公共资源配置也均属于广义政府社会资本的范畴。

政府公共产品具有公共性的基本特征，与政府的“公权力”（政权）相对应，而政府社会资本是介于纯公共产品和私人产品之间的准公共产品，具有部分的排他性和竞争性。只有将政府社会资本从公共产品中剔除后，公共产品才真正具有了社会公众平等分享的特征，进而更好地发挥社会公共管理职能，实现其社会目标；与之同时，政府通过政府社会资本投资，引导和协同市场的资源配置，履行经济发展职能，并更好实现其经济目标。不同于政府公共产品具有的公共性基本特征，政府社会资本具有私有性的基本特征，应界定政府对所配置的公共资源的所有权，这将为从根本上化解当前理论和实践中的认识分歧和现实困境奠定科学的基础。

---

① 指政府通过各种政策工具，参与一定时期国民收入的初次分配与再分配，实现收入在全社会各部门、各地区、各单位，以及各社会成员之间进行合理分割，缩小收入差距，体现社会公平。

② 指通过干预、调节国民经济运行，达到物价稳定、充分就业、国际收支平衡等目标，实现经济发展的目的。

③ 指通过用法律明确界定和规范市场主体间的权利、义务关系，从而为市场经济的正常运行提供必要的保障。

第三节 政府公共资源统筹配置

一、政府政治目标与经济目标的矛盾与冲突

政府的政治职能和经济职能有不同的目标追求，两者的矛盾和冲突势必对政府公共资源的配置产生影响。在公平和效率这两个影响资源配置的基本因素中，政治目标更倾向于关注公平，社会公平和公共利益是其首要追求，而经济目标则更倾向于关注效率，经济效率和社会发展是其根本追求。因此，政治目标和经济目标之间存在着主体矛盾和经济利益冲突。

总体来看，政府拥有公共资源的总量是既定的、有限的。由于政府主体矛盾的客观存在导致不同政府目标下产生了政府主体的利益冲突。政府公共利益目标的观点来源于帕累托的福利经济学理论，该理论认为，政府或国家是社会的公共机构，是全社会公共利益的当然代表，所以该主体就只能以全社会公共福利最大化为其行为目标。政府经济发展目标最初起源于亚当·斯密所阐述的经济人假设，公共选择派把经济人假设引入政府的经济行为分析。政府是由个体理性经济人组成，也会有自己的私欲，他们会追求自身利益的最大化而罔顾公共利益。客观地说，政府作为行为主体不可能完全接受某种目标而排斥另外一种目标。事实是，政府最终的选择经常是两种目标在现实条件下博弈的结果。

二、政府公共资源统筹配置的必要性

公共资源配置是一个有机整体，每一个环节的改革都牵一发而动全身，必须通盘考虑、统筹规划、整体推进、配套进行。但是，不同类型的公共资源由于其配置属性不同，其实施政策、目标导向、理念机制也应不同。中共中央办公厅国务院办公厅印发《关于创新政府配置资源方式的指导意见》中将政府公共资源分为自然资源（土地、矿藏、山岭、滩涂、海域等自然资源）、经济资源（金融和非金融类经营性国有资本）和社会事业资源（非经营性国有资产）三大类，并提出“对于适宜由市场化配置的公共资源，要充分发挥市场机制作用，切实遵循价值规律，建立市场竞争优胜劣汰机制，实现资源配置效益最大化和效率最优化。对于不完全适宜由市场化配置的公共资源，要引入竞争规则，充分体现政府配置资源的引导作用，实现政府与市场作用有效结合。对于需要通过行政方式配置的公共资源，要遵循规律，注重运用市场机制，实现更有效率的公平性和均等化。通过创新公共资源配置方式，促进经济社会持续健康发展”总体指导思想。并提出了“创新政府配置资源方式，自然资源方面要以建立产权制度为基础，实现资源有偿获得和使用；经济资源方面（主要指金融类和非金融类经营性国有资产）要突出国有资本的内在要求，明确委托代理关系的制度安排，建立健全国有资本形态转换机制；社会事业资源方面（主要指非经营性国有资产）要引入市场化手段和方法，实现更有效率的公平性和均等化，促进公共资源配置更高效、更公平、更可持续”的创新政府资源配置方式的改革目标。如何创新政府公共资源运作机制，统筹规划设计各类政府公共资源的运营管理体制和监督机制，是深化政府公共资源配置改革的重点课题，亟待深入开展研究。

三、政府公共资源统筹配置的基础

要统筹规划政府公共资源配置，对政府公共资源进行科学的分类是基础。

政府作为国家代理人，其目标和价值追求一直都存在着经济目标（经济价值）、政治目标（社会价值）的双重性：一方面，政府通过提供政府社会资本引导市场的资源配置，从而推动经济增长，实现其经济目标；另一方面，通过提供政府公共产品来维护政权稳定和社会秩序，实现其政治目标。每个国家的政府都必须在两种目标之间进行权衡。因此，对政府公共资源配置属性进行分类，区分政府公共资源配置的公共性和政府社会资本配置的私有性，并分别与政府的“公权力”（政权）即政府的政治目标和政府的“私权利”（产权）即政府的经济目标相对应，为从根本上化解当前理论和实践中的理论分歧和现实困境奠定科学的基础。

四、政府公共资源统筹配置的内在逻辑与基本框架

从政府双重职能出发，宏观层面上，政府运用公共权力通过提供政府公共产品和服务换取税收收入，进而履行政府的社会管理职能，实现其政治目标，由于对应的公共资源属于不适宜市场化配置的资源，因此应由政府来主导资源配置，保证社会公平；微观层面上，政府运用私有权力通过付出政府社会资本与企业建立产权关系获得利润回报，履行政府的经济发展职能，实现其经济目标，由于对应的公共资源属于不完全适宜市场化配置的资源，因此应实行政府引导、市场主导的资源配置方式，两者结合起来共同实现公平和效率的统一。政府公共资源统筹配置的内在逻辑如图 2－1 所示。

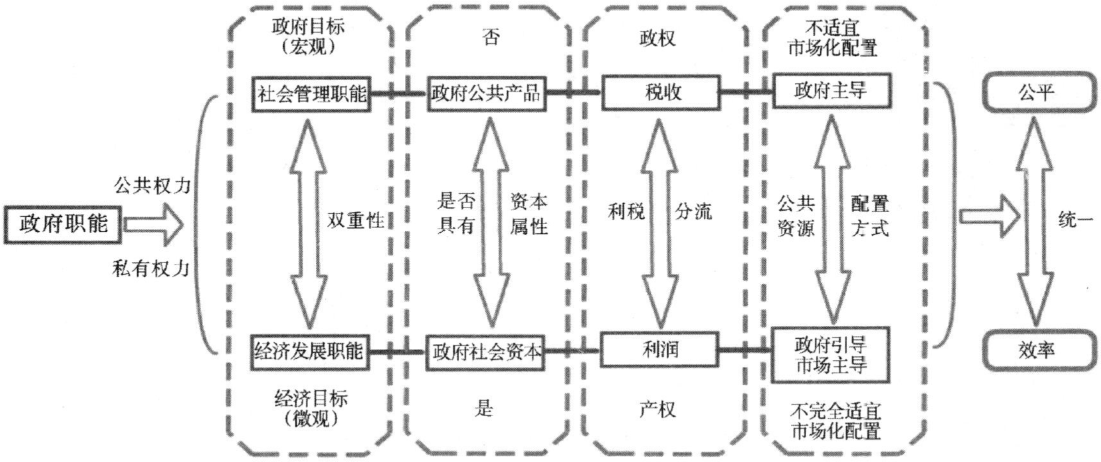

图 2－1　政府公共资源统筹配置的内在逻辑

在科学把握政府公共资源统筹配置的内在逻辑基础上，首先将政府公共产品和政府社会资本的公共资源配置与其相适应的资源配置方式相联系。对于纯粹的公共产品供给，则完全采用政府供给，而对于政府社会资本的那部分公共资源供给，则采用产权的方式。在实现产权和公共选择有机结合的同时，使效率和公平得到兼顾，从而较好地实现资源配置效益最大化和更有效率的公平化和均等化。

在明确政府公共产品和政府社会资本以及与之相适应的公共资源配置方式之后，再通过利税分流变革财税管理体制，为政府公共资源统筹配置提供制度保障。通过利税分流管理，政府公共产品的投入的收益仍然由税收体系予以规范，而政府社会资本投资与市场主体的利益关系则通过所有权的剩余利润分享方式予以规范。同时，由于政府在不同企业中所投入的政府社会资本可能存在着差异，因此，政府作为政府社会资本投资者在每个企业中享有的利润分配的权利也应存在差异，不能强求一致，必须由政府与其他投资者的集体选择来决定，构建政府社会资本运用管理体制是必然的选择。

此外，政府作为政府社会资本的所有者，又是社会公共管理者，双重身份下使政府对企业拥有多重监督权。一方面，政府作为每一个企业天然的股东，尽管只是小股东，但是却具有参与重大决策的权力和监督的权力。另一方面，政府作为社会公共管理者，则可以对每一个企业进行行政监督。如何协调两者的监督从而在达到监督目的的前提下尽可能降低监督成本是政府监督体制创新的方向所在。

总之，从政府公共资源配置属性分类出发，进一步明确政府公共资源的配置范围，并在此基础上分别从政府社会资本运营管理体制、财税管理体制和政府作为政府社会资本所有者和社会管理者的双重监督体制创新三条路径进行政府公共资源统筹配置的改革是未来努力的方向。政府公共资源统筹配置的基本框架如图 2 – 2 所示。

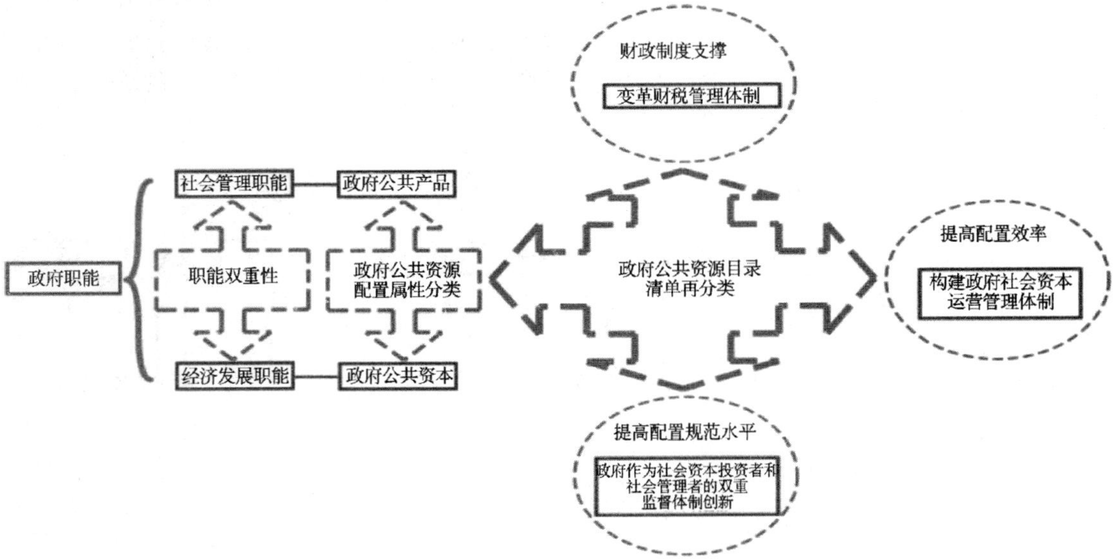

图 2 – 2　政府公共资源统筹配置的基本框架

第四节　政府社会资本的本质

一、政府社会资本的目标导向

对政府职能和政府目标的讨论与政府和市场的缺陷分析如影随形。市场追求效率而有失公平、政府追求公平而丧失效率成为政府职能和政府目标理论分析的核心逻辑，这使政府与市场关系的争论陷入“市场失灵”“政府干预”“政府失灵”“市场调节”的沼泽中难以自拔。

政府社会资本既不是纯粹的政府公共产品，不是完全以政府公共利益为出发点，又不同于纯粹的私人产品和一般市场主体，完全以个体利益最大化为出发点。政府社会资本兼具政府和市场、公共产品和私人产品、公平与效率等的双重特征。政府作为政府社会资本的投资者，与一般的追求个体经济利益最大化的其他投资者具有显著的差异，政府在追求政府作为政府社会资本投资者利益最大化的同时会表现出更强的公益性和公正性，这意味着政府社会资本作为政府与市场的桥梁，不仅可以使政府与企业形成一种利益共享、责任共担的共同体关系，而且可以弥补政府社会公共管理权在监督上的劣势和局限，使代表公共利益和公正行为的政府监督得以加强。同时，政府社会资本具有引导性的特征。政府社会资本在某个行业、区域或企业中的投入，向市场和社会提供了一种重要的信号，在一定程度上形成了政府的背书效应，从而引导社会资本向该行业、区域或企业的流动和集聚。政府对政府社会资本投资方向和投资重点规划的不同，将对市场结构和市场主体的竞争能力产生重要影响，从而在维护社会公平和社会公共利益的同时实现宏观资本配置效率的提升，走出“市场失灵”“政府失灵”的沼泽。

二、政府社会资本的分布特征

除不同于政府公共产品的公共性而具有私有性，又不同于纯粹的私有产品而具有一定的公益性和引导性的基本特征外，政府社会资本在分布上还具有地方性、非匀质性等特征。

政府社会资本的地方性体现在各地方政府在政府社会资本投入的重点方向和结构上的差异。各地方政府根据当地发展特点和实际情况会选择对一部分行业、区域或企业作为政府社会资本投入的重点，从而形成各个地方自身的经济发展特色和优势。从这一角度来说，政府社会资本的投入也是赋予企业个性化特征的过程。从企业形成时政府许可企业名称的使用、营业执照的颁发和特许经营权的许可到在企业经营中根据企业发展情况、行业特点为企业量身定制相关政策和专项支持，可以说正是政府社会资本的个性化提供才使得整体市场充满多彩活力。

不同于政府对公共产品的供给是平均匀质的，政府社会资本具有非匀质性的特征，政府不是均等地对每一个主体进行投资，而是通过差异化的投资来均衡供需关系、弥补市场缺陷。因此，对于“俱乐部成员”来说，政府社会资本具有非排他性，凡是范围内的“俱乐部成员”，可以无差异地享受政府社会资本带来的利益好处。正如准公共产品通过身份认证和货币价格机制来划分边界，政府社会资本首先因为其非匀质性界定了其供给对象。对于全体社会成员来说，非俱乐部成员被排斥在受益范围外，从这一角度来看政府社会资本则是具有排他性的。

三、政府社会资本的本质特征

现行解决政府失灵的理论研究大致可以分为公共选择学派和产权学派两大类。其中，公共选择学派致力于研究政府应对市场失灵的种种表现，其研究重点是政府，强调以政治程序解决问题；产权学派则是强调以市场化的过程、通过明晰产权解决问题。而我们提出的政府社会资本是有别于这两种理论的，它将政府视为政府社会资本的投入者，通过差异化的投资对市场进行引导，通过对企业的投资获得一定的所有权和产权，并且以明晰产权界限真正做到“有所为有所不为”。其供给形式既包括政府为每个企业提供的普遍性共有服务，如行业许可、占地批准、法律制度保护等；又包括根据不同企业的特点和发展前景提供的差异化服务，如特殊的行业扶植政策、重点项目的资金投入等。对于日常完全可以由市场决定的事务，简政放权交给民间资本，凡是涉及公共利益的部分，政府可以拥有一票否决权。可以说政府社会资本更多的是介于公共选择与产权理论之间，强调政府投入但最终以产权形式体现，既有公共选择理论的集体主义、政治程序思想，又有产权理论的市场化思想，是两种理论的精华萃取与融合。由此可见，政府社会资本是政府公共资源市场化配置的产物，其本质是兼具公有与私有、有为政府与有效市场、公平与效率、垄断与竞争等双重性质的特殊社会关系。

第三章　政府社会资本的功能与作用

政府与市场关系的表现形式是不断变化的，它取决于不同的历史时期和社会阶段。不管市场经济处于什么阶段、社会形态如何不同，完全的自由放任和完全的政府干预都是不可行的，仅仅依靠政府或市场中的一方无法实现资源的有效配置。政府社会资本是充分发挥政府效能并让市场在资源配置中起决定性作用从而形成政府“有形之手”与市场“无形之手”相互协调的大势所趋。

政府来源于社会但高于社会，社会由政府管理但政府又依赖于社会，两者相互独立但又相互影响。政府是满足社会需求的工具和产物，在履行社会管理职能的同时实现政治职能。政府社会资本具有维护经济、社会良性秩序、促进社会民生治理、文化治理、生态治理以及统筹公共资源配置等重要功能。这些功能和作用的发挥将对国家治理和经济社会高质量发展产生重要的影响。

第一节　政府社会资本与经济秩序治理

一、市场经济秩序的意义

（一）市场经济秩序的实质

市场经济秩序的实质是对各类经济利益主体和交易行为的规范。经济秩序反映出市场相关法律法规的实施状况，而市场法规就是为了通过有效规范市场主体和交易行为，达到协调市场主体与客体的经济利益关系，进而使市场有序运转并服务各交易主体。市场经济秩序是价值规律充分发挥作用的结果，是市场在调节生产、分配、交换和消费等经济活动过程中形成的有规律的、循环的状态。因此，市场经济秩序就是以规范和维护各方经济利益关系为手段，促进经济有序、稳定、持续地运行。

（二）建立良性经济秩序的作用

良好的市场经济秩序是实现一个国家或地区经济稳步发展的必要条件，对于发展社会主义市场经济，维持整体经济的有序协调运行具有重要的推动作用。当前需要根据市场变化情况和未来发展方向，及时采取适当有效措施来理顺市场经济秩序，避免宏观经济运行中出现滞胀、失业率上升、货币大幅贬值等经济不稳定现象发生，造成市场失灵。

我国改革开放以来，从计划经济体制到社会主义市场经济体制的建立，从微观层面来说，鼓励了市场行为个体在自由交易、自由契约的基础上自发建立有序竞争秩序并稳步发展；从宏观层面来说，是通过国有经济对国民生产的总体协调形成符合新时代中国特色社会主义制度目标的可持续发展的经济增长进程。这种经济秩序模式的基础是平等、开放、多元和结构均衡的产权制度，是完善我国社会主义市场经济体制的制度基础，也是构建社会主义和谐社会的国家治理体系的基本条件。

二、政府社会资本对经济秩序治理的路径

（一）引导和协同市场的资源配置

政府进行政府社会资本的投资时，通过建立与国家发展方向一致的国有资本预算支出计划，引导和协同市场的资源配置，使国有资产的投资方向按照我国提出的新时代中国特色国家治理理论体系的发展方向进行。政府社会资本确保了国有资产的投资遵循“有所为、有所不为”的原则，对一些支柱型产业以及前景广阔的高新技术、金融科技等产业中的重点骨干单位加大资本的投入力度，使国有资本在影响国民经济命脉的重要行业中形成统领地位，提升政府社会资本的运营效率，从而发挥政府社会资本在国民经济中的影响力和带动力，促进实体经济的健康均衡发展。同时引导一些技术陈旧、债务集中的弱势企业进行收购兼并或破产清算，进而退出市场或转型，由此优化升级市场产业结构，重新配置稀缺资源。以下举例两种政府社会资本引导资源配置的方式。

1. 政府社会资本可为企业量身定制相关政策和专项支持

政府为招商引资、科技创新而专门建设的经济特区、开发园区、创新产业园区等特殊基础设施、面向创新型企业的特殊许可、政策优惠和专项支持，都可以以政府社会资本的形式提供，这些完备的基础设施服务，极大地加快了企业的生产经营和研发进程，从而提升社会整体的经济运行效率。将政府社会资本应用于高新技术密集型企业，进行科技金融资源的有效配置，这对我国实现产业结构升级、建设创新型社会无疑将会有至关重要的作用，将极大提高社会治理的方法和手段，提升国家治理的效率；根据自身地域拥有的人才、金融、信息、技术等特点，通过出台促进区域间科技金融合作的政策、制度安排，政府相关部门将具有资源优势互补的政府利益诉求通过政府社会资本联系在一起，促进企业加大技术创新，加大市场营销，在提升科技金融资源配置的效率的同时发挥政府社会资本宏观调控与引导的作用，为我国进行国家治理提供有效的方式和途径。

2. 健全企业社会信用体系，增强资金提供者对企业的信任度

所谓信用，是指在人、单位等经济活动的参与者彼此之间基于信任而形成的社会关系。信用可以分为公共信用和私人信用。其中，公共信用是指政府信用，是社会公众对政府的信任程度，政府为了获得社会公众的满意会尽力履行自己的各项职能、建立和维护自己的信用，政府信用是社会信用体系建设的重要内容。私人信用分为消费者信用和企业信用。社会信用体系是指以法律法规为依托，以健全社会信用体系为核心，以政府的监管体系为保障，用以衡量社会主体的信用情况和优劣程度，对诚信、失信行为予以奖励和惩戒的一种国家治理体制。

产生信任危机的原因有很多，信息不对称便是最重要的原因之一。政府是信息的提供者，企业是信息的使用者，信息不对称很可能影响政府和企业的相互信任以及对信息共享内容的认可。政府在企业中，作为所有者和经营监督者将自己的信息共享给企业，减少了信息传递的环节，提高了企业对政府的信任度，同时也有机会直接获得企业的真实信息，有利于

消除政府与企业之间的信任鸿沟。

政府社会资本还可发挥信息传递的中介作用。一些民营企业在贷款时受到严重歧视，政府社会资本的投入使企业具有政府的背书，能够利用政府的影响力和公信力来提高自己的社会信用，增加自己的社会声誉，获得无形的信用保证，降低贷款的难度。政府社会资本的参与缓解了其他资金提供方的信息不对称问题，推动企业与社会多方的进行融资筹资合作。一些民营及中小型企业也可融入国家和地方的经济发展规划，政府社会资本可以成为这些企业发展的坚强后盾，缓解他们在融资、经营方面的紧张，降低契约成本，从而推动我国各种企业模式共同发展，构建国家综合治理和全面治理的新型模式。

（二）合理调节经济利益分配

利润、税收、职工薪酬等会计信息反映了投资人、政府、公众三者之间的经济利益分配关系。在政府社会资本的监督下，公平合理的分配利益有助于弥补收入差距、优化经济秩序。

政府社会资本具有对投入资本的收益权，并且可以采用多种形式取得相应收益。对不同性质及规模的企业，政府社会资本投资人可以将政府社会资本一次性转让；也可以以租赁的方式与企业签订合同收取租金，不改变资产的所有权性质，使让渡的资产投入企业的生产经营中，尽快获得投资收益。政府社会资本也可以采取入股的形式，定期收取股息，参与企业的利润分配，政府社会资本享有的收益部分，政府可以自行决定如何进行分配。在企业追求股东价值最大化为目标的当今社会，政府社会资本的引入可使企业在追逐效率的同时兼顾公平，有效地调节企业之间的差距，弥补企业的筹资融资短板和不足，支持帮助企业更好地经营与发展。政府结合经济发展实际情况，将获得的收益集中起来由政府乃至国家统一调配，按照轻重缓急的程度将资金投资到需要重点扶持的企业和基础设施建设，让全社会都享有经济发展的成果，将收益公平合理的分配，真正做到取之于民，用之于民，以达到规范经济活动、理顺经济秩序、实现国家治理的目标。

当然，政府不是单纯的救济者，在进行重大决策时也必须以保障国家利益和维护国家秩序为出发点，政府社会资本投资也是如此。政府在进行社会资本投资时应综合考虑各类因素，如根据资本的特性选择合适的企业进行投资，根据企业的不同需求向其提供资源配置。同时也应建立相关评估和激励惩罚机制，设计有效的政府社会资本投资绩效评价指标，如政府作为股东可将所投资企业的收益率与事先预期的股东报酬率相比较，若该企业获得的收益率高于预期报酬率，则可以继续投资该企业，若低于预期报酬率，则需要分析深层次原因，进行撤资或转投其他企业。

政府社会资本的参与，有效弥补了政府仅在宏观层面的调控，弥补了无法直接监管企业利润及利润分配的缺陷，将政府从“局外人”转变成企业的“参与者”，从而使政府力量和市场机制相互作用、相辅相成，保持了经济活动的健康有序运转。同时，政府社会资本也有利于调节企业和社会收入差距、提供纠纷解决机制，改进了市场经济体制下财富与收入分配不公的问题，从而实现了市场健康稳定运行和社会的长治久安。

（三）弥补政府行政监管的缺陷

政府社会资本在配置稀缺资源时，通过财务状况、经营成果和现金流等会计信息和监督活动影响着市场行为和决策、资本流向和配置，最终影响着国家宏观经济的运行。

政府将所持有的资源、数据等基本要素通过经营转化、授权等方式以国有资本投资公司的名义投入企业中，形成一种可辨识的、有独特性的资本，从而形成对企业的一种合法股权，不仅是向企业投入了可计量和可识别的生产经营资源，也为政府与企业建立了一种所有权关系的纽带，即政府凭借对政府社会资本的所有权成为企业的合法股东。这样一来，政府社会资本就具有了一定的市场属性，从内部秩序而言，政府可以通过政府社会资本直接了解企业的生产经营情况，例如资本流向、项目进度及预算收入支出的差异情况等，监测企业的市场活动，使其保持在合理的进度范围内，保证了政府社会资本的安全和收益；从外部秩序而言，政府也能够通过投入政府社会资本进而调控市场总需求和总供给，避免出现各种因供求失衡导致市场失灵现象，保障了宏观经济平稳运行。

在规范市场经济秩序的过程中，健全有效的监督体制是必不可少的重要环节，但是政府监管往往具有滞后性和外部性。将政府社会资本的所有权监督纳入国家监督体系，有助于弥补政府行政监管的缺陷。政府社会资本作为国家治理监督体系的重要组成部分，可以监管企业内部资本使用情况，当企业有重大决策事项时，提出有效的建议，及时防范一些具有极高风险和不确定性的决策；对企业的其他内部行政事务，政府作为企业日常经营活动的监督者可以形成一种威慑力，监督企业员工是否按照应遵行的行业准则、法律法规等的要求执行日常事务，使企业合规发展；政府社会资本投资者为确保所投资本的安全，积极开展对企业经济活动的监督，通过上述管理实现对企业的财务状况、经营成果和现金流等会计信息及重大经济决策活动的监督，一方面提高了国家对企业经济活动的监督效率，另一方面降低了监督成本，有利于企业和国家治理监督体系的改革与创新。

同时，对一些关系到我国重大民生问题、军工制造、经济安全等关键领域的企业，也会涉及许多政府社会资本的投入，政府可以通过对这些资本的产权监督进行监管和控制。如果在这类企业中设置了特定股权安排，使政府通过提高持股比例实现对企业的实际控制权和话语权，就可以确保政府在参与企业重大经济决策时，如外资并购、国际垄断乃至恶意竞争中行使特定决策权，或是在企业进行投票时行使最终的一票否决权，实现政府社会资本的控制权诉求，从而保证国家的重大经济利益不受损害，通过监督企业的经营活动进而维护了社会公共利益，实现了有效的国家治理。

（四）促进公平与效率的兼顾

效率与公平一直是我国经济发展的两大问题，效率指的是生产、劳动效率，是指在没有造成浪费的情况下，能够以最有效的方式利用自身拥有的资源满足人们的需求，是指需求的满足与资源使用之间的关系。效率通常用投入成本与产出效益之比来衡量，以更少的投入产出更多效益即为高效率，反之为低效率。在分配领域，公民的分配机会、权利，政治、经济利益都是平等的，公平指的就是这种合理有效的分配。这里的公平并不是绝对公平，而是相对公平。只有相对公平才能更好地促进经济发展，提高经济效率。

之前，效率放在资源配置原则的首位，以效率为主导而忽视了公平的重要性，随着经济社会的不断发展，人们逐渐意识到效率与公平两者之间是相辅相成的，效率与公平相互联系、不可分割，不能只讲效率不讲公平，也不能舍弃公平把效率放在第一位。强调效率、兼顾公平是我国社会主义市场经济体制中资源配置的基本原则之一，效率是公平的前提，没有效率，也就没有公平；公平是提高效率的保障，公平为提高效率提供了持续动力，也为效率的提高营造了良好稳定的内部环境。如果分配不公平、不合理，可能会造成收入差距悬殊，影响社会的稳定性，降低资源配置的效率。

政府作为社会服务者也是管理者，通过各种政治、经济、立法、司法等手段履行自己的职能，目标是维护社会稳定，缓和社会冲突，促进社会的良好发展。政府社会资本概念的提出，将公共资源配置明确区分为公共产品与政府社会资本。公共产品是指该商品的使用无法排除他人参与分享，是居民生活中必不可少的产品，具有大众性与普及性、低利润与无利润等特点。政府为国防、公共交通等建设的公共基础设施即为常见的公共产品。政府社会资本既包括企业实际得到的政府直接投入，如直接给予企业的专项补助以及基础配套设施等，也包括虽然未直接投入企业但是企业实际受益的政策和支持，如经济特区内的企业享受的特殊优惠政策和配套条件等。公共产品的提供是为了使企业创造良好、公平的市场环境，降低交易成本，激发企业价值创造活力，实现企业的可持续发展。政府社会资本的投入是对某些特定的行业企业提供资源，改变原有的资源基础，提高企业的竞争力和发展活力，实现企业产出效益的最大化，为企业的进一步发展创造条件，政府也因此分配更多的利润，获得更多的经济价值。由此可见，政府社会资本可以实现公平和效率兼顾的目标。

协同治理是参与者自主地、有目的地在跨部门、跨政府或者公共、私人、公民团体之间对长期挑战达成共识，并以此为基础进行协商管理和政策制定的过程。一般由政府或其他机构发起，参与者不仅包括政府还包括其他非政府的利益相关者。希克斯把协同治理划分为四个类型：政策协同、项目协同、服务供给中的协同和面向个体的服务协同。在政府治理的角度来看，政府作为社会管理者和国家代理人，负责维护社会的公平稳定，实现社会价值，同时又要积极推动经济增长，增加经济价值；从企业治理的角度来看，政府作为政府社会资本的所有者，作为公司股东需要与公司的其他所有者一起，共同管理、监督企业的运营，追求公司的价值增长，从而增加自己的经济利益，实现自己的经济价值。

过去，政府提供的所有公共资源都被看作公共产品。政府社会资本理论认为，对于纯粹的公共物品供给应当完全由政府来供给，对于政府社会资本的那部分公共资源供给，应当采用产权的形式予以确认。通过这种区分，公共产品由公众平等分享的特征才得以表现出来，厘清政府社会资本投资政府的产权主体地位，明确政府与各利益相关者的权利和义务，构建良好的政企关系。政府社会资本基于比较效率原则，目的在于提高特殊行业企业的竞争力，实现政企协同，共同创造社会价值与经济价值，在兼顾效率与公平的同时，做到两手都要抓，两手都要硬。由于政府社会资本的出现，政府不再只是弥补市场失灵的工具，在维护社会公平的过程中也参与市场活动并引导效率提升。

第二节　政府社会资本与社会秩序治理

一、社会秩序的含义及作用

（一）社会秩序的含义

秩序是一种相对稳定的状态，《新华字典》将“秩序”一词界定为“有条理、不混乱，而且符合社会规范化的状态”。秩序的动态性表明了秩序并不是一成不变的，除了要在自然、社会中形成固定、有规则的配置关系外，还应该遵循社会运行过程中的一致性和连续性。当“秩序”的内涵应用到社会中，就形成了社会秩序，即人为秩序——一种根据外部规则由治理者所缔造和构建的秩序模式和实践应用。社会秩序关注的基本主题是众多系统要素组成的社会在动态运行中形成的各种关联关系。

社会秩序是人们社会生活中所存在各种各样关系的一种有序化的状态，并按照特定的社会规则来对社会各要素之间的关系作出约束，协调个体之间、个体与组织之间以及组织之间的有序状态，社会秩序追求的是综合表现而非各个具体领域的单独呈现。

（二）维护社会秩序的作用

良好的社会秩序是推动人类生活发展的催化剂，也是世界各国展现国家治理能力和治理手段的标志，通过建立良好的社会秩序最终实现政府管理和社会发展的目标。“失败国家指数（Failed States Index）”是根据社会、经济、政治以及军事指标对世界各国的治国理政能力进行评分的指数，在评价指标的选取中着重以社会稳定性为基准，采用12项相关指标进行评分，以此评选出“最失败国家”的排名顺序，其中社会形势动荡不安的索马里在2007－2012年连续六次被评为最不安全的国家。

建立良性社会秩序对国家执政者而言有着十分重要的意义。相较于西方国家“人人平等”式的自由秩序体系，我国采用“法治＋德治”的理念作为维护秩序的精神内核。在诸子百家时期，“礼”不仅仅是一种人们言行上的表现，还是人们普遍遵守的伦理规范，在上下级之间“君使臣以礼，臣事君以忠”，在平辈之间“己所不欲勿施于人”，凭借对于道德上礼义的制约，儒家认为贵贱上下决定了人的地位，“别贵贱，序尊卑”成为了当时用来强化政治、维护社会秩序的重要等级制度。东汉时期，在吸收继承先秦和儒学思想之上提出了“三纲六纪”的思想来处理社会关系，构成了以“君统”和“宗统”为纽带的社会秩序的核心。到了现代社会，社会秩序依然发挥着重要作用，主要所体现在以下两个方面。

1. 社会秩序对资源的整合作用

社会公众需要依靠集体实现社会整体利益，良好的社会秩序在整合各种社会资源要素和力量的基础上确保整体利益价值最大化，有效促进国家的良性发展。社会秩序整合的内容包含各类不同阶层、不同社会行为、不同利益目标的客体，他们对资源的占用、自身的状态、价值诉求有着不一样的认知，通过一定的社会规则这条纽带将这些资源和价值整合起来，并转化成社会秩序的价值核心。这种“价值网”通过各自主体的活动和社会机制影响着社会的均衡和有序，发挥了社会秩序对资源的整合作用。

2. 稳定的社会秩序保障了社会生活正常运转

社会生活需要以一种正常、稳定的状态来持续运行，任意的局部动荡都有可能引发整个社会的“崩盘”，维护平稳的社会秩序是正常社会生活不可缺少的重要环节。当社会秩序出现一定程度上的紊乱、社会秩序系统内的各种要素无法发挥正常功能时就会产生偏离社会规范的现象，势必引发社会失序。如果无法保障社会公众常态和谐的社会生活，那么政府的公共管理和治理能力低下可想而知。在新冠肺炎疫情发生以来，从中央政府到地方政府、从企业到个人，每一个社会主体都在全力奋战，政令的相继实施和超常态化的社会秩序保障了人民群众的基本生活需求，确保国家社会秩序平稳有效运转，各类生产企业有序复工。政府制定的治理政策发挥了权威的作用，以安全高效的社会秩序网络实现了社会生活和秩序的协同和谐发展，积极推进了国家创新治理体系的建设。

政府通过政府社会资本，为企业经营活动提供了特定的物质保障，其中涵盖的物质资本、人力资本等投入在为企业提供资源的同时也在帮助企业树立一种主动承担协调维护秩序的社会责任观念，这也是企业在履行和维护社会秩序方面应尽的义务。拥有政府社会资本的企业应该成为维护社会秩序的重要力量，而政府社会资本所有人也通过社会秩序的治理推动国家治理体系和治理能力现代化不断深化和创新。

二、政府社会资本与社会秩序治理中的政府主导和多元共治

人类社会的发展是一个不断被修正的过程，每一次进步都伴随着统一和差异的更替，新的社会秩序则在差异中产生。在我国改革开放的进程中，随着不同区域的经济放开，我国的多元化主体从原来小差异主体逐步分化成多种利益主体。为了改变原来“管得过死”的旧体制，各级政府职能部门采用放权让利的方法，鼓励自主经营，于是在国家和社会这两大主要利益体之外还出现了地方部门、企业和个人的利益主体。既然出现了多元主体，那么不同主体之间的经济利益、社会利益博弈便会影响社会秩序的稳定和发展。每一方参与博弈的社会主体都有寻求最大化利益的倾向，多元主体之间的博弈策略可以分成民生之上的政府策略、利润和责任双重驱动下的企业策略、公益推动的社会组织策略，以及收到支配可以随时调整的公民策略（赵军锋，2020）。我国所形成的“党委领导、政府负责、社会协同、公众参与、法治保障”的管理格局说明多元利益主体共同参与的决策对于消除个体之间冲突、营造在平稳中变革的社会秩序的重要性。政府社会资本的进入首先形成政府和企业、组织之间的治理协作网络，促使企业在责任约束下满足自身业绩目标，公民依据企业和政府之间的产出绩效进行自己的动态调整，这种活动趋势又会影响政府制定的规制和策略，进而再次通过政府社会资本对主要利益主体产生影响。通过多元化协作网络的构建使每个主体之间相互影响和合作，逐渐以协同手段来维持社会秩序的良性运行。在这个运行网络中多元化主体的参与并非代表着政府治理功能的衰退，而是改变资源垄断，以政府社会资本作引导，主动帮助利益主体增强行动自主性，避免以往传统的“引导”和“被引导”的关系带来的缺陷和弊端。政府社会资本充分吸纳了多元主体的中坚力量，意图以协作方式来共同影响着秩序网络的耦合性，从政府“一己之力”转为多向合作，在政府行使具有权威性、强制性的社会管理权力时又能让其他成员共同参与（包括各类社会组织、企事业单位和公民个人），发挥每一个利益主体的长处，形成一道整合性的多元化治理网络，促进国家治理体系的完善。

（一）多元化治理下的政府监督职能完善

良好的社会秩序得益于多种治理制度的整合，而构建具有中国特色的国家治理体系需要多元主体治理制度设计。传统下的治理在整体上偏向于社会治理的规范，主要为了防范社会违法违规现象的出现，并未从社会和国家角度来对社会活动进行监督，出现了监督弱化的现象，政府监督的主体只有政府及政府职能部门，难以独当一面。政府监督与社会监督之间没有形成一个相互联系、相互协调的有机整体。每一种监督都应有自己明确的职责权限和分工，充分发挥多元主体的监督作用，有效帮助政府落实现代化治理体系的建设，营造稳定有序的社会格局。政府社会资本参与下的多元主体监督让监督在治理层面被赋予了新的政治定位——从“政府管理”进一步上升到“促进社会公平、实现国家长治久安”的“国家治理”层次。

（二）监督和治理相结合的政府企业网络

政府社会资本进入企业的过程本身就蕴含着政府主体的力量，由政府牵头引入企业中，在企业内部的生产经营过程中对企业发展战略、规章制度的完善提出建议，直接提升了企业

的运营效率，将过去的事后监督为主转变成事前、事中和事后共同关注的模式。当政府社会资本对企业发挥监督治理作用的同时，也能确保政府社会资本的安全和政府税收收入。从深度意义上来说，政府社会资本参与下的监督治理真正实现了社会参与和社会利益的结合，以监督保障治理，推动了现代化国家治理机制的构建。

虽然多重监督可能会产生一些问题，如各部门之间的重叠会使主要监管部门和次要部门相互混合重生，导致政府监督效率低下，但政府社会资本重建的“亲”“清”新型政企关系使政府在追求投资获取经济利益的同时完成公共社会管理者这一角色所赋予的社会治理任务，进而延伸到其他社会领域中，在诸如文化、经济、社会、生态等领域构建政府、企业以及其他个体之间的监督与合作关系。通过有效措施使被监督企业明确经营和责任目标，让政府治理和企业监督相互结合，形成监督和治理相结合的政企网络，提升国家治理活动的有序与效率。

政府社会资本参与下的治理有利于监督制度、治理规则以及治理系统之间相互配合、相互支持并实时调整，有助于实现良善的社会秩序。政府监督职能目标之一是维护广大人民群众的根本利益，同时监督能力的完善也是中国特色社会主义国家治理体系的执行能力的重要表现，建立高效的监督和治理相结合的政企监督网络对维护社会秩序、发挥国家治理功能至关重要。

三、政府社会资本与社会秩序的建立与维护

（一）政府社会资本与社会秩序建立

现代社会处于复杂的生态环境中，面临的复杂公共事务要比以往的社会发展阶段更为严峻。政府社会资本在获得经济利益的同时也承担着维护社会秩序稳定的责任，致力于建设全方位共同合作的治理主体体系。当前我国正处于改革的深化时期，切实需要建立一个安全稳定的社会主义政治秩序，而这有赖于全方位治理格局的建设，需要改变过去“政府一元化管理”向“政府为主导、多元主体共治”的模式转变。

随着政治、经济、文化、社会、生态环境的日益变化，我国的行政管理体制和政府职能的转变使许多社会治理事务逐渐从政府落到企业身上，政府的角色不再是简单的“守夜人”，政府的治理方法和手段日益创新，政府社会资本就是其中之一，政府社会资本成为联系政府和企业之间的新型纽带，将政府与企业绑定成利益共同体。政府通过政府社会资本的运作方式既可以让企业在政府所制定的社会秩序规则制度中实现利益目标，也给予企业表达自己的意见、建议和诉求的机会和途径。由于政府社会资本的投入，一方面使政府在参与秩序制定的过程中能够充分表达人民群众的心声，另一方面又以规则来制约，提升合作效率。

（二）政府社会资本与社会秩序的维护

从政府在社会运行机制中的地位和作用来看，政府社会资本有利于控制社会风险和提高政府管理效率。政府在社会系统运行过程中通过财政政策、货币政策等发挥经济治理职能，通过加强国家法制建设、维护基本政治制度和社会秩序稳定等实现社会治理职能，这些政治社会职能所要达到的目标是满足社会效用最大化或者价值最大化。政治社会治理职能和经济治理职能的结合让政府有了双重治理目标，既要兼顾效率又要追求社会公平。在追求社会价值最大化的政治治理过程中，仅靠政府单一主体无法保证社会秩序的有序、高效运行，需要多方主体的共同合作。在政府社会资本的框架下，企业责无旁贷地需要在社会秩序维稳中发

挥自己的社会治理作用。政府社会资本不仅仅是投入的生产经营资本，而且蕴含着和谐信任要素的“理念性”社会资本，政府社会资本中的合作信任关系培养了企业的治理主体意识、社会责任意识，让政府和其他利益主体遵循着互惠互利的合作形式分别达成各自的目标，和谐的治理主体关系促进了社会政治治理的有效性，展现了政府社会资本对社会秩序的维护和政治治理的优化。

1. 防范社会冲突和风险，规范社会秩序运行

社会冲突是现代社会运行的风险之一，由于社会冲突和风险产生的原因复杂且较难提前预测，导致防范风险和冲突任务艰巨。贝克曾指出现代社会的风险已经具备了“人”的特性，冲突和风险与人的行为息息相关，人类作出的很多决策和行为都会对社会产生重大影响。另外，虽然制度是用来约束人们的社会行为，发挥规避风险的作用，但这些制度可能会激励冒险者行为，如企业在二级市场的筹资融资等。政府制定的政策和制度安排应该起到完美的“社会人”监督作用。在企业外部，政府的一举一动都可能成为未来的机遇或者风险，产生的后果影响是无法提前预料到的。在企业内部，过分强调追求股东利润最大化的动机会使利益相关者的合法权益受到损害，企业遵守商业道德和社会公德的内部驱动力不足，导致社会冲突和风险出现。倘若外部政府仅以单方面的命令和号召很可能无法让企业形成一种强制性动力，但是辅之以政府社会资本的形式则可以引导双向沟通机制的完善。

为了应对社会冲突，政府社会资本可以让政府和企业之间建立双方对话协商机制，将政府社会资本这一“社会人”的外部监督作用充分发挥出来，实现政府对企业监督体系的创新。采用政府社会资本投资的“加盟”方式，进行政府和企业其他资本投资者之间的集体利益选择，这种作为企业资本投资者的政府和企业之间的关系在两者之间以一种合作化的方式进行协调——从研发投入技术创新，从材料采购到最终产品的生产，每一个环节政府社会资本所有人都可参与进去，从而降低企业社会风险的发生度。政府社会资本可以帮助在企业组织中形成各职能部门分工负责的纵向垂直领导、横向分工、政府社会资本资助下的组织管理体制，在争取不损害企业以及实现政府自身“利益最大化”的情况下积极降低社会冲突和风险。

将政府社会资本和重大风险防范机制相互连结起来，改进相关重大决策、重大改革的评估机制，在企业内外部建立一套按照规定程序运行的风险管理和应对系统，根据风险评估结果投入不同政府社会资本，从企业自身的风险应对出发，由点到面，逐步过渡到整个社会领域中，进一步规范社会秩序运行。

2. 运用政府公共权力加强法治，实现社会秩序善治

西方国家的“法治”着重于保障人权的实现，而我国所实行的依法治国方略不仅保证国家权力的正常运行，还起到着保障国家长治久安的作用。2003 年提出“法治政府”，强调合理运用政府权力，在法律的框架体系下规范政府的行为，做到“权从法出”。随后进一步提出国家、政府、社会和法治的一体化，与“人治社会”相比，“法治社会”是能够同时实现民主、自治和法治的社会运行状态，这种社会运行系统中的主体具有多元化、广泛性的特征，都要以法律规范作为引导。这种法治不单是强制性的法律治理，更关键的是要以“良法”达到“善治”的状态。所谓善治，其实质在于“善”，重点在“治”，即通过政府和公众的合作来实现依法治国、发展现代化国家治理体系。“善治”方式下的法治政府有利于协调法治社会秩序，从而推动和谐社会的建立。

政府权力是国家政治权力强有力的代表，能够维持社会正常运转，提高人民群众的公众利益，拥有公共权力的法治政府履行的社会服务职能可以在法治社会中更好地发挥作用。从政府的属性和角度来看，政府的目标向社会提供公众服务，这与特定企业所承担的社会责任——满足人民生活健康需求、促进社会公共福利的目标一致。政府向企业投入政府社会资本，是一种重新配置有限资源的方法和手段，可以保证企业提供公共产品和服务的可持续性，在政府、社会、企业、公众之间形成新型良性的关联关系和社会秩序。

善治之“善”是良好的治理结构，善治之“治”是良好的治理手段，政府社会资本框架下社会秩序应以善治为导向，促使多元主体在良性互动中寻求整个社会的好状态、好政府、好治理。政府社会资本作为一种“善治”的合作管理手段实现了“有法可依”下的“良法善治”，为法治下的国家治理体系和治理能力现代化提供了新的视角。

3. 发挥“派驻监督”制度作用，提升社会秩序治理效率

派驻监督机制是我国中共中央纪律检查委员会深入贯彻实施党中央完善中国特色社会主义制度、推进国家治理体系和治理能力现代化所提出的一项任务举措，党的十九届四中全会和中纪委四次全会强调将派驻监督机制成果转化为提升治理效能的重要手段。派驻监督是依托党内监督的组织体系强化监察信息和监督成效，通过监察的全覆盖和法律威慑力来增加监督的整体效能。不同于普通的外部监督，派驻监督具有“嵌入”的特征，它是一种派驻组织内的“外部监督”，一方面要发挥好全天候、近距离的“驻”的优势；另一方面又要起到“派”的作用，体现权威性，有效开展监察管理活动。政府社会资本进入企业的同时也把政府的公共管理职能引入企业，使成为企业股东的政府充分发挥自己的治理职能，而且政府社会资本是一种长期投入资本，深深“驻扎”于企业之中，与企业经营管理深度融合，增强了企业的软实力。一“派”一“驻”相结合的社会治理模式，使政府社会资本被看作一种治理手段并寄以厚望，也是提升社会治理效率、创新国家治理体系在政企主体之间的一种探索。

4. 改进治理机制，创新社会秩序治理体系

治理是指为了实现共同的目标，由治理主体经营管理事务，联合行动以缓解矛盾、协调利益的各种方式的集合。治理包括国家治理和公司治理，国家治理指的是以国家强制力来管理国家和人民。公司治理分为广义和狭义两种定义，狭义的公司治理是指股东价值观，是为保障投资获取收益采取的各种手段。广义的公司治理是指利益相关者为保障自己的权利和利益做的各种努力。治理是体制、机制和制度三个方面的集合，结合国家治理机构、治理法律、原则、规范等，涉及多个部门的共同行动，是国家与企业的机构设置、层级关系、权责归属相结合的结合体。机制是指事物的内部各组成部分的机理以及相互关系，事物内部各组成部分是至关重要的，这是机制产生和存在的必要条件。如何协调解决各个组成部分之间的关系并协调一致是机制的主要任务。机制具有一定的社会性，常见的机制有激励机制、监督机制等。机制的运行形式分为三种类型，行政—计划式运行机制、指导—服务式运行机制、监督—服务式运行机制。公司治理机制是对企业的经营管理模式的治理，主要包括激励、监督机制。

党的十九届四中全会提出了国家的各种治理机制的健全和完善，包含协同机制、协作机制、协商机制和协力机制。从协作机制来看，要发挥市场在资源配置中的决定性作用和发挥政府的宏观调控的作用，鼓励社会力量共同构建国家治理体系，需要社会主体的共同参与，

政府为主导，发挥政府、社会、企业的协同治理。

政府社会资本使政府拥有了双重身份，不仅是社会管理者亦是企业的投资者，政府作为政府社会资本的所有者与其他的资本提供者共同经营管理企业，所以政府在企业中享有的政府社会资本的所有权比例就应该由集体选择来确定，并非由政府这一单方面来确定。政府和其他资本的投资者出资比例不同，那么他们享有的权利、承担的责任和分配利益的大小自然也不相同。不同权利、责任和利益在政府和其他资本提供者之间分配也会有不同的激励监督效果。政府社会资本是对治理机制中激励机制和监督机制的改进。之前的政府是独立于企业的组织形式之外的政府，传统治理是自上而下式的治理，具有强制性。政府社会资本让政府不仅以社会管理者的角色对企业进行行政监督，以解决市场失灵的问题，创造公平的竞争环境，而且又能够以股东的角色，具有了参与重大决策的权利和监督权，监督企业的生产经营全过程，提高企业的经营效率。双重身份使政府拥有了多重监督权，监督形式更加多样化。

推进国家治理体系和治理能力现代化是政府社会资本的实践目标．不仅改进了治理机制，也对治理体系发挥了约束作用。政府社会资本使政府从单纯的监督者转向资源的供给者和企业的监督者，创新了社会秩序治理体系。

5. 融入科技监管手段，拓展社会秩序治理思路

随着新技术革命的兴起，许多政府社会资本都是投资在一些科学技术先进、投资规模大的项目，这类项目完成后由公司建设和运营，建成后能够改善周边投资环境，提升城市形象，同时还会提供长期稳定的现金流，不仅为当地居民提供良好的公共服务场所，满足人民群众不断增长的健康及休闲需要，还能增强城市综合实力，竞争力和辐射带动功力，增强经济、社会协调发展，促进服务型政府的职能转变，顺应了国家治理的改革方向。

高新技术企业获得大量政府社会资本注入后，需要将政府的公共管理行为与高新技术企业的经营目标紧密相连，在关注企业高质量发展的同时还应该提防新技术尤其是数字技术带来的超越政治权力的社会问题。2018 年的美国大选爆出了 Facebook 操纵用户数据的丑闻，其中的“剑桥分析”将一种新技术介入美国总统的选举过程中。Facebook 技术人员通过把用户数据分析和选举行为联系起来，借此对选举进行强有力的干预，极大改变了总统选举中的辩论机制，重新构建了投票人和候选人之间的关系。高新技术的产生正影响着社会公众的意识形态，放大了政府和社会系统运行的冲突，极易出现社会问题，引发整个社会秩序的混乱。因此，政府社会资本在投资数字化产业链的同时也应积极学习和利用高新技术和方法，借用科技的力量防范社会风险，在入股的政府与科技企业之间建立更加密切的合作关系，监管社会风险，融入科技手段，拓展社会秩序治理思路。

第三节 政府社会资本与社会民生治理

一、社会民生治理的内涵与作用

社会民生治理是以实现和维护群众权利为核心，发挥多元治理主体的作用，针对国家治理中的社会问题，提高社会福利水平，保障改善社会民生，化解社会矛盾，促进社会公平，推动社会有序和谐发展的过程。基本的民生保障包括劳动就业、社会保障、收入分配、食品

安全、医疗卫生等。从治理的主体来看，社会民生领域的治理主体多样，政府不再是治理的唯一主体，社会组织、公众、企业等相关利益主体也可以成为治理主体。党的十九大报告明确指出，要“打造共建共治共享的社会治理格局，发挥社会组织作用，实现政府治理和社会调节、居民自治良性互动”。这表明，中国社会治理结构正由传统的体制内政府为主线的单主体治理向政府为主导的多元治理结构转变。在这个过程中，企业是一支不容忽视的力量。随着社会经济的不断发展和政府的宣传解释力度的加大，尤其政府社会资本的投资入股，企业越来越认可应该承担社会责任，履行社会责任的意愿越来越强，参与政府管理和社会民生治理越来越多。

二、政府社会资本影响社会民生治理的途径

（一）食品安全

坚持和完善共建共治共享的社会治理制度，要求把健全公共安全体系作为重点。我国坚持以人民为中心的发展思想，“民以食为天，食以安为先”，保障人民群众“舌尖上的安全”是公共安全体系的重中之重。食品药品企业作为供给方，要在食品药品安全中承担主体责任。政府社会资本进入企业可对食品生产加工进行全程监管，真正执行生产经营者是食品药品安全第一责任人的有效机制。

随着经济快速发展，人民丰衣足食，开始追求生活品质的提高，频频发生的食品安全问题给人民的日常生活造成严重困扰。其中较为突出的是“舌尖上的安全”，例如，2008 年三聚氰胺毒奶粉事件、2011 年双汇集团的瘦肉精事件等，不仅损害人民身体健康，还造成巨大经济损失。为此，政府和企业都有参与食品安全治理的义务，其中政府社会资本的双重身份成为连接和调节政政府、企业共同治理的关键点，以下主要从健全内部规章制度与缓解信息不对称两个方面进行论述。

1. 内部规章制度

政府社会资本作为企业的股东，可以参与企业的相关管理措施和内部规章制度的制定，在参与企业生产经营管理过程中发挥公共服务职能的引导作用，对原辅料供应商准入标准、进出货制度以及检验记录制度等提出建议，要求企业对每一个环节严格检测与管控。帮助企业建立完善的内部控制规章制度，从源头上保障食品安全。政府社会资本有效降低生产经营过程中可能存在的风险，减轻政府部门监管的监管成本，提高监管效果。

2. 信息不对称

食品安全风险治理具有持久性、复杂性和隐蔽性等特点，食品供应链条比较长，包括供应商、加工商、销售商以及消费者，政府无法及时获得全面信息，信息不对称现象突出，增加了政府的监督和治理成本。

企业是食品供应链的前端，政府将社会资本投入该企业，成为企业的股东，可以获得最新全面的信息，解决信息缺位的问题。政府可以利用企业专业的质量专家资源对供应商进行不定期的现场巡检，进行多方面综合动态监管，定期分析反馈，通过奖惩手段实现供应商的优胜劣汰。同时政府可以进入企业生产车间对经营环境、从业人员管理方面进行考察，降低食品安全风险。

（二）就业保障

就业是民生之本，是我国最大的民生工程、民心工程。由于我国经济模式转变、产业结

构调整以及新冠肺炎疫情的冲击，对就业岗位的供求关系产生了巨大影响。为此实现高质量就业成为整个民生建设的首要问题。

我国人口多、就业基数大，就业优先是政府一直采取的战略。2018 年以来，我国先后遭遇中美贸易摩擦、新冠肺炎疫情等，对经济和社会发展带来巨大冲击。据统计，四川省是劳务输出大省，2020 年第一季度有 50% -60% 的劳动力外出受阻，造成 60 万 -80 万农民工返岗困难。根据调查，2020 年有 3% 的企业取消招聘计划，52% 的企业未发出任何通知，缩减的就业岗位与激增的普通高校毕业生形成鲜明对比，全国就业形式严峻①。2019 年国家将“稳就业”列在“六稳”之首，“稳增长”要以“稳就业”为目标。2020 年，中央经济工作会议确定继续实施就业优先政策，争取在稳定现有就业的基础上，增加新的就业机会，促进失业人员再就业。面对上述就业难题，政府社会资本可以有效避免企业恶意裁员，拉动贫困地区人口就业，保障员工权益。政府社会资本进入企业解决就业的路径主要有避免企业恶意裁员，扶持中小企业创业，增加就业人数。

1. 保障员工权益，避免企业恶意裁员

现阶段，劳工与企业基于工资等问题的诉讼案件时有发生，主要是基于以下几点原因：企业出于经济利益考虑，不愿与工人签订劳动合同，意图使用廉价劳动力的同时逃避解除合同需要偿付的经济补偿金。部分企业即使签订合同也是权责不对等的“阴阳合同”，企业会利用不平等条约，找到员工身上的小缺陷，逼迫员工主动辞职等。政府社会资本的注入可以与政府职能部门对企业的劳动管理制度实施状况形成内外部协同监督，减少不平等合约的签订，保障劳动者的权益，员工拥有话语权，避免企业恶意裁员。签订劳动合同能够稳定职工队伍、凝聚人心，劳动合同中的规章和激励机制可以调动员工积极性，既为企业创造经济效益又给政府带来经济和社会双重效益，减少社会矛盾冲突，推动国力富强。

2. 中小企业创业扶持，增加就业人数

中小企业作为我国市场经济运行中的基本单元，具有基数大、组织流程短、结构简单、进入门槛较低等特点，可以推动大众创新，为经济发展注入新动力，是经济社会持续健康发展的支撑点，也是就业的重要渠道。我国大力提倡创业创新，构建中小企业服务体系的发展战略。2019 年我国中小企业突破 3000 万家，提供了 80% 的城镇劳动就业岗位，是就业岗位的基本支撑②。政府为中小企业提供制度环境这类社会资本，可以作为一种良好的信号传递给市场投资者，使中小企业融资难、融资贵问题得到一定程度缓解，增强中小企业债务融资的能力。政府社会资本的注入降低了企业倒闭给员工带来的失业风险，增强了中小企业抵御风险的能力。同时政府社会资本营造了全民创业创新热潮，激发下岗群体参与小微创业项目，如小工厂、小网店、小服务、小农场等，扩大新创企业数量，增加了就业岗位，维护了社会秩序。企业吸纳员工能力是由企业规模决定的，政府社会资本为中小企业提供技术创新的原动力，加快了企业新陈代谢的速度，增强了企业的竞争力，有利于企业规模的扩张，吸纳就业的能力增强。民生改善和经济发展有效对接、良性循环、相得益彰，促进社会健康发展，提高我国公共服务共建能力和共享水平，助力国家治理能力提高。

---

① 蔡宏波：《疫情对当前我国就业形势的影响估测》，载《人民论坛》，2020 年 3 月（下）。

② 韩鑫：《中小企业岗位多潜力大》，载《人民日报》，2020 年 6 月 14 日。

第四节 政府社会资本与文化治理

一、文化治理的内涵与作用

文化是国家和民族之魂，也是国家治理之魂。对国家制度和国家治理体系的形成和发展具有深远影响。国家治理的巩固要借助文化底蕴和内在价值的依托对国家的经济、政治、社会和生态文明等建设发挥管控和协调作用。发挥文化治理的经济导向力，引导经济运行和发展方向，促进经济健康发展；利用其社会控制力，调控和治理社会，维持社会安定有序；借助其生态约束力，培养生态文明理念，促进人与自然和平共处。同时，文化治理属于意识形态范畴，可通过对人的精神价值的培养和完善，逐步建立与时代发展相适应的公民道德，提高文化创造的效率和价值，增强国家治理水平。公民道德建设包含慈善观念、平等理念、公德意识等一系列具有现代性的文化观念和方法，这些观念是公民参与文化治理的认识基础和文化条件，是参与政府—企业—社会组织之间治理活动的出发点和方法论。文化治理具有“多元治理”“交叉治理”“共同治理”等特征，其核心是寻求政府、社会和市场三者之间的合作和互动，实现公共文化事务“善治”的目标。

我国在文化领域存在许多问题，首先，慈善事业领域“造假骗捐”屡见不鲜，慈善环境脆弱并缺乏信任。其次，文化创作生产中，出现唯票房、唯点击量、唯发行量的形式主义。文化产品内容趋向“庸俗”化，文化产品的语言及表达方式崇尚“重口味”，经典读物举步维艰。解决上述问题必须进行文化治理，而政府社会资本的投入不失为一个好办法，政府将社会资本投入文化企业，推动政府、市场、社会共同参与，实现从独断到参与的创新，形成在信任与互利基础上的文化治理网络。同时也对企业起到监督作用，鼓励文化企业出品正能量和经得住考验的文化产品，加大宣传引导力度，激发文化创造潜能，营造良好的社会文化环境和氛围。

二、政府社会资本影响文化治理的途径

（一）政府社会资本促进企业慈善文化形成

政府社会资本进入企业，给予企业资金援助，同时起到监督作用，促使企业更好地履行社会公益活动，形成企业慈善文化。企业慈善文化包括营造人人慈善的氛围，形成公民慈善意识。公民慈善意识的培养建设，有利于社会资源的再分配，将高层次所积累的过剩财富向低层次流动，帮助处于低层次中的人缓解生活压力，提高生活水平，促进社会公平。员工是“企业人”也是“社会人”。从社会成员的构成来看，2019 年，中国就业人数 77471 万人，占全国总人口的 55%，企业员工是构成我国社会的主体性力量并影响着我国经济发展，因其收入占家庭经济来源的大部分，为此更有发言权和权威性，能够对家庭成员的价值观念、行为态度产生直接影响。企业慈善意识和慈善观念通过员工影响其家庭成员，从而促进全体社会成员慈善意识的提升，推动人人慈善。

政府社会资本可以让更多的企业有能力从事慈善事业，让消费者感知企业文化。研究表明，承担社会责任越多的企业，越容易建立消费者忠诚度。将政府社会资本投资到文化氛围

好的企业，既帮助政府营造良好的社会文化氛围，也使政府收获红利，减少文化领域的治理成本。

此外，通过将政府社会资本注入拥有高新技术的互联网企业，政府可以借助企业大数据、物联网等，将互联网与文化进行深度融合，发挥杠杆效应。

政府社会资本影响企业慈善文化的机理如图 3－1 所示。

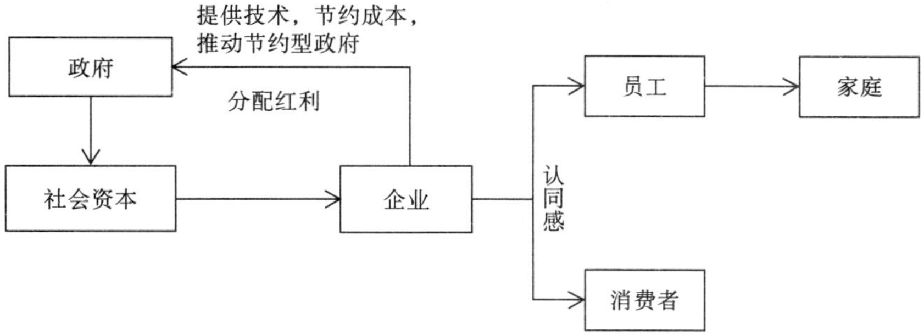

图 3－1 政府社会资本影响企业慈善文化的机理

（二）政府社会资本助力发展文化产业，监管文化传播内容

政府可以将财政税收、投资融资、土地保障、良好制度环境等社会资本投入拥有自主知识产权、自主品牌的龙头文化企业和具有良好发展前景的小微文化企业。通过发挥税收杠杆作用，激发商业银行和各类型企业关注文化产业，促进“文化＋”的多元化融合，形成互联网＋文化，金融＋文化，科技＋文化等模式，增强文化产业竞争力。政府社会资本进入企业可以监督文化产品的内容，改变文化产业前端管理严重缺位的现象，改变以往文化宣传出现问题后再进行补救的“亡羊补牢”现象。政府社会资本的加入有助于从源头上抓起，为文化产业建立严格的职业准入制度。加强社会主义意识形态建设，增强文化的内在免疫力，维护我国国家文化安全。

第五节 政府社会资本与生态治理

一、生态治理的内涵与作用

“绿水青山就是金山银山”，指明了我国未来发展方向，即把生态文明建设摆在突出位置，努力实现经济社会发展和生态环境保护的协同共进。绿水青山就是金山银山的理念，是实现中国民族永续发展的客观需要，是解决我国社会矛盾的一种手段，是促进经济增长的新路径。良好的生态环境可成为人民生活的增长点，成为经济社会持续健康发展的支撑点，成为展现我国良好形象的发力点。生态环境问题与社会民生、经济发展等问题联系密切，也增加了生态治理的复杂性，因此仅仅依靠政府单边之力很难实现全面综合治理。政府提出将部分治理职能转交给社会，形成政府、企业和公众组成的多元复合主体，产生“1＋1＞2”的整合效应。政府社会资本的出现恰恰担当了这一角色。其中，政府充当生态文明建设的支持者肩负着营造和控制环境保护的主导作用，而企业是污染的主要制造者，政府社会资本的投入可充分发挥社会共同治理的作用，引导企业和公众共同推动绿色发展，约束企业和民众对生态环境的破坏行为，树立企业和个人的环境保护社会责任，同时也可相应减轻政府负担，达到事半功倍的效果。

当前我国环境污染、生态退化、资源利用率低等一系列问题成为阻碍经济社会可持续发展的“绊脚石”。例如，我国每年大约流失 50 亿吨的土壤，因水土流失导致土地生产力下降的耕地超过 3 亿亩，对经济造成严重损失。2013 年以来，我国中东部地区反复出现雾霾，大气污染严重。对水资源的检测发现有 10.8% 的地表水和 13% 的地下用水不达标，对人民群众生活影响巨大，引起社会公众极大不满。将政府社会资本投入企业，可以监督企业秉承可持续发展观，改进生产模式，节约资源，向可循环方向发展。

二、政府社会资本影响生态治理的途径

（一）加强政府环境治理与企业环境责任履行

我国是以公有制为主体，多种所有制经济共同发展的经济制度，不同性质的企业在采取不同的经营方式。同时，由“二次委托”形成的责任分散化加剧了企业对环境责任的漠视。我国虽然有与环保相关的法律法规，但对环境社会责任没有量化，没有具体细分到每个微观企业，导致企业不知如何履行环境责任。同时，企业环境社会责任的承担存在着“二次委托”的现象，第一次委托即公众将环境处置权委托给政府，确保权力的集中管制。第二次委托是政府为支持当地企业发展又将环境处置权分配给无数个微观企业，此次委托将集中于政府的环境处置权利与义务分散到无数企业，造成责任分散化。这次责任分化造成企业无效责任事件频频发生。

政府拥有环境资产的分配权，可以将环境资产分配给企业，使企业拥有消耗此项资源的权力，碳排放权成为政府社会资本的组成部分，碳排放权可作为企业的一项正资产，政府则视其为负资产。政府将碳排放权以政府社会资本的形式分配给企业，政府成为企业的股东，企业要保障股东利益，在生产经营过程中必须能够实现资本保全，即保障环境资产的消耗低于企业生产经营所获得的经济收益。为此企业就要改变以破坏环境为代价换取利益的传统发展模式，使财务资本与环境资本实现协同发展，实现可持续发展即实现二者共赢。政府社会资本影响环境治理的机理如图 3－2 所示。

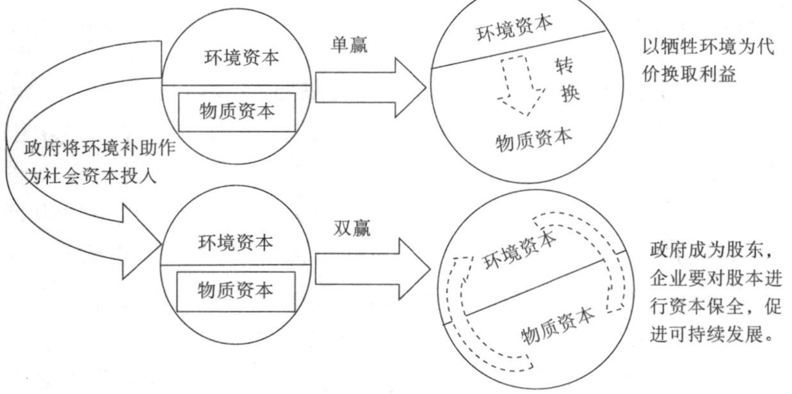

图 3－2　政府社会资本影响企业环境治理的机理

（二）完善环境信息披露

我国重污染企业的环境信息披露存在披露内容不统一、披露程度不详细、未披露行业特有环境信息、披露方式不规范、披露报告无独立第三方鉴证等问题。政府社会资本的投入，使政府成为企业的股东与利益相关者和投资人，有助于完善企业的环境信息披露，加强生态环境治理。同时，政府有了股东身份可以缓解与企业之间的信息不对称，对企业披露的环境信息进行内部监督，提高企业环境信息披露的质量。促使企业进一步优化绿色基础设施和完善服务体系，高效配置绿色资源，提高生产要素的利用率，实现可持续发展。

以复星医药为例，复星医药在企业发展中，一直重视企业的环境社会责任履行，企业建立了“修身、齐家、立业、助天下”这一文化价值观，设立 EHS 环境管理体系，结合行业特点将环境、安全、职业健康管理三者有机融合，将履行企业社会责任始终贯穿于可持续发展战略中，起到了良好的经济和社会效果。复星医药不仅实现企业环境社会责任的协同管理，还能帮企业高效识别隐藏的重大环境风险，也能引起政府关注上述环境风险并及时预防、提前监管。

（三）推动企业绿色创新

如何推动企业绿色创新，构建行之有效的绿色创新生态系统成为我国需要重点解决的问题。李克强总理提出，企业是国家推动环境治理和产业升级的重要载体。政府社会资本与绿色金融的支持是推动企业绿色创新的重要保障。政府社会资本注入企业有利于缓解金融机构与企业之间的相互猜忌，为企业背书，提高两者的创新协同度。政府社会资本为企业投资，容易获得科研院校的高新技术加盟，助力企业绿色技术创新，促使生产要素与生产条件的重新组合，将原先不计资源和能源消耗及环境成本的技术理念转向节能环保型的创新理念，积极推动绿色产业的发展，增加绿色产品竞争力，降低企业的绿色创新成本。政府社会资本引导企业兼顾经济效益，追求环境资源利用的最大化、无公害化和循环化，达到技术理性和生态价值理性的统一，最终实现经济社会与生态环境的协调发展，提高了国家治理能力和机制优化。

政府作为企业的股东可以监督管理层采用有利于企业绿色发展的组织结构，加快绿色组织创新，优化组织流程，合理布局上下游产业，形成产业链的无缝连接，使产业组织链条化，为绿色发展提供结构保障，实现产业发展的规模效益和节能减排目标，最终实现生态环境的有效治理。

综上所述，政府社会资本的参与有助于企业更好地履行社会责任，政府在获得经济利益的同时实现了文化建设、社会民生、生态环境等领域的有效治理，既能减少管理成本和难度，又能实现国家治理的宏观目标。

政府社会资本推进了国家治理体系和治理能力的现代化，兼顾了效率与公平，打造了政府与企业“利益共享，责任共担，全程参与”的共同体关系。政府作为国家治理的首要主体，拥有雄厚的资金实力，政府可以对公共资源进行优化配置企业可以以其先进的管理技术和经验，努力经营，政府与企业共同为企业价值最大化服务。

第四章　政府社会资本层次、结构与测度

作为政府公共资源配置的组成部分，政府社会资本具有丰富的内容，且在宏观、中观和微观层次具有不同的形式。科学测度不同层次政府社会资本的存量和流量是政府社会资本管理的前提和基础。

对政府社会资本的考察可以从宏观、中观和微观三个层次进行考察。宏观层次的考察是从全社会的角度对政府社会资本进行考察，即全国层次的政府社会资本；中观层次的考察是从某一级政府的角度或特定行政区域（如经济特区、经济技术开发区、高新技术产业开发区、保税区、新旧动能转换试验区等）对政府社会资本的考察，包括中央政府层次的政府社会资本、地方政府层次的政府社会资本和特定行政区域层次的政府社会资本等。微观层次的考察是从社会个体的角度对政府社会资本进行考察，包括企业中的政府社会资本、其他组织中的政府社会资本等。

第一节　宏观层次政府社会资本结构与测度

一、宏观层次政府社会资本及其结构

如前所述，政府配置的公共资源包括政府代表国家和全民所拥有的自然资源、经济资源和社会事业资源等公共资源，而政府社会资本则是政府公共资源配置中具有一定的排他性和竞争性特征的部分，因此，政府社会资本首先可以分为自然资源配置中的政府社会资本、经济资源配置中的政府社会资本和社会事业资源配置中的政府社会资本。

（一）自然资源配置中的政府社会资本

我国生产资料的社会主义公有制的性质决定了自然资源的公有制性质，实行国家所有与集体所有，排除了自然资源的私人所有。《中华人民共和国宪法》第九条第一款规定：“矿藏、水流、森林、山岭、草原、荒地、滩涂等自然资源，都属于国家所有，即全民所有；由法律规定属于集体所有的森林和山岭、草原、荒地、滩涂除外。”第十条规定：城市的土地属于国家所有。农村和城市郊区的土地，除由法律规定属于国家所有的以外，属于集体所有；宅基地和自留地、自留山，也属于集体所有。《中华人民共和国土地管理法》第二条也规定：中华人民共和国实行土地的社会主义公有制，即全民所有制和劳动群众集体所有制。全民所有，即国家所有土地的所有权由国务院代表国家行使。任何单位和个人不得侵占、买卖或者以其他形式非法转让土地。由上述规定不难看出，就整个国家的自然资源来说，其所

有权可以分为国有和集体所有两种类型，暂时抛开国有自然资源部分在全社会成员之间的配置存在实际上的不均等，集体所有的自然资源在各个集体之间存在着天然的差异和不均等。一些集体所拥有的自然资源禀赋可能先天优于另外一些集体，但这种差异不是由各个集体自身决定的，而是由国家的法律和制度规定造成的，这从根本上决定了公共自然资源配置并非纯粹公共产品，至少其中集体所有的部分更具有类似私人产品的属性，具有明显的排他性和竞争性的特征。从全社会整体来看，集体所有的自然资源更具有政府社会资本的特征。拥有天然良好或内容丰富自然资源禀赋的集体应视为政府向其投入了更多、更优的政府社会资本。

进一步分析国有自然资源部分，名义上来看，所有这些自然资源都属于国家所有，因而属于全民所有，似乎更符合公共产品均等配置的特征。但实际上，国有自然资源的使用和收益权力却与其占有权力并不完全一致。以土地资源为例，虽然宪法规定“城市的土地属于国家所有”，但是，国家对土地资源的所有权并非通常意义上的占有，而只是为了排除国家以外的任何单位和个人对这些土地享有所有权，国家以外的任何单位和个人开发利用这些土地资源都必须取得国家许可。同时，国家对土地资源的所有权与国家对这些土地的使用权也是两回事。《中华人民共和国土地管理法》第二条规定：土地使用权可以依法转让。国家为了公共利益的需要，可以依法对土地实行征收或者征用并给予补偿。国家依法实行国有土地有偿使用制度。但是，国家在法律规定的范围内划拨国有土地使用权的除外。第十条也规定：国有土地和农民集体所有的土地，可以依法确定给单位或者个人使用。使用土地的单位和个人，有保护、管理和合理利用土地的义务。第十五条则规定：各级人民政府应当依据国民经济和社会发展规划、国土整治和资源环境保护的要求、土地供给能力以及各项建设对土地的需求，组织编制土地利用总体规划。土地利用总体规划的规划期限由国务院规定。第二十条规定：土地利用总体规划实行分级审批。省、自治区、直辖市的土地利用总体规划，报国务院批准。省、自治区人民政府所在地的市、人口在一百万以上的城市以及国务院指定的城市的土地利用总体规划，经省、自治区人民政府审查同意后，报国务院批准。本条第二款、第三款规定以外的土地利用总体规划，逐级上报省、自治区、直辖市人民政府批准；其中，乡（镇）土地利用总体规划可以由省级人民政府授权的设区的市、自治州人民政府批准。由此可见，国有土地的使用权最终是由各级政府根据法律赋予的管理权限确定的，这从根本上确立了国有土地使用权的行政归属，进而必然导致 A 行政区所在地的国有土地使用权配置与 B 行政区所在地的国有土地使用权配置具有先天性的差异，而这种差异通常并非 A 行政区和 B 行政区的自身努力决定的，这意味着政府在国有土地使用权配置中的非均等化。其他国有自然资源的使用权与土地资源的情形基本相同。因此，从全社会整体来看，国有自然资源配置也并不符合公共产品的均等化配置特征，而更符合政府社会资本的非均等化配置特征。

具体到组织等社会个体层面，特别是对于企业以及开发区等各类经济组织来说，公共自然资源配置的非均等性和差异性就更为明显了。仍以土地资源为例，《中华人民共和国土地管理法》第五十二条规定：建设项目可行性研究论证时，自然资源主管部门可以根据土地利用总体规划、土地利用年度计划和建设用地标准，对建设用地有关事项进行审查，并提出意见。第五十三条规定：经批准的建设项目需要使用国有建设用地的，建设单位应当持法律、行政法规规定的有关文件，向有批准权的县级以上人民政府自然资源主管部门提出建设用地申请，经自然资源主管部门审查，报本级人民政府批准。第五十四条规定：建设单位使用国有土地，应当以出让等有偿使用方式取得；但是，下列建设用地，经县级以上人民政府依法批准，可以以划拨方式取得：（一）国家机关用地和军事用地；（二）城市基础设施用地和公益事业用地；（三）国家重点扶持的能源、交通、水利等基础设施用地；（四）法律、行政法规规定的其他用地。第五十五条规定：以出让等有偿使用方式取得国有土地使用权的建设单位，按照国务院规定的标准和办法，缴纳土地使用权出让金等土地有偿使用费和其他费用后，方可使用土地。从这些规定不难看出，企业和开发区等经济组织的用地申请能否得到批准、以什么方式、何种价格取得土地使用权，也都是由各级政府依据法律和制度来决定的，这意味着不仅不同行政区域内由于国有土地资源禀赋的先天差异导致各个社会组织获得的土地使用权数量和品质存在显著差异，而且在同一个行政区域内也会由于政府的规划和决策而产生不均等的配置结果，社会组织之间在国有土地使用权配置上的显著差异显然也不符合公共产品的均等配置属性，而更具有政府社会资本非均等性配置的典型特征。

（二）经济资源和社会事业资源配置中的政府社会资本

虽然中共中央办公厅、国务院办公厅引发的《关于创新政府配置资源方式的指导意见》把政府配置的公共资源划分为自然资源、经济资源和社会事业资源三大类，但却没有明确界定经济资源和社会事业资源的范畴。通常来说，政府公共资源配置中的经济资源和社会事业资源可以理解为经营性国有资产和非经营性国有资产，前者即国有资本，后者是在政府在科技、教育、文化、卫生、环境保护、社会保障等领域的公共资源配置。由于政府公共资源配置需要统一纳入政府预算进行管理，因此，对于经济资源和社会事业资源配置中的政府社会资本可以从政府预算的角度加以考察。

《中华人民共和国预算法》第五条规定：预算包括一般公共预算、政府性基金预算、国有资本经营预算、社会保险基金预算。一般公共预算、政府性基金预算、国有资本经营预算、社会保险基金预算应当保持完整、独立。政府性基金预算、国有资本经营预算、社会保险基金预算应当与一般公共预算相衔接。由于社会保险基金的受众为广大的社会公众，因此，这部分公共资源配置更符合公共产品的特征。接下来分别对一般公共预算、国有资本经营预算、政府性基金预算进行考察，从其各自的预算支出中识别出具有政府社会资本性质的公共资源配置。

1. 一般公共预算支出中的政府社会资本

《中华人民共和国预算法》第六条规定：一般公共预算是对以税收为主体的财政收入，安排用于保障和改善民生、推动经济社会发展、维护国家安全、维持国家机构正常运转等方面的收支预算。按现行的一般公共预算办法，全国一般公共预算支出有一般公共服务支出、外交支出、国防支出、公共安全支出、教育支出、科学技术支出、文化旅游体育与传媒支出、社会保障和就业支出、卫生健康支出、节能环保支出、城乡社区支出、农林水支出、交通运输支出、资源勘探信息等支出、商业服务业等支出、金融支出、援助其他地区支出、自然资源海洋气象等支出、住房保障支出、粮油物资储备支出、灾害防治及应急管理支出、其他支出、债务付息支出、债务发行费用支出、预备费等共25大类①。

---

① 由于完整的一般公共支出预算长达数十页，为了节省篇幅，本节仅摘录了该预算表中的大类项目，而没有列示其预算表的格式和预算支出的明细项目。详细的全国一般公共预算表可参见 http://yss.mof.gov.cn/2019qgczjs/。

25 大类的大部分类别属于纯粹的公共产品性质，但是某些大类中的部分项目支出则不符合公共产品的均等化配置的特征，而更具有政府社会资本的非均等化配置的特征。较为明显的项目有：一般公共服务支出部分的“引进人才费用”和“招商引资支出”，教育支出部分的“高等教育”和“教育费附加安排的支出”，科学技术支出部分的“高技术研究”“专项科研试制”“技术研究与开发支出”，节能环保支出部分中的“自然生态保护和天然林保护支出”“城乡社区支出部分的“城乡社区公共设施支出”，农林水支出部分的“农业生产支持补贴”“森林生态效益补偿”“水利工程建设”“农村基础设施建设”“生产发展和土地治理支出”，交通运输支出部分的“公路建设”“铁路路网建设”“车辆购置税用于公路等基础设施建设支出”和“车辆购置税用于农村公路建设支出”，资源勘探信息等支出部分的“工业和信息产业支持”和“支持中小企业发展和管理支出”，金融支出部分的“利息费用补贴支出”和“补充资本金支出”，自然资源海洋气象等支出部分的“国土整治”“土地资源储备支出”“海岛和海域保护支出”，住房保障支出部分的“保障性安居工程支出”等。本书将这些项目与其他属于公共产品性质的一般公共支出区分开来，将其作为政府社会资本处理。

2. 国有资本经营支出中的政府社会资本

《中华人民共和国预算法》第十条规定：国有资本经营预算是对国有资本收益作出支出安排的收支预算。国有资本经营预算应当按照收支平衡的原则编制，不列赤字，并安排资金调入一般公共预算。按国务院《关于试行国有资本经营预算的意见》（国发〔2007〕26号），国有资本经营预算的收入是各级人民政府及其部门、机构履行出资人职责的企业（即一级企业，下同）上交的国有资本收益，主要包括：（1）国有独资企业按规定上交国家的利润。（2）国有控股、参股企业国有股权（股份）获得的股利、股息。（3）企业国有产权（含国有股份）转让收入。（4）国有独资企业清算收入（扣除清算费用），以及国有控股、参股企业国有股权（股份）分享的公司清算收入（扣除清算费用）。（5）其他收入。国有资本经营预算支出主要包括：（1）资本性支出。根据产业发展规划、国有经济布局和结构调整、国有企业发展要求，以及国家战略、安全等需要，安排的资本性支出。（2）费用性支出。用于弥补国有企业改革成本等方面的费用性支出。（3）其他支出。具体支出范围依据国家宏观经济政策以及不同时期国有企业改革和发展的任务，统筹安排确定。必要时，可部分用于社会保障等项支出。表 4-1 列示了 2019 年全国国有资本经营支出决算。

表 4-1　　2019 年全国国有资本经营支出决算表　　单位：亿元

项　　目	预算数	决算数	决算数为预算数的百分比（%）	决算数为上年决算数的百分比（%）
一、国有资本经营预算补充社保基金支出	0.25	0.43	172.0	3.2
二、解决历史遗留问题及改革成本支出	753.91	740.01	98.2	111.7
其中：厂办大集体改革支出	70.21	56.38	80.3	-287.8
“三供一业”移交补助支出	442.99	569.05	128.5	117.1
国有企业办职教幼教补助支出	3.15	3.84	121.9	159.3

续表

项目	预算数	决算数	决算数为预算数的百分比（%）	决算数为上年决算数的百分比（%）
国有企业办公共服务机构移交补助支出	1.03	1.01	98.1	348.3
国有企业退休人员社会化管理补助支出	2.50	1.95	78.0	143.4
国有企业棚户区改造支出	0.09	-8.93		-465.1
国有企业改革成本支出	156.60	55.76	35.6	44.6
离休干部医药费补助支出	3.79	3.29	86.8	82.0
其他解决历史遗留问题及改革成本支出	73.55	57.66	78.4	94.5
三、国有企业资本金注入	1021.56	1110.41	108.7	119.0
其中：国有经济结构调整支出	473.07	509.05	107.6	137.8
公益性设施投资支出	97.12	96.89	99.8	117.6
前瞻性战略性产业发展支出	117.51	102.64	87.3	76.9
生态环境保护支出	12.62	13.59	107.7	317.5
支持科技进步支出	56.64	58.64	103.5	125.7
保障国家经济安全支出	0.28	0.25	89.3	36.2
对外投资合作支出	0.55	-9.90		-97.9
其他国有企业资本金注入	263.77	339.25	128.6	118.7
四、国有企业政策性补贴	119.15	142.00	119.2	117.2
五、金融国有资本经营预算支出	301.39	39.75	13.2	19.3
其中：资本性支出	300.04	37.31	12.4	18.3
其他金融国有资本经营预算支出	1.35	2.44	180.7	119.0
六、其他国有资本经营预算支出	204.59	262.81	128.5	121.0
全国国有资本经营支出	2400.85	2295.41	95.6	106.6
国有资本经营预算调出资金	970.62	1458.53	150.3	164.8
结转下年支出		224.58		

资料来源：中华人民共和国财政部2019年全国财政决算（http：//yss. mof. gov. cn/2019qgczjs/）。

由表4-1可以看出，除“国有资本经营预算补充社保基金支出”项目外，不论国有资本经营预算支出中的资本性支出，还是其中的费用性支出和其他支出，其受益对象仅为国有企业而非全社会均等性的公共资源配置，因此，理论上除“国有资本经营预算补充社保基金支出”项目外的国有资本经营预算支出应全部作为政府社会资本对待。但考虑到“解决历史遗留问题及改革成本支出”以及“国有资本经营预算调出资金”的特殊性，本书后续在宏观层次政府社会资本统计时，仅统计“国有企业资本金注入”“国有企业政策性补贴”“金融国有资本经营预算支出”和“其他国有资本经营预算支出”四项。

3. 政府性基金支出中的政府社会资本

《中华人民共和国预算法》第九条规定：政府性基金预算是对依照法律、行政法规的规定在一定期限内向特定对象征收、收取或者以其他方式筹集的资金，专项用于特定公共事业发展的收支预算。政府性基金预算应当根据基金项目收入情况和实际支出需要，按基金项目编制，做到以收定支。表 4 - 2 列示了 2019 年全国政府性基金支出决算。

表 4 - 2　　2019 年全国政府性基金支出决算表　　单位：亿元

项　目	预算数	决算数	决算数为预算数的百分比（%）	决算数为上年决算数的百分比（%）
一、农网还贷资金支出	226.29	218.58	96.6	108.0
二、铁路建设基金支出	573.80	554.90	96.7	98.2
三、民航发展基金支出	545.77	405.31	74.3	85.0
四、海南省高等级公路车辆通行附加费安排的支出	25.34	42.84	169.1	126.8
五、港口建设费安排的支出	242.98	212.25	87.4	101.2
六、旅游发展基金支出	16.43	16.62	101.2	81.8
七、国家电影事业发展专项资金安排的支出	32.34	27.54	85.2	104.2
八、国有土地使用权出让金收入安排的支出	62349.29	74366.08	119.3	109.1
九、国有土地收益基金安排的支出	2090.03	1350.89	64.6	81.4
十、农业土地开发资金安排的支出	256.41	86.16	33.6	68.3
十一、中央水库移民扶持基金支出	300.91	286.64	95.3	119.1
十二、中央特别国债经营基金财务支出	632.92	632.92	100.0	100.0
十三、彩票公益金安排的支出	1546.03	1248.68	80.8	110.4
十四、城市基础设施配套费安排的支出	2767.42	1819.01	65.7	106.5
十五、地方水库移民扶持基金支出	56.98	30.56	53.6	59.9
十六、国家重大水利工程建设基金安排的支出	233.94	257.25	110.0	78.7
十七、车辆通行费安排的支出	1455.35	2950.05	202.7	122.8
十八、核电站乏燃料处理处置基金支出	30.00	8.15	27.2	54.4
十九、可再生能源电价附加收入安排的支出	866.10	858.95	99.2	102.4
二十、船舶油污损害赔偿基金支出	2.04	0.17	8.3	106.3
廿一、废弃电器电子产品处理基金支出	38.60	34.84	90.3	153.2
廿二、彩票发行和销售机构业务费安排的支出	277.98	175.07	63.0	93.5
廿三、污水处理费安排的支出	596.94	552.02	92.5	116.4
廿四、其他政府性基金支出	501.35	5512.29		509.2
廿五、地方政府专项债券安排的支出	21500.00			
廿六、地方政府专项债券付息支出	2610.42			
廿七、地方政府专项债券发行费用支出	26.06			
全国政府性基金支出	99801.72	91647.77	91.8	113.7
政府性基金预算调出资金	4.23	4.23	100.0	289.7
收入大于支出		14730.35		176.1

注：本表“收入大于支出”的资金 14730.35 亿元，包括调入一般公共预算资金和结转下年支出两部分。

资料来源：中华人民共和国财政部 2019 年全国财政决算（http：//yss.mof.gov.cn/2019qgczjs/）。

从政府性基金的性质来看，该类基金支出均有专项用途，且大部分的配置均具有非均等性的特征。因此，应属于政府社会资本的范畴。在这些政府性基金中，“国有土地使用权出让金收入安排的支出”“国有土地收益基金安排的支出”“农业土地开发资金安排的支出”和“城市基础设施配套费安排的支出”四个项目不仅数额巨大，而且均属于与土地资源开发和城市基础设施配套相关的公共资源配置，与公共自然资源配置的政府社会资本性质相同，这些支出也具有明显的政府社会资本性质，本书将在统计宏观层次的政府社会资本投资时将其统计在内。按照《国有土地使用权出让收支管理办法》：土地出让收支全额纳入地方政府基金预算管理。收入全部缴入地方国库，支出一律通过地方政府基金预算从土地出让收入中予以安排，实行彻底的“收支两条线”管理。在地方国库中设立专账（即登记簿），专门核算土地出让收入和支出情况。土地出让收入的使用范围包括征地和拆迁补偿支出、土地开发支出、支农支出、城市建设支出以及其他支出。《国有土地使用权出让收支管理办法》同时规定：由财政部门从缴入地方国库的招标、拍卖、挂牌和协议方式出让国有土地使用权所取得的总成交价款中，划出一定比例的资金，用于建立国有土地收益基金，实行分账核算，具体比例由省、自治区、直辖市及计划单列市人民政府确定，并报财政部和国土资源部备案。国有土地收益基金主要用于土地收购储备国有土地收益基金支出，包括土地补偿费、安置补助费、地上附着物和青苗补偿费、拆迁补偿费以及前期土地开发支出等，这些支出按照地方人民政府批准的收购土地补偿方案、拆迁补偿方案以及财政部门核定的预算执行。此外，《国有土地使用权出让收支管理办法》还规定：从招标、拍卖、挂牌和协议方式出让国有土地使用权所确定的总成交价款中计提用于农业土地开发资金。具体计提标准按照财政部、国土资源部联合发布的《用于农业土地开发的土地出让金收入管理办法》（财综〔2004〕49号）以及各省、自治区、直辖市及计划单列市人民政府规定执行。以上三个项目都与国有土地使用权出让有关，由于各地的国有土地使用权的资源禀赋、价格标准以及支出的重点方向等均存在显著的差异，因此，其性质更符合政府社会资本而非公共产品的特征。城市基础设施配套费则是指按城市总体规划要求，为筹集城市市政公用基础设施建设资金所收取的费用，一般按建设项目的建筑面积计征，并专项用于城市基础设施和城市公用设施建设，包括城市道路、桥梁、公共交通、供水、燃气、污水处理、集中供热、园林、绿化、路灯、环境卫生等设施的建设。各地对城市基础设施配套费的收取标准、收缴部门、减免政策以及具体使用范围等均有较大的差异，因此，也具有明显的政府社会资本性质。

在实施创新驱动发展战略的新时代，上述具有部分的排他性和竞争性特征的政府公共资源配置将越来越多，这些公共资源配置虽然体现了社会主义市场经济所具有的集中力量办大事的优势，但也会带来腐败、社会不公等负面效应。将具有部分的排他性和竞争性特征的政府公共资源配置从公共产品中分离出来，还原其资本特性，作为“政府社会资本”，并引入市场化机制，从而使政府社会资本部分的政府公共资源配置将效率目标作为优先选择，使政府公共资源配置更好地兼顾公平和效率。

需要特别指出的是，上述自然资源配置中的政府社会资本、经济资源配置中的政府社会资本和社会事业资源配置中的政府社会资本并非政府社会资本的完整概括。政府出台的各类专项规划和支持政策以及政府掌控的特色数据资源对上述资源配置也具有十分重要的影响，而且具有部分的排他性和竞争性，也应纳入政府社会资本的范畴。只是由于其难以量化，目前暂不能对这部分政府社会资本的存量和增量作出准确的估计，但是将这些专项规划和支持政策以及特色数据资源纳入政府社会资本管理的积极意义是不言而喻的。特别是在数字经济时代，各级政府更要重视充分发挥政府的数据优势，让数据资本这种特殊的政府社会资本在经济和社会事业发展中更好地发挥作用。

二、宏观政府社会资本的测度

中国地大物博，自然资源极为丰富，但由于国家尚未有完整的自然资源资产负债表，再加上政府社会资本是一个新的概念，因此，政府在公共自然资源配置中形成的政府社会资本存量有多少尚缺乏可靠的数据支撑。与之相似的是，由于缺乏翔实、可靠的国家资产负债表的支撑，加上之前对经济资源配置和社会事业资源配置中的政府社会资本测度也属于空白，导致我国政府在经济资源和社会事业资源配置中形成的政府社会资本存量目前也缺乏可靠的数据来源。因此，宏观政府社会资本的测度只能从零开始，从宏观政府社会资本的增量测度做起。鉴于公共自然资源配置和政府出台的专项规划和支持政策以及政府掌控的数据资源的计价的困难，本书对宏观政府社会资本测度的探讨仅讨论纳入政府预算的政府公共资源配置中的政府社会资本的测度。

（一）全国一般公共预算支出中的政府社会资本测度

如前所述，在全国一般公共预算支出的 25 大类支出项目中，本书将具有政府社会资本性质的部分支出与其他属于公共产品性质的一般公共支出区分开来，将其作为一般公共支出中的政府社会资本处理。根据 2019 年全国一般公共支出决算，全国一般公共预算支出中的政府社会资本总额为 41838.61 亿元，详见表 4－3 所示。

表 4－3　2019 年宏观政府社会资本测度表　单位：亿元

项目	全国金额	中央金额	地方金额
一般公共预算支出中的政府社会资本小计	41838.61	4375.77	37462.84
一般公共服务支出之引进人才费用	116.63	－0.02	116.65
一般公共服务支出之招商引资	292.03	0.16	291.87
教育支出之高等教育	5103.53	1484.25	3619.28
教育支出之教育费附加安排的支出	1641.93	0	1641.93
科学技术支出之高技术研究	677.54	638.09	39.45
科学技术支出之专项科研试制	820.58	820.16	0.42
科学技术支出之技术研究与开发	2160.55	25.29	2135.26
节能环保支出之自然生态保护	798.9	7.19	791.71
节能环保支出之天然林保护	295.08	26.95	268.13
城乡社区支出之城乡社区公共设施	11488.59	60.14	11428.45
农林水支出之农业生产支持补贴	1268.6	7.67	1260.93
农林水支出之森林生态效益补偿	233.68	1.88	231.8
农林水支出之水利工程建设	1930.97	50.05	1880.92
农林水支出之农村基础设施建设	1810.66	0.87	1809.79
农林水支出之生产发展	1056.8	3.09	1053.71
农林水支出之土地治理	218.46	25.47	192.99

续表

项目	全国金额	中央金额	地方金额
交通运输支出之公路建设	1709.45	2.72	1706.73
交通运输支出之铁路路网建设	874.65	483	391.65
交通运输支出之车辆购置税用于公路等基础设施建设支出	2383.92	46.58	2337.34
交通运输支出之车辆购置税用于农村公路建设支出	463.34	3.67	459.67
资源勘探信息等支出之工业和信息产业支持	327.19	10.09	317.1
资源勘探信息等支出之支持中小企业发展和管理支出	1915.58	-0.85	1916.43
金融支出之利息费用补贴支出	669.95	668.08	1.87
金融支出之补充资本金	253.67	0	253.67
自然资源海洋气象等支出之国土整治	249.39	0.06	249.33
自然资源海洋气象等支出之土地资源储备支出	103.79	0.04	103.75
自然资源海洋气象等支出之海岛和海域保护	31.99	0	31.99
住房保障支出之保障性安居工程支出	2941.16	11.14	2930.02
国有资本经营支出中的政府社会资本小计	1554.97	499.25	1055.72
国有企业资本金注入	1110.41	361.41	749
国有企业政策性补贴	142	83.66	58.34
金融国有资本经营预算支出	39.75	34.74	5.01
其他国有资本经营预算支出	262.81	19.44	243.37
政府性基金支出中的政府社会资本小计	77622.14	52.07	77570.07
国有土地使用权出让金收入安排的支出	74366.08	49.44	74316.64
国有土地收益基金安排的支出	1350.89	0.01	1350.88
农业土地开发资金安排的支出	86.16	0.05	86.11
城市基础设施配套费安排的支出	1819.01	2.57	1816.44
三项支出中的政府社会资本合计	121015.72	4927.09	116088.63

资料来源：作者整理。

* 由于中央一般公共预算支出决算未披露该项的明细，故负数为作者倒推得出。

（二）全国国有资本经营支出中的政府社会资本测度

如前所述，本书将国有资本经营支出中的“国有企业资本金注入”“国有企业政策性补贴”“金融国有资本经营预算支出”和“其他国有资本经营预算支出”四项作为国有资本经营支出中的政府社会资本。按2019年全国国有资本经营支出决算表，上述四项合计为1554.97亿元。详见表4-3所示。

（三）全国政府性基金支出中的政府社会资本测度

如前所述，本书将政府性基金支出中的“国有土地使用权出让金收入安排的支出”“国有土地收益基金安排的支出”“农业土地开发资金安排的支出”和“城市基础设施配套费安排的支出”四项作为政府性基金支出中的政府社会资本。按2019年全国政府性基金支出决算表，上述四项合计为77622.14元。详见表4-3所示。

综合以上三项的测度结果，2019年全国财政决算支出中共有121015.72亿元属于政府社会资本性质的支出，数额相当可观。显然，如果仍将这些支出与公共产品混为一谈，则意味着全年有12万亿余元的公共产品的分配明显偏离了均等化的配置原则，不仅有失公平，而且容易滋生腐败和舞弊。但是，若将该部分支出从公共产品中分离出来作为政府社会资本进行管理，则如此庞大的公共资源配置就必须遵循效率优先的原则进行配置，而且适于引进市场化机制对其进行优化配置，这为强化公共资源配置的市场化改革提供了依据。

中共中央办公厅、国务院办公厅印发的《关于创新政府配置资源方式的指导意见》要求：对于金融类和非金融类经营性国有资产，要建立健全以管资本为主的国有资产管理体制，优化国有资本布局，推动国有资本合理流动、有序进退和优化配置，提高国有资本配置效率和效益。对用于实施公共管理和提供公共服务目的的非经营性国有资产，坚持公平配置原则，积极引入竞争机制提高配置效率，提高基本公共服务的可及性、公平性。毫无疑问，经营性国有资产和非经营性国有资产的划分是对国有资产或公共资源的作用领域的粗略划分，其划分标准依赖于接受公共资源配置的组织的性质，而并非公共资源配置属性的细致分类。政府社会资本理论的构建将有助于推动政府公共资源配置的分类深入公共资源配置属性的层面，从而强化政府公共资源配置方式选择的内在逻辑。显然，2019年全国财政决算支出中12万亿余元的政府社会资本既有属于经营性国有资产的部分，也有属于非经营性国有资产的部分，但将其与公共产品相分离的意义是这些公共资源的配置均适合采用市场化的方式，并以资源配置效率作为优先考虑的目标，而剩余部分的公共资源配置则更应以提高基本公共服务的公平性和可及性为优先考虑的目标。

第二节 中观层次政府社会资本结构与测度

中观层次的政府社会资本是从某一级政府的角度或特定行政区域（如经济特区、经济技术开发区、高新技术产业开发区、保税区、新旧动能转换试验区等）对政府社会资本的考察，包括中央政府层次的政府社会资本、地方政府层次的政府社会资本和特定行政区域层次的政府社会资本等。

一、中央政府层次的政府社会资本

与宏观层次政府社会资本的构成一样，除中央政府出台的专项规划和支持政策以及中央政府拥有的特色数据资源外，中央政府层次的政府社会资本也包括中央政府公共自然资源配置中的政府社会资本、中央政府经济资源配置中的政府社会资本和中央政府社会事业资源配置中的政府社会资本三部分。

（一）中央政府公共自然资源配置中的政府社会资本

中共中央办公厅、国务院办公厅印发的《关于创新政府配置资源方式的指导意见》（中办发〔2016〕75号）要求："健全国家自然资源资产管理体制。区分自然资源资产所有者和监管者职能，健全国家自然资源资产管理体制，依照法律规定，由国务院代表国家行使所有权，探索建立分级代理行使所有权的体制。划清全民所有、不同层级政府行使所有权的边界，按照不同资源种类和在生态、经济、国防等方面的重要程度，研究实行中央和地方政府分级代理行使所有权职责体制。"但是，如前所述，由于自然资源本身的独特性，不论是中央政府代理行使所有权的自然资源，还是地方政府代理行使所有权的自然资源，其本身更具有非均等性配置和个性化的特征，因此，由中央政府代理行使所有权的自然资源本身均应划归为中央政府的政府社会资本。

需要注意的是，中央政府代理行使所有权的自然资源本身和自然资源领域中央政府的财政事权和支出责任并非一回事。自然资源领域中央政府的财政事权和支出责任属于社会事业管理的资源配置，其相应的资源配置在一般公共支出预算中有相应安排。国务院办公厅《关于印发自然资源领域中央与地方财政事权和支出责任划分改革方案的通知》（国办发〔2020〕19号）进一步明确了中央政府和地方政府的财政事权和支出责任，归纳如表4－4所示。从表4－4可以看出，大多数自然资源领域中央政府的财政事权和支出责任是全国性的、公共产品性的，只有少数涉及特定范围自然资源特别是中央政府直接行使所有权的海域、无居民海岛保护监管、对维护国家生态安全屏障具有重要的全局性和战略性意义、生态受益范围广泛的生态保护修复等，才具有政府社会资本的属性。

表4－4　　自然资源领域中央与地方财政事权和支出责任划分一览表

责任	具体责任	中央政府	地方政府	中央地方共同
自然资源调查监测	自然资源调查监测	全国性自然资源信息系统的建设与运行维护，全国性、跨区域、海域的基础性、公益性、战略性地质调查，国家基础测绘和地理信息管理，国家重大测绘地理信息工程的组织实施，海洋科学调查和勘测等事项	地方性自然资源调查监测的组织实施，地方性自然资源信息系统的建设与运行维护，地方基础性、公益性、战略性地质调查，地方基础测绘及地理信息管理等事项	全国性自然资源调查监测的组织实施，海域海岛调查，海洋生态预警监测，全国卫星导航定位基准服务系统建设与运行维护、安全监管等事项
自然资源产权管理	自然资源确权登记	国家不动产登记信息系统的建设与运行维护，中央政府直接行使所有权的全民所有自然资源确权登记和权籍调查，国务院部门直接负责的不动产登记和权籍调查，国务院部门直接负责的权属争议调查处理等事项	地方不动产登记信息系统的建设与运行维护，中央政府委托地方政府代理行使所有权的全民所有自然资源确权登记和权籍调查，地方政府部门负责的不动产登记和权籍调查，地方政府部门负责的权属争议调查处理等事项	
	自然资源有偿使用和权益管理	中央政府直接行使所有权的全民所有自然资源资产的统筹管理	法律授权省级、市（地）级或县级政府代理行使所有权的特定全民所有自然资源资产管理	中央政府委托地方政府代理行使所有权的全民所有自然资源资产的统筹管理，全民所有自然资源资产的清查统计、价值评估、资产核算、考核评价及资产报告、资产负债表编制等具体管理事务，自然资源政府公示价格体系建设和等级价格监测，自然资源市场监管和动态监测，自然资源市场交易平台，海洋经济发展和运行监测等事项

续表

责任	具体责任	中央政府	地方政府	中央地方共同
国土空间规划和用途管制	国土空间规划	完善主体功能区战略和制度，全国性、跨区域的国土空间规划及相关专项规划的编制和监督实施，省级国土空间规划和需报国务院审批的城市国土空间总体规划的审查，监督地方各级国土空间规划实施等事项	地方性国土空间规划及相关专项规划的编制和监督实施，相关规划、战略和制度明确由地方落实的任务	生态保护红线、永久基本农田、城镇开发边界等空间管控边界以及各类海域保护线的划定，资源环境承载能力和国土空间开发适宜性评价等事项
	国土空间用途管制	全国性国土空间用途管制，全国性自然资源年度利用计划管理，全国土地征收转用监督管理等事项	地方性国土空间用途管制，地方性自然资源年度利用计划管理，地方行政区域内土地征收转用的管理和具体实施，受地方性国土空间用途管制影响而实施的生态补偿等事项	受全国性国土空间用途管制影响而实施的生态补偿
生态保护修复	生态保护修复	对维护国家生态安全屏障具有重要的全局性和战略性意义、生态受益范围广泛的生态保护修复	生态受益范围地域性较强的其他生态保护修复（主要包括重点区域外其他生态保护修复治理、国土综合整治、海域海岸带和海岛修复、历史遗留矿山生态修复治理，地方各级自然保护地建设与管理，地方公益林保护管理，非国家重点陆生野生动植物保护等）	对生态安全具有重要保障作用、生态受益范围较广的重点生态保护修复（主要包括重点区域生态保护修复治理、国土综合整治、海域海岸带和海岛修复、历史遗留矿山生态修复治理，国家级自然保护地的建设与管理，林木良种培育、造林、森林抚育、退耕还林还草、林业科技推广示范及天然林、国家级公益林保护管理，草原生态系统保护修复、草原禁牧与草畜平衡工作，湿地生态系统保护修复，荒漠生态系统治理，国家重点陆生野生动植物保护等）
自然资源安全	自然资源安全	战略性矿产资源调查，深远海和极地生态预警监测，中央政府直接行使所有权的海域、无居民海岛保护监管，全国性自然资源节约集约利用评价考核，海洋权益维护，自然资源领域国际合作和履约，公海、国际海底和极地相关国际事务管理等	地方行政区域内的土地、矿产等自然资源节约集约利用，林业地方优势特色产业发展	全国耕地和永久基本农田保护监管，矿业权管理，矿产资源储量管理，地质资料管理，国家版图与地理信息安全，中央政府委托地方政府代理行使所有权的海域、无居民海岛保护监管，跨区域特别重大野生动植物疫病监测防控等事项

续表

责任	具体责任	中央政府	地方政府	中央地方共同
自然资源领域灾害防治	自然资源领域灾害防治	全国地质灾害防治的组织协调和监督指导，我国管辖海域的海洋观测预报，国家全球海洋立体观测网的建设和运行维护，全球海平面变化及影响评估，参与重大海洋灾害应急处置等事项	因自然因素造成的其他地质灾害综合治理，地方地质灾害风险调查、隐患排查、监测预警及其他地质灾害防灾减灾，地方行政区域毗邻海域的海洋观测预报、灾害预防、风险评估、隐患排查治理等	因自然因素造成的特大型地质灾害综合治理，重点区域地质灾害调查评价、监测预警等综合防治体系和防治能力建设，地质灾害应急救援的技术支撑及应急测绘保障工作，地下水过量开采及引发的地面沉降等地质问题监管，跨国境跨区域和重点国有林区、中央直接管理和中央与地方共同管理的国家级自然保护地等关键区域林业草原防灾减灾等事项
自然资源领域其他事项	自然资源领域其他事项	研究制定自然资源领域法律法规，全国性及重点区域的战略规划、政策、标准、技术规范等；对地方落实党中央、国务院关于自然资源领域的重大决策部署及法律法规执行情况的督察，自然资源部直接管辖和全国范围内重大复杂的执法检查、案件查处等；	研究制定自然资源领域地方性法规、规划、政策、标准、技术规范等；其他自然资源领域督察、执法检查、案件查处确认为地方财政事权	应急处置和应急救援阶段涉及的地质灾害调查监测有关事项中央与地方财政事权和支出责任划分，按照应急救援领域改革方案执行。

资料来源：作者根据国办发〔2020〕19号通知文件整理。

（二）中央政府经济资源和社会事业资源配置中的政府社会资本

与宏观层次经济资源配置和社会事业资源配置中的政府社会资本一样，从中央政府预算支出的角度，中央政府经济资源和社会事业资源配置中的政府社会资本也可以分为中央政府一般公共预算支出中的政府社会资本、中央政府国有资本经营支出中的政府社会资本和中央政府政府性基金中的政府社会资本三部分。

1. 中央政府一般公共预算支出中的政府社会资本

表4-5列示了2019年中央一般公共预算支出决算表，其中属于政府社会资本性质的支出与全国层面的分析基本相同，不再赘述。从表4-3中可以看出，中央政府一般公共预算支出中的政府社会资本（不含转移支付）为4375.77亿元。

表4-5　　2019年中央一般公共预算支出决算表　　单位：亿元

项　　目	预算数	决算数	决算数为预算数的百分比（%）	决算数为上年决算数的百分比（%）
一、中央本级支出	35395.00	35115.15	99.2	106.0
一般公共服务支出	1990.46	1985.16	99.7	96.8
外交支出	627.10	615.39	98.1	105.4

续表

项　　目	预算数	决算数	决算数为预算数的百分比（%）	决算数为上年决算数的百分比（%）
国防支出	11898.76	11896.56	100.0	107.5
公共安全支出	1797.80	1839.45	102.3	110.8
教育支出	1835.13	1835.88	100.0	106.0
科学技术支出	3543.12	3516.18	99.2	112.5
文化旅游体育与传媒支出	309.54	308.84	99.8	110.5
社会保障和就业支出	1135.71	1231.53	108.4	105.6
卫生健康支出	243.58	247.72	101.7	134.5
节能环保支出	362.68	421.19	116.1	98.5
城乡社区支出	83.40	91.61	109.8	106.1
农林水支出	451.66	532.34	117.9	90.3
交通运输支出	1355.18	1422.32	105.0	108.3
资源勘探信息等支出	326.35	355.26	108.9	102.8
商业服务业等支出	87.21	82.42	94.5	117.5
金融支出	947.72	943.72	99.6	111.6
自然资源海洋气象等支出	314.33	314.17	99.9	91.0
住房保障支出	560.22	561.84	100.3	106.2
粮油物资储备支出	1177.15	1204.05	102.3	87.7
灾害防治及应急管理支出	357.36	465.65	130.3	141.5
其他支出	952.79	632.23	66.4	76.5
债务付息支出	4994.23	4566.62	91.4	109.7
债务发行费用支出	43.52	45.02	103.4	120.9
二、中央对地方转移支付	75399.00	74359.86	98.6	107.4
一般性转移支付	67763.10	66798.16	98.6	105.8
专项转移支付	7635.90	7561.70	99.0	123.1
三、中央预备费	500.00			
中央一般公共预算支出	111294.00	109475.01	98.4	106.9
补充中央预算稳定调节基金		1328.46		130.1

资料来源：中华人民共和国财政部2019年全国财政决算（http：//yss. mof. gov. cn/2019qgczjs/）。

注：1. 按照预算法规定，中央一般公共预算收入短收490.53亿元，支出结余1818.99亿元，二者相抵后合计1328.46亿元，用于补充中央预算稳定调节基金。

2. 2019年中央一般公共预算支出决算数为109475.01亿元，加上使用以前年度结转资金1517.65亿元，2019年中央一般公共预算实际支出为110992.66亿元。具体情况见中央本级支出、中央对地方税收返还和转移支付决算表及说明。

与全国一般公共预算支出决算表不同的是，在中央政府一般公共预算支出中，包括了“中央对地方转移支付”，并分为“一般性转移支付”和“专项转移支付”。其中“一般性转移支付”是为了用于弥补地方各级政府财政收支差额和相同级次不同地区财政收支平衡、缩小地区间财力差距从而实现地区间基本公共服务能力均等化而设置的，其符合政府公共产品的性质。“专项转移支付”是中央政府为实现特定的宏观政策目标，以及对委托地方政府代理的一些事务进行补偿而设立的专项补助资金。资金接受者需按规定用途使用资金。这类支出显然不符合均等化配置的原则，应视为政府社会资本的性质。2019 年，中央政府一般公共预算支出中有“专项转移支付”7561.70 亿元，应均视为政府社会资本。因此，2019 年，中央政府一般公共预算支出中的政府社会资本（含专项转移支付）共为 11937.47 亿元。

2. 中央政府国有资本经营支出中的政府社会资本

与全国国有资本经营支出中将“国有企业资本金注入”“国有企业政策性补贴”“金融国有资本经营预算支出”和“其他国有资本经营预算支出”四项作为“政府社会资本”相同，中央政府国有资本经营支出中的政府社会资本也按该四项进行统计。2019 年中央政府国有资本经营支出中的政府社会资本为 499.25 亿元，详见表 4－3。

3. 中央政府政府性基金支出中的政府社会资本

与全国政府性基金支出中的政府社会资本一样，中央政府政府性基金支出中的政府社会资本也按“国有土地使用权出让金收入安排的支出”“国有土地收益基金安排的支出”“农业土地开发资金安排的支出”和“城市基础设施配套费安排的支出”四个项目进行统计。2019 年中央政府政府性基金支出中的政府社会资本为 52.07 亿元，详见表 4－3。

综合以上三个方面，2019 年中央政府层次的政府社会资本总额（不含专项转移支付）为 4927.09 亿元，加上“专项转移支付”7561.70 亿元，2019 年中央政府层次的政府社会资本总额（含专项转移支付）为 12488.79 亿元，其中中央政府本级支出的政府社会资本为 4927.09 亿元，转移下级的政府社会资本为 7561.70 亿元。

二、地方政府层次的政府社会资本

地方政府层次的政府社会资本与中央政府层次的政府社会资本的结构和测度原理基本一样，不再赘述。所不同的是考察不同地区的地方政府的政府社会资本时，应把中央政府对本地方政府的专项转移支付在本地方政府所形成的专项支出考虑在内，另外，需要考虑本级地方政府对所属的下级地方政府的“专项转移支付”。

三、特定行政区域层次的政府社会资本

此处的特定行政区域主要是指经济特区、经济技术开发区、高新技术产业开发区、保税区、新旧动能转换试验区等。作为政府公共资源配置的重要组成部分，特定行政区域的政府公共资源配置更符合政府社会资本的特征。通常情况下，特定行政区域享有不同于区域外其他行政区域的专项规划和特殊政策，并被赋予了不同于区域外其他行政区域的功能和使命。特定行政区域的政府公共资源配置以追求政府公共资源效率最大化为首要目标，是政府社会资本管理的重心所在。

特定行政区域的政府社会资本管理需要特别重视特定行政区域的发展规划，科学的规划是特定行政区域功能目标实现的重要前提。要统筹规划土地等重要的自然资源、纳入特定行政区域预算的政府社会资本以及配套的支持政策等，实现特定行政区域政府公共资源配置效率的最大化。表 4－6、表 4－7、表 4－8 列示了自然资源部公布的“2019 年度国家级开发区土地集约利用监测统计基本情况表”“2019 年度工业主导型开发区部分指标排名靠前的开发区”和“2019 年度产城融合型开发区部分指标排名靠前的开发区”，为特定行政区域的政府社会资本管理提供了启示和借鉴。

表 4-6　　2019 年度国家级开发区土地集约利用监测统计基本情况表

类型		基本数据				用地结构	土地利用强度				投入产出效益		
		监测统计范围面积（万公顷）	可开发建设土地面积（万公顷）	已供国有建设用地面积（万公顷）	已建成城镇建设用地面积（万公顷）	工业用地率（%）	综合容积率	建筑密度（%）	工业用地综合容积率	工业用地建筑系数（%）	工业用地固定资产投入强度（万元/公顷）	工业用地地均税收（万元/公顷）	综合地均税收（万元/公顷）
全国		49.57	47.80	39.25	36.62	48.65	0.96	32.30	0.91	51.37	8589.12	656.64	561.67
分区域	东部	26.56	25.51	20.99	19.46	52.67	0.95	33.30	0.97	52.52	9559.55	828.80	727.41
	中部	9.27	8.95	7.42	6.96	49.43	1.00	34.95	0.92	50.64	7584.65	426.32	429.05
	西部	9.01	8.75	7.05	6.59	38.11	1.01	28.87	0.74	49.46	7474.10	380.88	338.63
	东北部	4.73	4.59	3.79	3.61	44.74	0.80	28.06	0.72	48.51	5667.95	483.49	330.70
分管理类型	经济型开发区	27.62	26.58	21.66	20.22	52.53	0.92	33.04	0.87	51.61	8193.48	564.27	503.67
	高新类开发区	17.86	17.19	14.78	14.06	40.07	1.06	31.58	0.97	49.75	9436.68	801.14	624.72
	海关特殊监管区域	4.09	4.03	2.81	2.34	66.69	0.68	30.20	0.88	55.51	8223.77	763.94	684.11
分监测统计类型	工业主导型	36.14	34.90	28.16	26.03	58.58	0.87	33.39	0.91	51.83	8427.37	664.55	573.42
	产城融合型	13.43	12.90	11.09	10.59	24.27	1.17	29.60	0.89	48.59	9548.09	609.71	532.81

资料来源：http：//gi.mnr.gov.cn/202001/t20200108_2496785.html。

表 4-7　　2019 年度工业主导型开发区部分指标排名靠前的开发区

序号	名　称	工业用地综合容积率	序号	名　称	工业用地地均税收（万元/公顷）
1	深圳福田保税区	2.425	1	上海浦东机场综合保税区	10016.66
2	汕头高新技术产业开发区	2.400	2	深圳高新技术产业园区	9791.03
3	石家庄综合保税区	2.399	3	深圳福田保税区	7242.10
4	贵安综合保税区	2.348	4	上海外高桥保税区	7073.91
5	深圳高新技术产业园区	2.312	5	广州高新技术产业开发区	5724.9
6	珠澳跨境工业区	2.308	6	长春高新技术产业开发区	4398.99
7	金义综合保税区	2.294	7	广州经济技术开发区	3327.69
8	佛山高新技术产业开发区	2.174	8	宁波石化经济技术开发区	2989.66
9	安徽合肥出口加工区	2.139	9	武汉经济技术开发区	2571.58
10	四川绵阳出口加工区	2.052	10	漕河泾新兴技术开发区	2466.20
11	广州保税物流园区	2.004	11	辽阳高新技术产业开发区	2427.18

续表

序号	名　称	工业用地综合容积率	序号	名　称	工业用地地均税收（万元/公顷）
12	南宁综合保税区	1.950	12	北京经济技术开发区	2350.56
13	深圳盐田综合保税区	1.943	13	延吉高新技术产业开发区	2333.40
14	漕河泾综合保税区	1.941	14	吴中综合保税区	2182.92
15	廊坊综合保税区	1.703	15	上海张江高新技术产业开发区	2171.92
16	厦门集美台商投资开发区	1.614	16	洋山保税港区	2072.46
17	厦门象屿保税区	1.605	17	东莞松山湖高新技术产业开发区	1961.20
18	奉贤综合保税区	1.585	18	杭州高新技术产业开发区	1959.43
19	临沂综合保税区	1.584	19	西安高新技术产业开发区	1908.05
20	广州保税区	1.574	20	珠海高新技术产业开发区	1796.50

资料来源：自然资源部 http：//gi. mnr. gov. cn/202001/t20200108_2496785. html。

表 4－8　　2019 年度产城融合型开发区部分指标排名靠前的开发区

序号	名称	综合容积率	序号	名称	综合地均税收（万元/公顷）
1	虹桥经济技术开发区	2.297	1	虹桥经济技术开发区	4180.45
2	承德高新技术产业开发区	2.158	2	上海陆家嘴金融贸易区	3982.22
3	兰州高新技术产业开发区	2.113	3	上海紫竹高新技术产业开发区	1408.80
4	德阳经济技术开发区	1.993	4	苏州高新技术产业开发区	1379.51
5	重庆高新技术产业开发区	1.979	5	济南高新技术产业开发区	1032.15
6	西安经济技术开发区	1.884	6	武汉东湖新技术开发区	975.22
7	昆明高新技术产业开发区	1.825	7	重庆经济技术开发区	965.30
8	苏州高新技术产业开发区	1.771	8	漳州台商投资区	961.86
9	洛阳经济技术开发区	1.767	9	乌鲁木齐经济技术开发区	881.52
10	唐山高新技术产业开发区	1.658	10	中关村科技园区	847.12
11	中国—马来西亚钦州产业园区	1.634	11	合肥高新技术产业开发区	761.63
12	宿迁经济技术开发区	1.629	12	昆明高新技术产业开发区	702.92
13	上海陆家嘴金融贸易区	1.628	13	苏州工业园区	693.35
14	西宁经济技术开发区	1.625	14	唐山高新技术产业开发区	607.64
15	重庆经济技术开发区	1.600	15	襄阳高新技术产业开发区	579.57
16	广安经济技术开发区	1.586	16	江阴高新技术产业开发区	554.15
17	曲靖经济技术开发区	1.557	17	洛阳经济技术开发区	543.40
18	陕西航天经济技术开发区	1.554	18	石家庄高新技术产业开发区	539.21
19	太原高新技术产业开发区	1.517	19	武进高新技术产业开发区	535.94
20	常德高新技术产业开发区	1.516	20	黄石大冶湖高新技术产业开发区	521.16

资料来源：自然资源部 http：//gi. mnr. gov. cn/202001/t20200108_2496785. html。

第三节　微观层次政府社会资本结构与测度

微观层次的政府社会资本是从社会个体的角度对政府社会资本进行考察，包括企业中的政府社会资本、其他组织中的政府社会资本等。本书主要对企业中的政府社会资本进行考察。

一、微观层次政府社会资本的结构

前述宏观、中观层次的政府社会资本主要是从政府作为政府公共资源配置主体的角度进行分析，并区分自然资源配置中的政府社会资本、经济资源配置中的政府社会资本、社会公共事业资源配置中的政府社会资本以及政府出台的专项规划和支持政策、政府拥有的数据资源等。与政府公共产品相比，政府社会资本具有部分的排他性和竞争性的特点，其配置不必受均等化配置的束缚，其追求的目标体现效率优先。从企业的角度来看，政府社会资本体现为政府向企业提供的具有部分排他性和竞争性的现实投入，具体包括：土地使用权和特殊基础设施、特许经营权、专项经费、土地供给、人才政策、科技政策、税收优惠政策、融资优惠政策、财政政策投入。

1. 优惠的土地使用权和特殊基础设施

地方政府在财政收入和晋升的双重压力下围绕土地展开了招商引资竞争，自 1994 年分权制以来，围绕工业用地呈现出底线竞争的性质，而土地资源作为一项重要的生产要素，逐渐成为地方政府间的竞争筹码，通过不断压低工业用地价格，实现土地引资。土地引资成为地方政府一项重要的控权能力和行为，也是政府主动选择的结果。

政府为企业提供的基础设施包括一对一的办公大楼、生产车间、供水供电、新建、扩建、改造基地建设、厂区内的交通工具等，一般以补助款在政府补助科目中返还企业。特殊基础设施补助款的返还往往力度较大，这体现了政府对企业前期投建的支持决心。

2. 特许经营权

资源依赖观认为，任何组织都依赖于丰富的资源。特许经营权作为政府特有的资源控制力具有垄断性和排他性，符合政府社会资本的判断标准，这一定价权限制了准入条件，提高了企业经营门槛，为部分少数企业获得超额收益提供了机会。这一稀缺资源可以降低企业资源配置成本。

3. 专项经费

现行财政制度下，根据企业所属行业不同，政府对企业的投入按类别划归到一般公共预算支出中的主要支出科目，通常涉及科学技术、节能环保、城乡社区事务、农林水事务、交通运输、商业服务业等科目。

4. 人才支持政策

人才作为企业第一生产力而备受关注，企业如果能获得良好的人才支持政策则有助于长期人力资源效能的发挥。政府对企业的人才支持政策具体包括人才引进补贴、项目孵化资助以及人才培训等项目。从人才支持政策内容来看，人力资源的科学开发并为企业合理配置对企业发展具有正向引导作用。

5. 科技支持政策

企业高质量发展离不开科技创新，而目前大多数企业仍锁定在低附加值领域，政府对企业的科技发展支持显得尤为重要。获得科技创新政策优惠的企业通过持续的创新投入、组织激励进而促进创新绩效，也可以分阶段经过投入、转化与产出，实现企业创新产业化，提升企业附加值。

6. 税收优惠

减轻企业税负有利于提升资源配置效率，降低企业成本，实现利润提升，进而扩大再生产，提升企业规模。税收优惠除了减免税目以外，最重要的是减少固定资产的期初应纳税所得额，企业获得的这笔无息贷款一方面具有排他性，可以理解为政府社会资本的一种，另一方面直接增加了企业现金流，间接提升了固定资产更新换代的频率。

7. 融资优惠

由于信息不对称问题的存在，一般企业往往面临融资约束问题，在国有企业中政府背书和隐性担保的存在使银行和企业之间的信息不对称问题有所缓解，并会降低国有企业的信贷成本，进一步缓解融资约束。一些研究发现，越是容易获得信贷优惠的企业对于其投资和企业价值都具有正向影响；对于中小企业来说，信贷约束对企业增长的影响更为重要。政府提供的融资优惠政策实质上是政府利用其强大的背书和资源掌控力，并联合银行系统对企业资金方面的现实投入。

8. 财政支持政策

在宏观经济体系中，财政政策和货币政策的实施均发挥了重要作用。宏观方面，积极的财政政策对于区域经济发展、产业结构调整、居民消费、FDI 增长均有显著推进作用。而对于微观企业，政府在财政方面的积极投入，能够有效降低微观企业成本。还有研究利用战略新兴产业上市公司数据发现，财政政策对企业技术创新能力具有显著的影响，且具有门槛效应。

9. 产业聚集

政府社会资本投入调配作为政府一项独特的资源配置权力，在我国大政方针、重点发展领域发挥着不可忽视的引导作用。尤其在开发区这一设定下，产业空间集聚可能导致政府社会资本的集中投入。内生增长理论认为，经济活动的空间集聚能够降低企业成本，并促进经济增长，反之亦然。有研究表明，产业聚集能够促进地区经济增长，并拉大地区差异。

10. 特殊政治关联

作为经济转轨国家，政企关系是我国经济中的一个重要问题。政企关系的实质从政治层面上可以解释为公权与资本的关系。从企业角度看，政治关联是政企关系的一种典型表现，国有企业的政治关联则更为突出。一般认为，政治关联能为企业带来更多的贷款、更低的税率，在企业经营困难时更容易获得政府的帮助，获得更为长期的银行贷款，拥有政治关联的企业比没有政治关联的企业价值更高，绩效更好。

二、微观层次政府社会资本的测度

虽然定性描述政府社会资本并不困难，但是，要对企业中的政府社会资本进行统一的价值测度却十分不易。主要原因是不仅产业集聚和政策支持等难以量化，就连土地使用权优惠和税收优惠也由于缺乏健全的市场体系支撑而难以测度。为了考察企业的政府社会资本禀赋状况，本书将企业通过与政府的联系而拥有的从政府方面获取稀缺资源的能力界定为企业的政府社会资本。如前所述，在我国，政府为推动经济发展而在招商引资、开发园区建设、重大科技开发专项等方面投入巨大。从资源配置的角度来看，虽然这些巨额投入也属于政府公共财政支出的范畴，但是，其并非按照公共产品和公共服务均等化的原则进行配置，因此并不是真正意义上的公共产品，而更具有排他性、竞争性的特征。对企业来说，这种投入的公共资源对企业的竞争能力和价值创造具有重要的影响，具有稀缺性、垫支性、增值性的特征，因此，本书将其界定为企业的政府社会资本。这里需要特别强调的是，尽管企业法人代表、高管的政治身份对企业获取稀缺资源的能力具有重要影响，但是拥有企业的政府社会资本的主体是企业，而不是企业法人代表、高管等个人。因此，企业的政府社会资本既包括企业通过与政府的各种联系所获得的潜在的从政府方面获取稀缺资源的能力，也包括企业从政府方面现实获取的稀缺资源。企业现实获取的政府公共资源，既包括企业实际得到的政府直接投入（如政府为招商引资直接给予企业的专项补助、给予的各种土地使用权的价格优惠或基础设施配套支持、直接向企业投入的重大科技专项支持经费以及产业扶持资金等），也包括虽未直接投入企业但是企业却实际受益的政策和条件支持（如在开发园区或特区内的企业所享受的特殊优惠政策以及政府为开发园区或特区等特定区域提供的优良基础设施和配套条件等）。

1. 指标设计

目前学术界对于社会资本的衡量莫衷一是，具有代表性的做法是从企业自身和企业核心人员两个方面考虑。从本书界定的企业的政府社会资本概念来看，企业的政府社会资本能够从现实能力和潜在能力两个方面对企业产生影响，因此，本书将企业的政府社会资本划分为现实能力和潜在能力两大维度，并进一步在每个维度上设计相应的二级指标。

现实能力维度反映了企业通过政府社会资本直接受益于政府支持的能力，并体现在以下四个方面：

一是企业性质。企业的产权性质是影响企业的政府社会资本现实能力的重要因素。在我国，国有企业具有先天的“所有制优势”，政府对国有企业存在本能的“父爱主义”，这种优势为其带来了丰富的政策资源，在政策性贷款、政府补贴以及地方政府支持等方面，这种优势表现得尤为突出，它们获得信贷融资的难度明显较低。相比而言，民营企业在所有制和规模上都处于劣势。尽管随着我国市场化进程的逐渐加快，政府部门对所属企业的影响力逐渐变弱，但是正式和非正式的影响尚未完全消除（边燕杰和丘海雄，2000），产权性质对企业的融资能力的影响仍不可忽视。

二是制度环境。政府和市场对资源配置的作用存在此消彼长的关系。在制度环境完善的国家或地区，市场化程度较高，体现为政府对市场的影响力较弱，法律制度能够给予投资者充分的保护，市场发挥配置资源的主导作用。然而，在制度环境薄弱的地区，政府配置资源的比重就会明显上升，企业依靠市场化的正式机制难以获得足够的发展资源，因而有强烈的动机寻求替代方式克服制度的发展不足对企业成长的制约。研究表明，政治关系具有显著的贷款效应，并且在制度环境越是薄弱的地区，政治关系越能够帮助企业获得更多更长期限的贷款（余明桂和潘红波，2008）。因此制度环境方面的不足使企业从政府方面获取资源的现实能力越强，以作为落后制度环境的替代性保护机制。

本书将王小鲁等（2016）披露的中国各地区市场化指数作为制度环境的度量指标，按照从高到低的顺序排序后分别以第 33 百分位和第 66 百分位为分界点等分为三组，依次赋值为 1—3。赋值越高，表示企业获取政策资源的现实能力越强。另外，本书在企业的政府社会资本禀赋的影响分析部分，还使用政府与市场关系和金融业的市场化两个子指数进一步细化对地区制度特征的度量。

三是总部所在区域。对于同一地方政府管辖的开发园区和一般区域而言，政府对开发园区的支持和投入的力度远远超过一般区域。从全国范围来看，这种投入具有排他性和竞争性，从而也具有稀缺性，因而区域的选择影响企业现实从政府方面获取稀缺资源的能力。与一般区域相比，开发园区具有优良的投资环境，在融资渠道、平台建设、对上争取等方面都具有明显的优势。具体而言，开发园区的设立需要经过某级政府的特别批准，在开发园区内的企业可以在土地使用权、金融贷款、财税政策、交通区位、基础设施等方面享受具有针对性的优惠条件，当地政府还会在自由裁量权的范围内实施免除各项行政管理性收费、城市综合开发费等措施，对于高科技企业、国家政策鼓励行业以及对当地经济和社会发展影响较大的企业还会在税收、用地、用工及其他方面获得政府的直接支持。如在融资方面，一些地方政府设立科技创业基金用以扶持高新企业发展；积极打造中小型企业金融服务平台，引入商业银行、民间融资服务机构、风险投资基金、创业投资基金以及提供各类科技金融和知识产权质押贷款等服务，为开发园区内的企业提供担保，切实解决企业融资问题。

本书将企业总部所在地划分为经济特区、国家级经济技术开发区、省级经济开发区、省级以下开发区以及一般区域5个等级，分别由高到低赋值，用以区分企业在区域选择方面获取政策资源能力的大小，赋值越高，表示企业通过区域因素获取现实资源的能力越强。

四是政府补助。政府补助是企业从政府方面现实获取稀缺资源的直接表现。政府补助越多，表明企业在获得政府支持的现实能力方面越强。罗党论和唐清泉（2009）认为政府补助是政府支持企业的一种直接表现，政府背景对于民营企业而言代表社会资本，它可以使其获得更大比例的政府补助。因此，政府补助可以作为反映企业的政府社会资本禀赋的衡量指标。

潜在能力维度则反映董事会、高管层等关键人员的个人政治背景对企业获取政府支持的潜在影响力。董事和高管是企业的核心人员，是一个企业形成、发展和运用政府社会资本的核心人物，这一点虽然不是企业的属性，却是企业必要的财富，可以潜在地增强企业从政府方面获取稀缺资源的能力。因此，我们具体考察了上市公司高管和董事的政府背景，并具体设计了以下三个二级指标。

一是董事长或总经理是否有政治背景。余明桂和潘红波（2008）将企业的董事长或总经理是否担任过政府官员、人大代表或者政协委员作为企业政治关系的表征。董事长和总经理是企业的核心领导人物，其是否有政治背景对企业获取政策资源的能力具有重要影响。

二是董事长或总经理的最高行政级别。将董事长或总经理的政治背景按照行政级别具体区分为中央、省级、市级、县级以及乡镇及以下五个类别，可以提取出更多有用的信息。董事长或总经理的行政级别在一定程度上代表了政府对企业的影响力，级别越高，越有可能使企业获得更多的政策支持。本书将董事长或总经理的行政级别按照从低到高依次取值1—5，无政治背景则为0。

三是有政治背景的董事和高管的比例。王砚羽（2014）将企业高管兼职中具有政治身份的人数与高管总人数的比例作为政治关联指标。本书借鉴这一思路，将曾任或现任政府职务的董事、高管人数与公司董事、高管总人数作为衡量潜在能力强度的指标。该比例值越大，表明企业在未来获得政策支持的能力越强。

表4-9按照企业的政府社会资本禀赋测度的两个维度，将测度企业的政府社会资本禀

赋的各个二级指标的定义和具体计算方法进行了归纳。

表 4-9　企业的政府社会资本禀赋测度指标体系设计

维度	变量名称	符号	计算说明
现实能力	企业性质	*Gov_1*	国有企业取 1，否则为 0
	制度环境	*Gov_2*	按照各省份市场化总指数由高到低排序后分别以第 33 百分位和第 66 百分位为分界点等分为三组，依次赋值为 1-3。此外，在稳健性检验部分，还使用政府与市场关系和金融业的市场化两个子指数进一步细化对地区制度特征的度量。
	总部所在区域	*Gov_3*	按照上市公司总部所在地属于一般区域、省级以下开发区、省级开发区、国家级开发区以及国家经济特区依次赋值为 1-5
	政府补助	*Gov_4*	政府补助/期初总资产
潜在能力	董事长或总经理是否有政治背景	*Gov_5*	董事长或总经理曾有或现有政治背景则为 1，否则为 0
	董事长或总经理的最高行政级别	*Gov_6*	按照董事长或总经理的行政级别属于乡镇及以下、县区级、市级、省级、中央依次取值 1-5，没有政治背景则为 0
	有政治背景的董事和高管的占比	*Gov_7*	曾有或现有政治背景的董事（包括独立董事）、高管的人数/董事、高管总人数

2. 企业的政府社会资本指标的测算

基于上文构建的政府社会资本指标体系，本书采用变异系数法计算企业的政府社会资本禀赋各测度指标的权重，进而得到企业的政府社会资本指数。变异系数法能够直接利用各项指标所包含的信息，消除量纲的影响，是一种客观赋值的方法。取值差异越大的指标被赋予的权重越高，表示达到该指标的平均水平难度越大，越能够反映个体之间的差异。由于我国目前上市公司在各个方面存在较大的不确定性，因而适合采用变异系数法。赵瑞（2012）利用该方法测算了我国上市公司社会资本指数并利用演化博弈的方法证明了该方法的有效性。各项指标的变异系数计算公式如下：

$$V_i = \frac{\sigma_i}{x_i}(i = 1,2,\cdots,n) \tag{4-1}$$

其中，V_i 表示第 i 项指标的变异系数；σ_i 表示第 i 项指标的标准差；$\overline{x_i}$ 表示第 i 项指标的均值。各项指标权重的计算公式为：

$$W_i = \frac{V_i}{\sum_{i=1}^{n} V} \tag{4-2}$$

其中，W_i 代表企业的政府社会资本禀赋的 7 个二级指标所对应的权重。

最后，测度企业的政府社会资本禀赋指数的计算公式如式（4-3）所示。其中 j 代表公司，t 代表年份。

$$GSC_{jt} = W_{1t} \times Gov\_1 + W_{2t} \times Gov\_2 + W_{3t} \times Gov\_3 + W_{4t} \times Gov\_4 + W_{5t} \times Gov\_5 + W_{6t} \times Gov\_6 + W_{7t} \times Gov\_7 \tag{4-3}$$

第五章　政府社会资本管理体系

政府社会资本作为一种全新的资本形态，面临着产权缺失、运行体制机制不完善、行政化资源配置过强等现状，从而阻碍了其充分流动与市场化资源配置。政府社会资本管理体系的构建，需要从产权入手，包含政府社会资本的所有权分析与确认、信息披露与问责制度设计以及政府社会资本运营管理等部分，本章将围绕上述内容展开。

第一节　政府社会资本所有权及其确认

一、政府："运动员"与"裁判员"

企业的核心功能是对不同类型的生产要素进行重新组合从而投入社会生产，一个高效企业制度安排必须充分发挥各种生产要素所有者和控制者的能动性，而不只是某一种要素的作用。当前资本概念日趋泛化，除了传统物质资本、人力资本，还出现了技术资本、组织资本、制度资本、社会资本等"要素＋资本"的新概念。这体现了人类社会价值创造过程中，随着科技和社会的进步，技术、管理、关系、信息等新型生产要素扮演了愈发重要的角色；法律的进步承认了这些生产要素的所有权地位，产权的明晰帮助这些生产要素逐渐发展成为现代经济体系中各式各样的资本，同时不断推动企业理论的创新。2020 年，中共中央和国务院发布的《关于构建更加完善的要素市场化配置体制机制的意见》，将土地、劳动力、资本、技术、数据等新型生产要素均列入其中，充分体现了数据等异质性生产要素在其中所扮演的重要价值。

如前所述，虽然每一个企业都离不开政府社会资本的投入，企业的本质是利益相关者的集体选择，但是在目前企业理论的实践中，政府社会资本投资者却并没有和其他要素资本提供者一同被当作企业的所有者。我们经常用"运动员"和"裁判员"用以描述政府在市场活动中所扮演的角色，马克思对此早有论述，"在我们面前，有两种权力，一种是财产权力，也就是所有者的权力；另一种是政治权力，也就是国家权力"①。因此，政府既是凭借政权收取税、费，向纳税人提供均等化公共服务的社会事务管理者，即我们常说的"裁判员"；也是以所有权即以其所掌握的各类生产要素的所有者身份，参与市场中的各类经济活动，即我们常说的"运动员"。

---

① 马克思：《马克思恩格斯全集》（第二版）第 46 卷，人民出版社。

二、所有权与政府社会资本配置

（一）所有权缺失及其弊端

在西方传统经济理论中，政府更多是作为凌驾于市场经济活动之上的超然主体，以“裁判员”身份加以分析和研判，对于其“运动员”身份尤其是异质性生产要素所有者身份关注不够，与我国现实情况相距甚远，更无法用以指导我国实践。如前所述，政府提供的社会资本并非仅是国有企业中的国有资本。为促进地方经济发展，招商引资，中国很多地方政府都为企业提供了特殊的土地、知识、数据以及政策等的支持，这些要素为企业的经营发展作出了重要的贡献，但很多情况下却被视为公共产品而无偿提供。随着技术、土地、数据等异质性生产要素价值不断提升，如何把政府社会资本配置到需要的企业，如何判断政府社会资本是否发挥了应有的价值，成为当前面临的重要课题。遗憾的是，尚未确权的政府社会资本难以实现上述目标：

1. 无法科学评价资源配置效率与价值

我们经常用“运动员”和“裁判员”用以描述政府在市场活动中所扮演的角色，即在社会主义市场经济体制中，政府既可以作为生产资料所有者与其他微观主体平等参与市场经济活动，凭借所有者财产权利合法获取利润；也可以凭借政治权利行使社会管理职能，依据国家强制力凌驾于市场之上，如合法收取各种税费，国内学者将其区分为国家财务与国家财政。当二者不加区分时，以利税合一形式流出，无法区分哪些是企业生产经营所产生的税收（本质上是对企业生产经营所需的公共物品付费），哪些是政府社会资本的产出贡献。二者混淆在一起的状况，一方面无法衡量各类政府所投入的生产要素的投资效率，更无法实现按要素贡献决定报酬，无法对政府的资源分配效率及政府投资行为作出科学的衡量和判断；另一方面，更为突出的是，当政府的投资行为缺乏科学的衡量标准时，便在无形之中为内部监督、外部监督、信息披露等造成巨大障碍，既无法突破所有权边界实现真正意义上的竞争中性，也从根本上阻碍了“亲”“清”的政企关系形成。

2. 难以实现最优化资源配置

目前尚未确权的政府社会资本与公共物品无异，由于政府职能、人员有限，且专业化程度不一，面对数量庞大的企业难以实现精准有效配置，体现出一定程度上的随意性和盲目性，也使资源配置难以跨越不同所有制界限从而真正实现竞争中性。大量实践案例表明，这种方式助长了企业迎合行为，加剧了寻租隐患，造成了大量“假装吃螃蟹，实则吃馒头”的现象；对于产业政策、研发补贴等具有一定专用性政府社会资本，可视为政企间的不完全契约，以软约束形式存在于企业中从而难以实现特定用途，政府面临着巨大的“敲竹杠”风险。以政府补贴为例，但当以产权为基础时既符合公平原则，又有利于提高整个经济和社会的效率。

（二）所有权确立及其优势

1. 建立与国家治理体系相契合的公共资源配置模式

政府作为国家代理人，其目标和价值追求从来都存在着经济目标（经济价值）、政治目标（社会价值）的双重性：一方面，政府通过提供政府社会资本引导市场的资源配置，从而推动经济增长，实现其经济目标；另一方面，通过提供公共产品来维护政权稳定和社会秩序，实现其政治目标。每个国家的政府都必须在两种目标之间进行权衡。当政府更关注所获得的社会价值时，其将较少投入政府社会资本，政府对资源配置的引导功能将主要依靠提供公共产品来实现，政府直接的资源配置功能被降低到最小限度，从而形成“小政府”。而当政府更关注经济价值时，将形成“大政府”，即政府充分发挥其资源配置功能，不仅通过提供公共产品引导社会资源的配置，还通过直接投入政府社会资本来引导社会资源的配置，从而实现较高的经济价值。但这势必引起政府社会资本投入的不均衡，从而引发社会不公，并由此降低政府的社会价值。实践证明，两个极端的选择都不是最佳的选择。

将政府公共资源配置区分为政府公共产品和政府社会资本之后，政府就不再拘泥于“大政府”“小政府”的定位，它既是维系社会公平的管理者，同时也是参与市场活动的投资者。“每一个企业都是具有政府社会资本禀赋的政府与其他资本投资者的集体选择所形成的混合所有制企业”的企业理论厘清了政府与企业之间的政权关系与产权关系，既满足了政府创造社会价值、经济价值的双重目标，又满足了对公平的维护及对效率的追逐。习近平同志在党的十九大报告中为新时代中国特色社会主义建设中全面深化改革指明了方向：必须坚持和完善中国特色社会主义制度，不断推进国家治理体系和治理能力现代化，坚决破除一切不合时宜的思想观念和体制机制弊端，突破利益固化的藩篱，吸收人类文明有益成果，构建系统完备、科学规范、运行有效的制度体系，充分发挥我国社会主义制度优越性。以习近平新时代中国特色社会主义思想为指导，将政府社会资本从公共产品中分离出来，并赋予政府对该类资本的所有权，不仅符合产权理论和企业理论的要求，而且是对社会公共管理和国家治理体制机制弊端的纠正和破除。

2. 企业产权制度完善与新型政企关系构建

产权制度是资源配置优化的基础，在交易费用大于零的现实世界中，产权的清晰界定有利于提升资源配置效率（Coase，1960）。产权清晰的本质是在产权主体明确的前提下，资产在运行过程中能够做到产权主体权责利的高度一致（袁庆明和吕翔翔，2013）。通过政府社会资本投资，政府具有了对被投资企业的经济意义上的产权主体身份，但由于法律意义上的产权不清晰，会导致企业各个产权主体权利和义务的合约软约束问题，进而成为一系列政企关系问题的根源。十八届四中全会提出，“健全以公平为核心原则的产权保护制度，加强对各种所有制经济组织和自然人财产权的保护，清理有违公平的法律法规条款”。党的十九大报告进一步指出，“经济体制改革必须以完善产权制度和要素市场化配置为重点，实现产权有效激励、要素自由流动、价格反应灵活、竞争公平有序、企业优胜劣汰”。显然，企业产权制度完善既要保护私有产权，也要保护公有产权。通过对政府所有者身份的明确确认，将使政府的隐性股东身份显性化，各个产权主体的行为边界得以清晰，从而建立真正经济意义和法律意义上的现代企业产权制度。

需要澄清的是，确立政府对企业中政府社会资本的所有权并不意味着将所有企业都变身为“国有企业”。在大多数企业中，政府凭借政府社会资本所获得的所有权只是附属性的，仍然是其他资本投资者拥有对企业的控制权。但是，确立政府对每一个企业的政府社会资本所有权却有助于构建新型政企关系，即政府作为社会管理者与企业之间的政权关系、政府作为政府社会资本投资者与企业之间的产权关系。我国的企业混合所有制改革应在新型企业制度的创建中作出表率，这不仅可以提升我国经济的发展水平，而且能够为提升全球经济的发展水平作出重要贡献。

3. 推动完善财税体制改革与可持续的政府绩效观

在政府社会资本所有权确认后，应进一步改革财税分配体制，建立与新型政企关系相适应的新型财税分配体制。也就是说，政府作为社会管理者与企业之间的关系通过建立均衡负担的税收制度和均等共享的财政制度来维护，而政府作为政府社会资本投资者与企业的关系则通过政府在每一个企业的政府社会资本所有权以参与利润分配的形式来体现，政府在不同企业中所投入的公共资本的不同将体现在其获得的所有权份额或比例的差异上，从而实现公平与效率的完美统一。

同时，由于我国独特的财政分权制度与以地区经济增长为核心的官员“政治锦标赛”制度，政府的资源配置往往呈现出以短期GDP、政府税收等地方财政指标为核心的机会主义投资行为，造成了地方政府隐性负债高、环境污染严重等问题，无法实现可持续发展。而通过法律意义上的产权清晰界定，对接受政府社会资本投资的企业确定政府的所有权份额，并通过剩余利润分享的方式获得相应的投资回报，将改变政府对短期粗放式规模增长的过度依赖，转而关注企业真实的价值创造能力。因为只有价值创造能力高、竞争力强的企业，政府才能从企业的价值创造中获得更高的投资回报，从而倒逼政府决策机制与官员知识能力的提升。

三、政府社会资本所有权确认

（一）政府社会资本登记

产权问题首先是法律问题。确认产权是组织机构或行政机关对相应权利的确认，不同领域有不同的权利的确权。例如，对于土地资源来讲，确立产权就是依照法律、政策的规定，经过房地产申报、权属调查、地籍勘丈、审核批准、登记注册、发放证书等登记规定程序，确认某一房地产的所有权、使用权的隶属关系和他项权利；对于基金确权，就是指在封闭式基金到期终止上市后，中国证券登记结算有限责任公司将其记录的所有封闭式基金份额持有人的相关数据，转至基金管理公司所指定的注册登记机构。因此，确权意味着一项事务的所有权、使用权、占有权等各项权利受到法律的认可与保护，由国家强制力保证其合法权利不受侵犯。产权的合理确认与保护，是现代市场交易的基础，产权的合理配置是在交易成本不为零的现实世界中实现资源的帕累托最优配置的关键。

政府社会资本存在多样性与复杂性。不同于单一的货币资本以及物质资本，政府社会资本存在多种形态，例如数据、土地、技术、商誉、自然资源等，从某种意义上将一切可以实现市场化与资本化配置、存在一定程度竞争性与排他性的政府所掌握的资源（生产要素），在配置过程中存在一定的选择性、歧视性，均可纳入政府社会资本的范畴。这就意味着，在法律层面的确权登记相较于货币等物质资本更为复杂。对此，自然资源部、财政部、生态环境部、水利部、国家林业和草原局2019年印发《自然资源统一确权登记暂行办法》（以下简称《办法》）的通知，就如何实现自然资源的确权登记作出重要指示，对于政府社会资本产权确认的顶层设计具有一定的启示意义。

1. 科学划分所有权边界

《办法》指出，通过开展自然资源统一确权登记，清晰界定全部国土空间各类自然资源资产的所有权主体，划清全民所有和集体所有之间的边界，划清全民所有、不同层级政府行使所有权的边界，划清不同集体所有者的边界，划清不同类型自然资源之间的边界。对于政府社会资本，可借鉴自然资源确权办法，划清不同人民群体间的所有权边界和不同层级政府之间的使用权边界。对于中央委托相关部门、地方政府代理行使所有权的，所有权代理行使主体登记为相关部门、地方人民政府。例如，对于数据，北京市政府在行使公共管辖权过程中所产生的具有经济价值的数据资源，由于仅与北京市相关，则理应由北京市人民所有；财政部在行使部门职能时产生的数据，则应确立为全民所有。

2. 建立“政府社会资本登记簿”

《办法》指出，应建立自然资源登记簿，并记载以下事项：自然资源的坐落、空间范围、面积、类型以及数量、质量等自然状况；自然资源所有权主体、所有权代表行使主体、所有权代理行使主体、行使方式及权利内容等权属状况；自然资源登记簿应当对地表、地上、地下空间范围内各类自然资源进行记载，并关联国土空间规划明确的用途、划定的生态保护红线等管制要求及其他特殊保护规定等信息。同时，自然资源登记单元具有唯一编码，编码规则由国家统一制定。相应的，建立“政府社会资本”登记簿，一是科学记载政府社会资本的数量、质量等状况，如对于数据资源，应登记其数据大小、数据内容、适用范围等。政府社会资本由国家根据资本形态、所有者统一编号管理。

（二）政府社会资本所有权比例的确定

不论是微观层面的资本管理理论创新和企业理论创新，还是宏观层面的国家治理创新，都必须以政府社会资本的合理和清晰确权为基础。政府社会资本确权将在企业和政府之间形成产权纽带，政府将转变其局外人的单一身份，参与企业管理并实现税利分流，以产权关系弥补政权关系在引导市场发展、监督市场行为等方面的不足。在前面的章节中，我们已经详细介绍了政府社会资本的测度体系，那么在政府社会资本登记的基础上可进一步对其进行量化，这为明确政府社会资本产权比例奠定了基础。

但是，政府社会资本作为一种新型资本，与传统的物质资本和智力资本对企业价值的提升机理有着显著不同，这意味着政府社会资本的合理确权并没有想象中的那么容易。既然企业的本质是作为政府社会资本投资者的政府与其他资本提供者的集体选择，那么不论是由企业还是由政府单方面决定政府社会资本投入所享有的所有权比例，恐怕都会众口难调。一旦在这一基础问题上无法达成共识，产权意义上的集体选择将无法实现，甚至影响组织意义上的集体选择。因此，政府社会资本确权的过程本质上也是一种集体选择的过程，政府投入的政府社会资本的具体形态、规模、结构和质量是确认其所有权比例的基础，这种机制充分体现了资源配置市场化的理念。

假设 A 市和 B 市都在进行产业园区的企业引入工作，同时有 20 家不同的企业在申请进入 A 市或 B 市的产业园区。显然，A 市和 B 市提供的政府社会资本是不同的，一方面体现在其个性化的政策、优惠条件、园区位置和面积等本身的不同，另一方面则体现在不同的企业对政府社会资本的需求和价值度量是不同的。此时，从每个企业来看，A 市和 B 市的政府社会资本所有权比例的心理预期是不同的。同样地，站在政府的角度上来看，这 20 家企业的资本禀赋也是不同的，在提供相同条件的政府社会资本的情况下，资本禀赋好的企业，其未来的价值创造能力更好而风险更低。此时，相比资本禀赋一般的企业，政府将会适当调低其政府社会资本所有权比例的心理预期。在政企双方的沟通过程中，“引入”与“不引入”决策的同时伴随着“进入”与“不进入”的选择，政府社会资本的确权比例将成为双方博弈的重要内容，这种集体选择充分体现了市场化原则。客观来看，将政府社会资本确权内化于政府与其他资本提供者的集团选择过程之中，在适当的信息披露和运营管理机制下，能够实现政府选择和企业选择的双向优化，促进资本配置效率提升。

本节通过国有与民营企业的简单静态博弈说明此问题：假设政府社会资本的价值为 V，明晰产权后其价格为 C，未明晰产权时企业家为得到该资本所付出的代价（如寻租）为 B，政府在配置资源时选择性歧视的概率为 P，此时政府社会资本期望收益如表 5－1 所示。在市场化配置过程中，暗含两个约束条件：第一，明晰产权后民营企业的期望收益大于不明晰产权时的期望收益；第二，明晰产权后国有企业与民营企业的期望收益之和大于未明晰产权时的期望收益，等价于：

$$V - C > (V - B)P + V(1 - P) \tag{5-1}$$

$$V - C + V - C > (V - B)P + V(1 - P) + V \tag{5-2}$$

即政府社会资本定价 $C < \frac{1}{2}BP$。意味着民营企业家可接受的定价主要取决于两个方面，一个是明晰产权前为得到政府社会资本所付出的代价 B，另一个是政府在配置资源时选择性歧视的概率 P。推向市场化的政府社会资本在供给时本身遵循公平交易原则，只有在生产经营实际过程中真正发挥作用政府社会资本企业才会购买，价格反映价值。这样做的好处是显而易见的：既能够保护国有资本正当权益，同时使资源能够配置到真正需要的微观主体，整体福利得到增进，实现竞争中性。

表 5－1　　政府社会资本定价博弈矩阵

产权条件 / 企业性质	未明晰产权	明晰产权后
国有企业	V	$V - C$
民营企业	$(V - B)P + V(1 - P)$	$V - C$

第二节　政府社会资本信息披露

一、政府社会资本市场化运作的风险

当政府凭借财产权利，即各类要素的所有者身份参与市场活动，时常会遇到“运动员”与“裁判员”身份混淆不清从而破坏市场秩序的现象。由于政府本身难以受到外界监督，作为人民的“代理人”容易出现委托代理关系不明晰、履职尽责意愿与能力不强等问题，也为政府官员的寻租和舞弊留下了空间。例如，在政府公共部门采购过程中，由于缺乏足够的监督和管理，可能致使政府采购的产品并非是真正“物美价廉”的最优选择，那些与政府官员具有良好私人关系的供应商可能更容易中标。当政府采购并非严格遵守市场化竞争原则，各类竞标的厂商并不能凭借价格与质量公平参与竞争，不仅使政府无法代表人民合理运用每一笔财政支出，也间接造成了价格双轨制等扭曲市场等问题。

政府社会资本的投放遵循市场化逻辑，即本质上价格双方共同博弈的结果，价格体现了资本的价值。但不可否认，当政府凭借政府社会资本所有者身份参与市场活动时，同样会遇到上述问题。政府社会资本市场化配置过程中可能出现两个问题。

第一，政府滥用谈判力导致定价过高。尤其至关重要的生产要素，对于互联网企业或数字经济企业来讲是至关重要的生产要素，离开数据企业便无法存活；再例如，特许经营权是企业存在的必要条件，当采矿权被取缔则矿场主只能选择关门大吉。此时政府便可以“坐地起价”，并以“公权力”强化自身谈判力，导致政府社会资本的定价远高于其本身应有的价值。

第二，部分政府官员与企业合谋导致定价过低。政府官员也可以发挥自身资源配置权限，与企业家合谋以较低的价格将政府社会资本投入企业。类似情况在现实社会中并不罕见，在国有企业改制过程中，企业的股份与资产以较低价格转让给私人，从而造成重大国有资产流失；以较低的价格将黄金地段的工业用地等低价转让给企业。

此外，上述两种现象有可能同时出现，“搭配使用”。那些与政府部门与政府官员建立良好私人关系的企业家能够以较低的价格获得政府社会资本，而其他企业则被迫以较高的价格接受政府社会资本，此消彼长下对市场造成重大扭曲。本来政府向市场供给各类生产要素优化供给侧改革的好事，但却成为扭曲市场的“原罪”。因此，如何设计一套行之有效的监督管理机制，将政府与企业合谋的可能性降到最低，确保政府社会资本定价能够与其价值相当，是要素市场化配置面临的重要问题。

二、政府社会资本信息披露与问责制度

现代社会人民通过选举产生政府，政府通过行使一系列人民赋予的权力来履行职能。为了保证这一过程的顺利进行，防止权力的滥用并评价政府的绩效，必须建立一个完整的问责制度，依据该制度政府有义务向人民报告其受托责任的履行情况。信息披露机制解决的是组织信息透明度的问题，是提高组织的社会公信力、促进组织健康持续发展的制度选择，也是现在政府问责制度建立的基础。在全面风险管理整合框架中，政府监管、监督检查与市场约束是风险控制的三大支柱，其中市场约束是政府监管的有效补充，各国监管部门都致力于维护和提高风险信息披露的频率、质量和透明度，借以充分发挥市场约束的监控与影响作用（李园和王周伟，2020）。因此，一个高质量的政府信息披露体系，充分发挥外部监督和市场约束的作用有利于“有为政府”建设，是实现市场在在资源配置中的主要作用、更好发挥政府作用的重要基础。

信息披露与透明度是现代公司治理的基石（OECD，2005），在现代企业委托代理关系中，信息不对称是导致代理问题的主要成因，提高信息的透明度是降低企业代理成本、实现公司有效治理的关键环节。政府社会资本投资之所以可能出现政府社会资本持股比例的寻租和设租问题以及大股东利益侵占问题，其根源在于政府、其他资本投资者、社会在政府社会资本投资上的信息不对称问题。在企业内部大股东凭借对企业经营状况信息的垄断，故意隐藏对政府的利益侵占信息。在政府内部，由于政府社会资本投资是政府代表本管辖区域内的全体国民进行的一种公共资本配置，其最终产权归属与国有物质资本的产权归属相同，即都属于全体国民，具有公共性、社会性和全民性的特征（綦好东等，2013），这种产权的全民属性特征本身便容易产生代理问题，且政府内部委托代理层级更多，代理链条更长，更容易发生信息不对称问题，下级官员更容易利用信息上的不对称进行设租和寻租活动。在政府与社会公众之间，在缺乏竞争约束的前提下，政府（官员）更容易利用自身的信息垄断地位掩饰政府社会资本投资对社会公众利益的侵占。

长期以来，受制于传统理论限制与学科局限，理论界与实物界关于财政收支、传统国有

资本管理问题的信息披露关注较多，初步建立了一套行之有效的信息披露制度，极大提升了政府的信息透明度与组织公信力。但就本节所关注的数据、信息、技术、补助、土地等新兴生产要素，鲜有文章涉及。其一，由于数据等要素并未确立产权，并未列入资产负债表，属于“表外事项”，从会计信息角度来看无法建立行之有效的信息披露机制；其二，如前文所述，当前对政府的“要素所有者”身份关注不够，对于本书提出的凭借“政府社会资本所有者”参与企业集体选择的过程缺乏深刻剖析，在国有资本监管体系中更多关注传统财务资本而对异质性资本关注不够。缺乏行之有效的信息披露体系，从政府自身来讲，导致政府监管、监督检查缺位，审计监督、财会监督等现代化监督行为均无法顺利开展；从市场与社会来讲，政府社会资本存量、流向、定价等信息不透明的情况下，其他市场中的微观主体如企业与个人，以及媒体等第三方监督机构均无法参与市场监管，从而进一步加剧了上文提到的“政府滥用谈判力导致政府社会资本定价过高”以及“政府官员与企业家合谋导致国有资产流失”等不利影响。因此，解决政府社会资本投资代理问题的根本措施在于提高政府社会资本投资的信息透明度。

三、政府社会资本信息披露机制设计

（一）政府社会资本存量、流向动态信息平台

借鉴《自然资源统一确权登记暂行办法》，政府社会资本信息披露机制设计可以参照我国目前正在推行的自然资源管理办法。政府社会资本信息披露机制应包括以下内容：一是开发全国统一的政府社会资本登记信息系统，实现政府社会资本确权登记信息的统一管理；各级登记机构建立标准统一的政府社会资本确权登记数据库，确保政府社会资本确权登记信息日常更新。政府社会资本登记信息纳入不动产登记信息管理基础平台，实现政府社会资本确权登记信息与不动产登记信息有效衔接和融合。政府社会资本信息应当及时汇交国家不动产登记信息管理基础平台，确保国家、省、市、县四级政府社会资本确权登记信息的实时共享。政府社会资本确权登记结果应当向社会公开，但涉及国家秘密以及《不动产登记暂行条例》规定的不动产登记的相关内容除外。政府社会资本确权登记信息与工商、发改、财税等相关部门管理信息应当互通共享，服务政府社会资本的有效监管和保护。

（二）政府社会资本交易信息平台

构建全国性的政府社会资本交易信息平台，重点披露以下信息内容：一是向全社会公开各级政府所掌握的政府社会资本投资信息，包括全部被投企业所占政府社会资本属性与内容、占股比例、利润分成等基础投资信息；二是构建政府社会资本时时定价系统，开发相应竞价与拍卖功能；三是构建区域性特色政府社会资本信息披露框架，例如，极具商业价值的数据资源、自然资源等，方便投资者了解区域特色与投资机会。政府社会资本交易信息平台设立后，一方面，提升了市场交易的及时性，极大降低了信息不对称性与交易成本，极大增加了资源配置的效率与公平性；另一方面，由于相关信息的公开，在全社会范围内形成对各级政府的压力倒逼机制，“迫使”政府在政府社会资本确权谈判过程中尽量保障政府社会资本的投资利益，降低政府官员的设租、寻租动机。同时披露被投资企业的经营状况、管理层薪酬、融资、关联交易等详细信息，缓解政府和社会公众对企业价值创造信息的不对称状况，抑制大股东的利益侵占动机，将企业价值创造信息置于社会公众监督之下，也便于社会对政府社会投资效率作出更加直接的评价。

（三）常态化人大监督机制

建立国务院向全国人大常委会报告国有资产管理情况制度，是以习近平同志为核心的党中央加强人大预算审查监督、国有资产监督职能的重大改革举措和重要决策部署。2017 年年底，中共中央专门印发了《关于建立国务院向全国人大常委会报告国有资产管理情况制度的意见》等文件。建立政府向本级人大常委会报告国有资产管理情况制度，不仅对国有资产监管实现“全覆盖”，而且对国有资产清查实现“全口径”，有利于解决长期以来人大对国有资产监督缺乏科学化、系统化、常态化制度安排等突出问题。

同样，实现市场化运作后，政府社会资本成为由国资本部门掌握的经营性国有资本，理所应当与当前传统意义上的国有资本一同纳入人大监督体系。由中央及地方国资委牵头，建立政府向本机人大常委会报告政府社会资本管理情况制度，包含以下三个方面：一是汇报当期政府社会资本存量，全面统计政府所持有的各类要素及其价值，时时公开资本存量；二是汇报本期政府社会资本流向及分布情况，绘制“政府社会资本布局图”；三是汇报当期政府社会资本时时定价情况，确保其价格与价值相当。同时，除了向人大汇报以外，各级国资委向社会时时公开以上情况，方便企业寻找新的投资价值。

第三节　政府社会资本运营管理

要想实现政府社会资本的有序管理，发挥其长效作用，需要建立相配套的政府社会资本运营管理体系，本节将从事前、事中、事后三个层面，全流程提出政府社会资本运营管理体系设计思路。

一、政府社会资本运营管理的事前决策机制设计

（一）政府社会资本与政府公共产品的双轨预算管理

1. 公共预算与国有资本经营预算

公共预算是指国家以社会管理者的身份取得税收收入，用于维持政府行政、保障国家安全、稳定社会秩序、发展公益事业等政府职能实现的收支预算。2007 年我国发布《国务院关于试行国有资本经营预算的意见》，2008 年中央本级开始实施国有资本经营预算，国有资本经营预算登上历史舞台，与公共预算一起成为我国政府预算的重要组成部分。

“国有资本经营预算，是国家以所有者身份依法取得国有资本收益，并对所得收益进行分配而发生的各项收支预算，是政府预算的重要组成部分。”国有资本经营预算制度的确立是实现国家双重职能分离，理顺产权关系，实现政企分开的制度保证（李丽琴，2009）。

对于国有资本经营预算与公共预算的区别，学界已有较多的研究，不同学者从不同角度论述了二者的区别，主要体现在依据权能不同、职能不同、收支形式不同、收支范围不同、收支模式不同、管理手段不同等多个方面，将国有资本经营预算和公共预算分类管理，有利于分清政府的社会管理职能和国有资产管理职能，也能分开评价公共财政收支情况和国有资产运营情况。

2. 引入政府社会资本后对政府预算管理的重新思考

基于政府职能的双重性，本书将政府公共资源划分为政府公共产品和政府社会资本两部

分，并提出政府社会资本应当在企业中进行确权，由此将形成政府和企业间的产权关系。因此，从政府社会资本的角度来看，政府将成为企业所有者，这会对现行的政府预算体系产生冲击，故对政府社会资本和政府公共产品进行预算的双轨管理是十分必要的。

具体来看，经过一个生产周期后，企业按照法律法规要求正常向税务部门缴纳税款，最终形成公共预算；按照政府社会资本所占股份向国有资本投资公司分配利润，最终形成国有资本经营预算。在此过程中，政企关系被清晰划分为基于国家政权监管与被监管关系和基于国有资本产权的所有权关系，不仅使资源配置能够突破所有权界限，进行高效、合理配置，实现多种生产要素按贡献参与分配，同时解决了政府在市场监管时信息滞后、盲目干预现象，形成真正“亲”“清”的政商关系，实现政府职能优化。

更重要的是，对两类政府公共资源进行双轨管理后，公共预算中的政府公共产品将更纯粹地体现政府追求公平的目标，国有资本经营预算中的政府社会资本将更直接地体现政府优化效率的目标。需要说明的是，政府成为企业所有者后，虽然也具有逐利的特征，但是受双重职能和公共投资者身份的影响，政府与其他普通投资者具有显著不同，这主要表现在其投资的引领性、规划的长远性与公益性等方面。基于国有资本经营预算中的信息，政府社会资本对重点产业、重点领域的重点投入可以更清晰地加以量化，重点产业、重点领域的回报也可以更清晰地展现，反向推动各地政府明确产业优势、孕育地方特色、优化营商环境。

（二）政府社会资本投资决策机制

1. 树立政府社会资本市场化运行的理念

数据对提高生产效率具有较强乘数作用，是最符合当今时代特征的新型生产要素。政府是最丰富的数据资源掌握方，数据资源背后揭示的正是关系资本（社会资本），因此数据资本是政府社会资本的重要组成部分，本部分以数据为例展开论述。

目前，我国80%以上的信息数据资源掌握在各级政府部门手里，是政府未来的核心资产和社会创新要素。长期以来，政府数据由公共财政负担全部采集、整理和管理的成本，数据近乎于公共物品免费向社会开放。尽管有力推动了政府数据开放进程，但近年来陷入发展瓶颈：一方面，数据免费供给无法弥补数据采集、处理、整合等大量成本，侵占了其他项目的预算份额，从而严重削弱了政府数据公开的积极性，降低了数据产品的时效性和质量；另一方面，并未确立产权的数据资源向社会免费开放后陷入“巴泽尔困境”，为数据市场监管、安全保障带来重大隐患。

政府社会资本与物质资本、智力资本一样，具有价值和使用价值，价格是其价值的一种表现形式。政府完全可以利用市场机制获取参考价格，定价逐渐成为业界和政府解决公共信息资源开发利用问题的重要手段。胡业飞和田时雨（2019）考察发现，英国、德国政府开发了标准化的文本信息与数据，并由企业、政府、公民代表及其第三方研究机构共同组成价格委员会每年对信息数据协商定价。企业或个人需登录英国“BSIShop”平台（shop. bsi-group. com）与德国“BeuthVerlag”平台（www. beuth. de）购买，前者每条信息价格在100英镑至500英镑之间，后者价格在100欧元至400欧元之间。尽管价格不菲，却是委员会各方合作博弈的结果，遵循市场化定价原则，不仅没有阻碍信息、数据资源在市场中的流通和使用，反而推动英国与德国的标准化信息、数据产业健康发展。同时，在我国贵州等省市开展政府数据登记制度试点工作，对不同部门所掌握的政府信息数据进行整合、梳理，为数据资产标准化建设、明晰产权打下坚实基础。

2. 全面看待政府社会资本的投向选择

要素市场化、资本化进程，能够帮助政府所掌握的多种生产要素释放活力、加速流动，以国有资本形式投入市场，既能够以充分保障国家权益、防止国有资产流失，也使各类生产要素能够真正在不同所有制企业间公平配置。党的十九届四中全会提出的“健全劳动、资本、土地、知识、技术、管理、数据等生产要素由市场评价贡献、按贡献决定报酬的机制”、近期公布的《中共中央 国务院关于构建更加完善的要素市场化配置体制机制的意见》和正在推行的“管资本”为主的国有资产监管体制改革，从要素科学配置上为推动混合所有制改革奠定了理论基础和体制保障。

在树立市场化运行理念后，政府需全面看待政府社会资本的投向选择，根据合作方领域的重要性和未来回报能力，在重点领域、重点行业、发展前景良好的企业可考虑作价入股形式；在非重点领域、非重点行业、发展前景一般的企业主要考虑市场化交易模式。

（三）其他配套措施

1. 畅通各类生产要素配置渠道

随着社会主义市场经济建设不断深化，当前我国97%以上的商品和服务价格由市场决定，但各类要素市场建设缓慢，缺乏合理的定价机制和分配方式。要素市场化配置包含要素确权、交易单位、定价机制、交易市场、交易监管等流程，使各类生产要素能够按照供求关系定价，并提供公开交易场所，使企业可以根据自身生产机经营需要进行资源配置；同时随着“管资本”的国有资本管理体制构建，各类生产要素得以通过经营转化等形式由不同部门授权国有资本投资、运营公司运作，从而以作价入股等形式投向企业。

2. 推动产权改革，破除利益相关者公司治理悖论

“股东价值导向”与“利益相关者价值导向”历来为公司治理争议的焦点。尽管绝大多数人赞同除股东外，企业应对供应商、员工、政府等利益相关者负责，但如何在公司治理实践中完美实施是利益相关者理论面临的最大困难，正如诺贝尔经济学奖获得者 Tirole（2001）所言，“（对于利益相关者价值理论）一个科学的争论焦点应该集中于如何实现这些目标，而不是这些目标本身”。要素市场化改革使数据、信息、知识等新兴生产要素产权得以确立，政府能够以“政府社会资本所有者”身份成为公司股东，通过依法履行国家作为资产出资人的所有权、控制权、剩余索取权，将公共利益和国家治理目标诉诸于公司治理框架内实现。

3. 生产要素的经营转化与授权经营

除传统意义上的物质资本以外，政府基于政权在社会日常事务管理过程中积累了大量信息、数据、信用、商誉、技术、人力等不同类型资源，同时向市场投放了大量不同类型的补助，如财政补贴、税收优惠等，是当前企业生产经营必不可少的生产要素。这些异质性生产要素由发改委、财政、工商、科技、人社、国资、自然资源等不同部门掌握。从另一个角度讲，企业审批流程繁琐，需要多个部门盖章审批，恰好说明企业生产经营需要多种不同形态的异质性资源。按照《关于构建更加完善的要素市场化配置体制机制的意见》健全要素市场化交易平台、拓展公共资源交易平台功能等要求，在全面梳理、整合各级政府和不同部门所掌握公共资源基础上，制定方案实现从生产要素到经营性国有资产的转化，并以授权经营形式授予国有资产管理部门运作。通过国资部门向国有资产投资、运营公司授权，以政府社会资本形式向市场投放，最终完成从生产要素到经营性国有资产再到政府社会资本的转变。

二、政府社会资本运营管理的事中运行机制设计

（一）政府社会资本行权与国家特殊股

1. 政府社会资本的特殊性

政府作为国家代理人，其目标和价值追求都存在经济、社会价值双重性。一方面是通过提供政府社会资本引导市场的资源配置，从而推动经济增长，实现其经济目标；另一方面是通过提供公共产品，维护政权稳定和社会秩序，实现其政治目标。当政府作为公共事务管理者，即“裁判员”时，主要追求的是维护市场的正义与公平，凭借国家强制力保证实施的“政权”保护企业产权、打击违法犯罪行为、杜绝环保隐患。而当政府作为各类生产要素所有者平等参与市场经济活动，即“运动员”时，则与其他微观经济主体同样在现有法律和市场框架内追求资本的价值增值。当政府社会资本确立产权，并由国有资本投资公司以股权形式投入企业后，成为企业的合法股东并凭借政府社会资本参与企业利润分享。值得关注的是，当政府凭借政府所有资本的所有权成为企业股东，实质上形成了双重政企关系——一是基于政府社会资本所有权的股东，一是基于公共事务管辖权的外部监管者。此时政府应该如何协调这两种身份呢？

从理论上讲，所有权可以界定为企业控制权和剩余收益权的分布状况与匹配方式，它在公司治理的整个制度安排中居于产权基础的地位，它决定了股东结构和股东大会，进而决定了公司内部激励和监督机制的构成和运作，它的合理与否即如何在股东之间合理分配剩余控制权和剩余收益权直接影响公司的治理效率，影响利益相关者的团队协作水平。在传统企业理论下，企业控制权和剩余收益权对称分布，即所谓“同股同权”。在这一契约安排逻辑中，控制权与剩余收益权的安排是在物质资产所有者之间进行的，所有的股东是一个同质性的整体，除持股数量不同之外，在资源基础、利益诉求、行使权利的方式和途径等各个方面均不存在差异，相应的投票权设计也遵循“一股一票”的“股份平等”设计逻辑。这实际上是一种“资本至上”的逻辑，即企业是资本家的企业，所谓“资本雇佣劳动”。

但是，这一股权结构安排逻辑与现实世界存在明显的矛盾。一是现实世界中的股东并不是同质化的群体，除持股数量不同之外，股东在资源基础、利益诉求、经营关切度以及行使权利的方式和途径等方面都是异质性的。二是随着现代经济不断发展，人力资本、技术资本、智力资本等异质性资本在企业生产经营中所发挥的作用愈发重要，对于那些轻资产的互联网企业，技术、人力、企业家才能显得更为关键，企业逐渐演变为“异质性资本雇佣财务资本”。西方资本市场盛行的双重股权制度便是其最好的佐证，而2020年8月30日，深圳市人大常委会正式发布表决通过的《深圳经济特区科技创新条例》借鉴美国等发达国家和地区以及我国科创板做法，变通《中华人民共和国公司法》关于公司实行“一股一权”“同股同权”制度的规定，在国内立法中首次确立公司“同股不同权”制度，并允许设置特别表决权的公司通过证券交易机构上市交易，从而保证上述股东在公司进行多次股权融资后，仍可以以较小的持股比例对公司享有控制权。

作为一种多维度、多形式的资本投资，政府社会资本投资是由不同的政府部门所作出的，具有政治、经济、社会、技术等多个维度上的投资，从资源形态上来看具有物质、制度、关系等多种资源形态，在投资目标、路径及监管措施等各个方面也存在显著差异。因此相较于传统资本，政府社会资本具有重要的差异性。一是政府社会资本的可替代性较低，例

如，政府的扶持政策可能是创业企业存活的关键，失去特许经营权企业可能便丧失了存在的意义，因此对于一些企业政府社会资本是至关重要的一种特殊资本；二是政府相较于其他股东，除了“经济价值最大化”目标外还负有维护社会公平正义目标，传统“同股同权”制度下的“股份平等”“资本多数决”并不能兼顾公平和效率，无法实现政府意图。基于这一客观事实，有必要进行股权结构的创新设计，打破“同股同权”制度假定的严格约束，而非套用一种标准化的股权结构

2. “国家特殊股”应用创新

特殊管理股制度是一种国际通行的股份制企业管理制度。特殊管理股是指具有特殊投票权的股权，既可以是有较多投票权的股权，即“一股多票”（俗称“金股”），保证创始股东在企业中始终保有最大决策权和控制权；也可以是对某些事项有特殊投票权的股权，如规定特殊管理股可以在股权比例较低的情况下依然享有“一票否决权”，保证创始股东对企业的严格掌控力。国家特殊管理股是指通过特殊股权结构设计，使国有股份实现特定目标。

事实上，国家特殊股等形式在西方国家早有探索。英国政府在 1979 年以后实施企业民营化时，推行黄金股（也称“特权优先股”或“特权偿还股”）以确保社会公共利益、保护消费者、完善竞争条件及防止外国企业的敌对性的企业兼并为目的而发行的一种股份。可以行使比其他的股份优越的权利，原则上由政府，通常是财政部持有。黄金股及其在章程中规定的优越权利由黄金股持有人所有。即使将国有企业股份的 100% 公开转让，使它变为民营企业后，政府仍可通过黄金股和其在章程中规定的权利对企业行使管理控制。如果改制后的公司股东大会和董事会作出不履行改制方案的决议，或在涉及职工利益问题上作出违背既定改制方案，侵犯职工合法权益的决议时，“国有金股”可行使一票否决权。“国有金股”不干预企业经营决策，不参与企业分红，不承担企业从事生产经营过程中发生的一切民事责任，股份一般为象征性的1%。我国在 2013 年党的十八届三中全会《中共中央关于全面深化改革若干重大问题的决定》提出，要对按规定转制的重要国有传媒企业探索实行特殊管理股制度。2015 年 8 月，《中共中央国务院关于深化国有企业改革的指导意见》提出推进公司制股份制改革，允许将部分国有资本转化为优先股，在少数特定领域探索建立国家特殊管理股制度。

以此，对于政府社会资本的权力行使，完全可以借鉴黄金股制度，设置符合国家治理与社会管理目标的双重股权制度，以国家特殊股形式存在。国家特殊股制度体现了“裁判员”行政管辖权限，诉诸于市场机制在公司治理框架内解决因政府不愿或不能担任控股股东而导致的控制权不足问题，最大程度消除企业履约的顾虑且避免滥用行政手段。在政府社会资本运作过程中，可以尝试引入黄金股制度从而赋予政府社会资本特殊投票权：即政府社会资本投资运营公司对于企业的违反公共管理目标的经营决策，例如环境保护等其他法律固定内容，具有一票否决权。当然，并非所有政府社会资本都需要拥有一票否决权，需要结合政府监管的需要与经济价值进行综合判断。需要强调的是，以上均遵循一致同意原则，即被投企业可以选择接受政府社会资本并赋予政府社会资本特殊投票权，也可以不接受；政府社会资本的定价及其权限大小均通过双方博弈产生，遵循市场原则。

（二）政府社会资本的动态管理

企业是由内部利益相关者通过集体选择所达成的一种动态均衡状态，始终处于动态变化之中是所有企业的基本性质，所有权主体和企业治理结构的变化均会导致企业契约均衡状态的动态变化（王竹泉和杜媛，2012）。政府社会资本与其他资本一样，需要动态管理。

由于政府社会资本具有特殊性，因此，实现政府社会资本的动态管理和可持续性投资是市场化运作的关键。当已经投入企业的政府社会资本回报率不高，未能贯彻政府经济意图，或者区域经济与产业战略变化时，使政府能够从企业中“抽回”政府社会资本并重新组合，在产权明晰、要素市场成熟的前提下，政府社会资本可以实现“投入—行权—退出—再投入”的循环，以便再次投入其他地区、产业和企业。

一是政府社会资本的永久性转让。仍旧以某地区居民纳税行为数据为例，当政府判断其没有泄露个人隐私的风险隐患，可以在市场持续流通，政府可以与企业达成交易契约，以双方约定的价格实现数据资源的永久性转让。

二是政府社会资本的退出机制。区别于其他普遍意义上的投资者，在签订投资契约时就政府社会资本的投入时间与退出机制专门约定，例如约定政府社会资本投资期限，或约定只有当企业在预定的时间达到某种指标任务（如营业规模、雇员水平、研发投入等）后才能续投，以“对赌协议”等形式约束双方行为。对于物质性的政府社会资本来讲，例如财政补贴、研发补助等，其对于企业资本配置与生产经营来看不可替代性程度最低，政府退出企业契约关系可以采用市场转让、内部转让或直接减资三种方式中的任何一种或几种组合方式，并不会对企业未来的价值创造产生较大的负面影响，只是企业资本结构和规模发生了变动而已。对于一些关键生产要素，例如互联网企业所需的关键数据、创业企业所需的关键政策，一旦政府退出，企业原有的价值创造机制也就遭到破坏，未来现金流也不存在了，因而也无法采用现金流折现的方式评估它们的价值。此时，只能按照政府退出日企业的账面价值由政府和其他资本投资者根据政府股权比例、未来价值创造减损程度等因素协商谈判解决，甚至需要政府弥补企业其他股东的价值损失。

三是政府社会资本的再组合与再投入。当政府社会资本由国有资本投资公司重新收回后，经过重新评估与组合，可以再次投向市场。政府社会资本的投入和动态管理与政府公共管理目标和经济增长目标相契合，在政府社会资本的重新组合和再投入过程中与区域经济规划、产业规划相结合，从而不断提升经济增长的可持续性和政府社会资本的绩效管理水平。在此过程中，应当将政府社会资本的原有存量部分、增量部分和整体经济规划建设相结合，开辟新的投资领域、做好资本增量管理，既能够体现政府社会资本的效率和回报水平，也能够更好地和地区经济发展规划相匹配，从而实现政府资源配置与经济可持续发展相适应。

三、政府社会资本运营管理的事后评价机制设计

一旦政府社会资本从政府公共资源中独立出来，那么对其效果的评价也应当从一般公共产品中剥离出来，重新建立事后评价机制。运用科学的评价标准、方法及程序，对政府社会资本运营绩效进行系统、客观的考核评价，有利于促进国有资本战略性调整以提高政府社会资本运营和配置效率。

（一）评价原则的目标导向

1. 目标导向

政府社会资本作为一种资本形态，必须实现资本增值目标，同时，由于其出资者的特殊性，还要实现宏观调控目标。基于此，政府社会资本绩效评价的具体目的有以下几点。

一是促进政府社会资本战略性调整和保值增值，优化政府社会资本存量调整及增量投入，提高政府社会资本运营质量和配置效率；二是加强对国有资本经营预算执行程度的监督

管理，及时发现并反馈预算执行过程中出现的问题，提高预算管理工作效率；三是为考察国有资产运营机构经营绩效及政府、国资委工作绩效提供科学合理的标准；四是作为编制下个年度国有资本经营预算中政府社会资本预算的参考，并为预算考核审批提供依据。

2. 具体原则

基于上述分析，本书认为，政府社会资本运营管理的时候评价机制设计需要遵循客观性、目标导向性、定性与定量结合、畅通性、透明性等原则。客观性原则，指的是基于客观事实和真实资料进行评价，保证结果的可靠性；目标导向性原则，指的是既要体现宏观调控目标的实现情况，又要体现保值增值目标的实现情况；定性与定量结合原则，指的是考核体系的设计应根据目标灵活选择定性或定量指标；畅通性原则，指的是考评过程应保持畅通和有效反馈，充分发挥考核的调节作用；透明性原则，指的是政府社会资本考评应接受社会和舆论监督，提高约束力和规范性。

（二）评价体系的维度选择

政府社会基本运营管理的评价机制主要考虑以下几个维度。

1. 保值增值维度

从财务层面看，和其他国有资本保值增值一样，政府社会资本保值增值主要体现为投资收益率等财务指标的改善。但政府社会资本保值增值不是单纯追求短期收益的增加，而是追求资本可持续的价值增长。因此，从保值增值的维度评价政府社会资本市场化运营绩效，不仅要包含数量的考察，即直接衡量被投资企业的价值变动情况及政府社会资本所有权的收益情况，更重要的是从质量的角度进行综合考察，反映出其安全状况和增长潜力、公司治理的完备程度等多方面信息。

2. 布局优化维度

引领性是政府社会资本的特点，也是其运营追求的目标之一。因此，政府社会资本运营不能脱离实体经济的发展，其最终目标是通过优化布局促进产业竞争力的提升，所以需从政府社会资本布局优化维度评价政府社会资本运营绩效。政府社会资本布局的优化是一个动态的概念，主要表现为从产能过剩领域退出，以及向优势产业集中，向高新技术产业集中，向目标企业主业集中等。由于政府社会资本布局的优化同时包含政府社会资本的进入和退出两种行为，因此不仅需要重点考察在产能过剩领域中政府社会资本份额的下降程度，还需要着重考察政府社会资本在关键领域的分布及集中度的上升程度。

3. 社会效益维度

政府社会资本同属国有资本，维护社会效益是其与生俱来的使命，因此社会效益也是政府社会资本运营管理评价的重要维度之一。一方面，可以从政府社会资本对国计民生行业的投资力度来衡量；另一方面，可以从政府社会资本投入后人民幸福感的变化等主观指标来衡量。

4. 公司治理体制改革维度

基于政府社会资本的投资关系形成的政企产权关系，将直接影响被投资企业的公司治理体制。在引入政府这一具有公益性、全局性、统筹性的所有者之后，企业对深化治理体制改革将具有更全面的认识。因此，党组织领导作用的发挥、董事会规范性建设的进展、职业经理人制度推行进展、决策执行监督机制建设情况等方面，都反映了公司治理体制情况，这些变化也侧面反映出政府社会资本进入后对企业体制改革的赋能。

第六章　政府社会资本理论应用

第一节　政府社会资本与企业理论创新

企业是资源配置的产物。在企业形成的资源配置过程中，政府是必不可少的参与者。但现有企业理论却将政府作为社会管理者，超然存在于企业组织之外，政府在企业形成的资源配置过程中的所有投入，都被视为公共产品。在将政府公共资源配置分为政府公共产品和政府社会资本的基础上，应进一步确认政府对政府社会资本投资的所有权，从而创建每个企业都是“政府作为政府社会资本投资者与其他资本投资者的集体选择”的中国特色企业理论。

一、企业是利益相关者的集体选择

运用集体选择理论对企业进行考察，现代企业理论所认为的构成企业的各种契约实质上就是作为缔约主体的企业利益相关者的集体选择。具有不同的“资本禀赋”和利益追求的利益相关者，各自都是独立的行动个体，并可能具有不同的价值取向和行为偏好，其各自的目标是其个体利益最大限度地得到满足。但是，企业的形成说明由企业所代表的集体行动代替了若干独立的个体行动，企业成为一个代表所有参与者的集体利益的主体，并以所有参与者集体利益得到满足为目标，而这是建立在所有参与者的个体理性选择基础之上的。个体只有在相信这样的集体行动优于其独立行动的选择时才会加入，否则就会退出，这与集体选择的基本特征是一致的。

企业的根本目的是价值创造和分享，因此，企业利益相关者的集体选择都围绕着企业价值创造和分享而展开。我们将市场上可能与企业价值创造和分享存在利益关系的个体称为企业的利益相关者，他们各自具有一定的资本禀赋，其共同偏好是追求各自资本的价值增值。他们可以通过选择独自或共同签订企业契约来构建企业并通过企业的团队生产以实现其自身资本的价值增值，也可以选择与企业签订交易契约从而在与企业的市场交易中实现其资本的价值增值。

在构建企业的契约选择中，选择独自或与其他利益相关者联合签订企业契约的利益相关者即意味着他们选择通过独自或与其他利益相关者联合组建一家企业来创造并独享或分享价值，企业成为他们共同利益的代表和集体行动的主体，他们则将成为企业的所有者并有权控制企业的运作。作出这类选择的利益相关者也因此具有了共同的目标和利益追求，这为他们所创建的企业赋予了明确的目标——实现企业契约签订者的利益最大化。与此同时，他们连同其投入的资本在企业内部也自愿接受企业契约的约束和支配，企业契约成为他们需要遵守的共同准则。而那些选择放弃企业契约签订的利益相关者则意味着其选择了与企业签订交易契约，这些利益相关者仍然是市场上独立的行动个体，其与企业拥有平等的市场地位，并期待通过其与企业之间的市场交易实现其个体的价值增值，他们不受企业契约的约束及企业内部权威和命令的支配，也无权参与企业的控制权和合作剩余的分配。因此，企业是企业契约选择者的一种集体选择，或企业是内部利益相关者①的一种集体选择（王竹泉，2006）。如果在这种集体选择中个体理性和集体理性均得到了可接受的满足，企业就会形成。因此，准确地说，企业是企业契约选择者的集体选择达到的一种可接受的均衡状态。

二、企业形成过程中利益相关者集体选择的层次

从上面的分析可以看出，如果把企业视为利益相关者的集体选择，则其首先要进行的集体选择就是是否参与企业契约的签订。在这一集体选择中，所有可能的利益相关者都是潜在的参与者，都面临着两个选择，即选择：（1）参与企业契约的签订并因此单独或与其他共同签约者一同成为企业的所有者；（2）不参与企业契约的签订，待企业成立后与企业签订交易契约。不管最后选择参与企业契约的利益相关者是谁，一旦完成这一集体选择，则企业的所有权归属也就随之确定。

但是，企业契约不仅仅是企业的所有权归属，还包括企业所有权如何行使，其核心是企业的控制权和剩余分享权在所有者之间的分配，而企业控制权和剩余分享权在所有者之间如何分配实质上是对企业治理结构的设计。因此，仅仅完成是否参与企业契约签订的集体选择还不能宣告企业的成立，必须再经过选择签订企业契约的那些利益相关者（即企业的所有者）的又一次集体选择，从而共同决定企业控制权和剩余分享权在所有者之间的分配，至此，具有具体内容的企业契约签订才算完成，企业才能宣告成立。因此，我们可以把企业的形成看作两个层次的利益相关者集体选择：第一层次集体选择的参与者是所有可能的利益相关者，这一层次集体选择的结果决定了企业契约的签约者或企业的所有者；第二层次集体选择的参与者是企业的所有者，这一层次集体选择的结果决定了企业契约的具体内容，其核心内容是企业控制权和剩余分享权在所有者之间如何分配（或企业治理结构的设计）。也就是说，第一层次的集体选择决定企业所有权的主体边界，而第二层次的集体选择则决定企业所有权的行为边界，两者共同决定了企业的所有权边界。

由于每一个层次的集体选择要达到均衡均需同时满足个体理性和集体理性的条件，因此，每一个企业都不是一成不变的。企业内外部环境以及利益相关者偏好的变化将会对利益相关者的个体理性选择和集体理性选择产生影响，从而可能导致原有的均衡状态被打破，而在一种新的状态下达到均衡，或虽然仍然保持原有的均衡状态，但集体选择参与者对这种均衡状态的满足程度有所改变，如表6－1所示。当然，也可能在新的情况下，至少在一个层次的集体选择中已不存在均衡状态，原来的企业就此瓦解。

---

①　虽然从理论上说，所有利益相关者都有参与这种集体选择的权力，但在现实中，不可能所有利益相关者都参与并成为企业契约的缔约主体。因此，可以按是否参与企业的集体选择将企业的利益相关者分为两大类：一类是企业内部的利益相关者，这类利益相关者实际参与企业的集体选择，并力图通过企业的合作实现他们的共同利益。另一类是企业外部的利益相关者，该类利益相关者不参与企业的集体选择，与企业之间的关系是市场交易关系。

表 6-1　两个层次集体选择均衡状态的变化组合

情　形	第一层次的均衡状态不变	第一层次的均衡状态改变
第二层次的均衡状态不变	①所有权主体和企业控制权、剩余分配权等治理结构均未变。如：原有股东同比例增资；企业盈利能力下降但所有者没有选择退出，也没有对治理结构进行调整；等等。	③所有权主体发生变化，但企业控制权、剩余分配权等治理结构均未改变。如：原有的一个股东将其股份全部转让给一个新股东，企业控制权、剩余分配权不做调整。
第二层次的均衡状态改变	②所有权主体不变，但企业控制权、剩余分配权等治理结构发生了变化。如：企业所有者不变，但重新调整各自的权力结构；企业配股，原有的股东部分放弃配股权；等等。	④所有权主体发生变化，同时企业控制权、剩余分配权等治理结构也发生变化。如：企业增资吸收新股东、企业收购、兼并等，所有权结构调整后对治理结构进行相应调整。

资料来源：作者整理。

在表 6-1 所列的四种组合中，①虽然企业所有权主体和治理结构都没有发生改变，但是，企业契约参与者即所有者（包括个体和集体）对这种均衡的满足程度与没有增资之前或盈利能力未下降之前是不一样的。从这种意义上来说，虽然表面上这种均衡状态所对应的企业未发生改变，但这种均衡状态所对应的企业对其所有者的满足程度或价值是有变化的。②虽然所有权主体未发生变化，但企业控制权、剩余分享权等治理结构已经发生变化，因此，企业的所有权边界（主要是行为边界）发生了变化，这种新的均衡状态所对应的企业已不同于原来的企业，已发生了治理结构的重组。③企业的所有权主体发生变化，但企业控制权和剩余分享权的分配等治理结构保持不变，同样改变了企业的所有权结构，这种新的均衡状态所对应的企业已经不同于原来的企业，企业的主人已发生了更替。④不论是企业的所有权主体，还是企业的治理结构都发生了实质性的变化，这种新的均衡状态所对应的企业已经完全不同于原来的企业，企业的主人和企业的治理结构都发生了变革。由此可见，企业的形成是利益相关者两个层次集体选择达到的一个可接受的均衡状态。但是，这不是一成不变的，而是处在不断的动态变化之中。当一种新的均衡状态出现时（如表 6-1 中的②③④的情形），就意味着一个新的企业的诞生，而之前的那种均衡状态所对应的企业就此消亡。正是这种集体选择均衡状态的变化，实现了新旧企业的更替和变革。只有当原有的均衡状态能够继续保持（如表 6-1 中的①的情形）时，原有的均衡状态所对应的企业才能够得以存续。但即使这样，这一企业对其所有者的满足程度或价值也已经发生了变化。因此，始终处于动态变化之中是所有企业的基本性质。

三、企业的本质是政府作为政府社会资本投资者与其他资本提供者的集体选择

从资源配置视角看待企业，具有普适性。不管是哪个国家，企业建构的资源配置过程中都既有市场的参与，也有政府的参与，所不同的是政府参与的程度具有差异，将政府限定在“守夜人”和纯粹的公共产品提供者的角色，漠视政府在企业建构的资源配置中所投入的政府社会资本的存在，显然不是基于现实世界的一种行为刻画，其理论的解释力和生命力势必受到影响。

如前所述，作为资本配置的重要主体，中国政府所配置的公共资源规模庞大，政府社会资本的投资规模更是远超世界任何一个国家。对中国来说，将政府作为政府社会资本投资者

纳入企业理论的解释框架不仅具有普适意义，更具有重要的现实意义。

从集体选择的角度来看，拥有政府社会资本禀赋的政府与其他资本所有者一样，都是通过集体选择共同构建企业，并追求所有集体选择参与者的共同利益——企业价值最大化。对这种共同利益的追求也将激励政府为企业提供更加优良的基础设施配套条件、更加优质高效的政府服务和更加优良的商业环境等。同样，其他资本的所有者同样可以选择与什么样的政府一起进行集体选择，选择企业的注册地就是在对加入集体选择的政府进行具体的选择。因此，政府作为提供政府社会资本的利益相关者应该成为企业构建的利益相关者集体选择的当然参与者。政府在每一个企业成立时所投入的政府社会资本都是其他私人资本提供者难以取代对企业构建又不可或缺的核心资源，因而与其他资本提供者获得所有权一样，政府也应凭借其所提供的政府社会资本享有企业的所有权。企业的本质是政府作为政府社会资本投资者与其他资本提供者的集体选择。

第二节　政府社会资本与企业制度创新

企业是资源配置的社会建构。政府和市场在资源配置中作用的不同，既是区分不同经济体制的核心标志，也必然给资源配置所建构的企业打上清晰的社会制度的烙印，从而彰显出不同经济体制下企业制度的鲜明特色。党的十八届三中全会《关于全面深化改革若干重大问题的决定》提出，要推动国有企业完善现代企业制度，积极发展混合所有制经济，并指出“国有资本、集体资本、非公有资本等交叉持股、相互融合的混合所有制经济，是基本经济制度的重要实现形式”。2015 年 9 月，国务院发布了《关于国有企业发展混合所有制经济的意见》，提出“分类推进国有企业混合所有制改革”。但是，受国有企业改革理论依据是“产权论”还是“超产权论”分歧的影响，人们对混合所有制改革的理论依据仍存在颇多困惑和分歧。企业混合所有制的内涵是什么？其本质和作用机理是怎样的？其应用范围如何？作为一种企业制度，中国的企业混合所有制有何特色？本节试图引入政府社会资本，对企业混合所有制改革的内涵、本质、作用机理以及中国特色进行全新阐释，为中国特色企业制度构建提供核心支撑。

一、混合所有制的解读与认识误区

（一）国外对混合所有制的解读

无论是作为思想理论研究，还是作为一种社会实践，混合所有制均最早出现在西方社会，它是在资源配置中“看得见的手”和“看不见的手”的争议过程中产生、发展和演变的。由于资源配置有宏观层次和微观层次之分，混合所有制也有宏观层次的混合所有制经济和微观层次的企业混合所有制之分。

从宏观层次的混合所有制经济来看，1929 年至 1933 年的世界经济大萧条使以“政府干预理论”为代表的凯恩斯主义登上了历史舞台。Keynes（1936）指出“挽救资本主义制度的切实办法就是扩大政府职能，让国家权威和私人策动力合作”。瑞典学派 20 世纪 60 年代初提出了“混合经济理论”。World Bank（1997）的报告认为，“政府对一国经济和社会发展以及这种发展能否将持续下去有举足轻重的作用。在追求集体目标上，政府对变革的影响、推动和调节方面的潜力是无可比拟的。当这种能力得到良好发挥，该国经济便蒸蒸日上，但是若情况相反，则发展便是止步不前”。Newman（2001）认为在所有制的构成来看，存在着传统型混合经济到新混合经济的转变。传统的混合经济是第一次国有化浪潮下产生的，其过分强调政府管制，忽略了市场的作用。新混合经济是针对西欧私有化改革后经济调整时期的一种经济状态，认为政府对市场不是起支配作用，而是要起调节、补充和润滑的作用。陈池（2007）分析了英国的混合经济模式运行中的四种混合制度，即混合型产权制度、混合型自由企业制度、混合型资源配置机制和普惠型福利制度。

从微观层次的企业混合所有制来看，Boardman 和 Vining（1989），Shirley 和 Walsh（2000）研究表明，混合所有制公司的盈利和生产率水平明显不如私有公司。而 Backs（2001）对全球混合所有制航空企业的研究结果显示，混合所有制航空公司的业绩指标高于国有航空公司而低于私有航空公司。Gupta（2005）研究了“黄金股”模式的作用，认为政府通过直接和间接手段掌控混合所有制企业，其最常见的手段是采用“黄金股”模式，即确保一些提供公共服务的、有重点设施以及具有战略意义的国有企业在转为私营后能直接或间接受到政府的掌控，也就是说政府既要确保企业充分自由市场制度，也要确保政府有效监督管制。新西兰在 2012 年通过了混合所有制模式（The Mixed Ownership Model）议案，允许在国家保持控股地位的前提下，对国内的五家国有企业进行改革，包括四家能源企业和一家航空企业，新法将这些国有企业引入一个全新的所有制模式，即混合所有制模式。Crosland（2013）认为西欧的私有化运动最普遍的做法是部分私有化，也就是出售国有企业的部分股份，从而形成混合所有制的股份公司。

（二）国内对混合所有制的解读

改革开放以来，国内学界对混合所有制的研究与党和国家的经济体制改革政策交相呼应。董辅礽（1979）对传统所有制理论中全民所有制只能有“国家所有制”一种形式进行了反思，开启了我国学者对所有制理论研究的先河。之后，学界关于马克思主义所有制理论的研究大致可以分为三种取向：一是反思马克思主义所有制经典理论并尝试作出新阐释，如于光远（1994）、王成稼（2007）、卫兴华（2008）等；二是重新澄清和阐明马克思主义所有制理论的基本观点和立场原则，如吴宣恭（2013）、周新城（2018）等；三是结合我国所有制领域改革对马克思主义所有制理论作时代化理解，如刘国光（2011）、顾钰民（2012）、程恩富等（2015）等（包炜杰、周文，2019）。

党的十五大报告（1997）首次明确：“公有制为主体、多种所有制经济共同发展，是我国社会主义初级阶段的一项基本经济制度”，对社会主义基本经济制度进行了初步界定。党的十八届三中全会强调：公有制为主体、多种所有制经济共同发展的基本经济制度，是中国特色社会主义制度的重要支柱，也是社会主义市场经济体制的根基。大量学者如刘伟（2015）、季晓南（2019）等从宏观与微观两个层面剖析混合所有制经济，宏观层面在于表述国家经济结构中公有制经济与非公有制经济的构成和比重，微观层面则表现为企业内部公有资本与非公有资本的构成和比重。刘伟（2015）认为混合所有制经济包含两个方面含义，一方面是就整个国民经济总体而言的所有制结构及由此决定的社会经济基础，另一方面则是就企业个体而言的产权结构及相应的企业（公司）治理结构。前者决定社会经济制度的性质和根本特性，后者则决定企业主体的产权归属及利益、责任、风险的制度安排。也有观点认为，社会主义基本经济制度的公有制主体地位和私营、外资、个体经济的非主体地位，在性质上和数量上都有清晰界定，不存在所谓“宏观层面的混合所有制经济”（项启源和何干强，2014），混合所有制应该专指微观层面的公私资本交叉持股的股份制度（卫兴华，2015），是一种高效的资本组织形式（李明星和吕汉阳，2019）。

党的十九届四中全会再次强调，公有制为主体、多种所有制经济共同发展的所有制制度是基本经济制度的核心，必须毫不动摇巩固和发展公有制经济，大力发展各种所有制经济交叉持股的混合所有制经济，探索公有制的多种实现形式。毫无疑问，我国关于所有制及其实现形式的不断探索为中国特色社会主义基本经济制度的形成奠定了坚实基础。

从微观层次的企业混合所有制来看，厉以宁（1987）首次提出所有权多元化不仅是指社会主义社会中可以存在多种所有制，包括公有制，也包括非公有制，而且企业生产资料所有权也可以不是单一的，而是由全民、集体和个体按照多种方式交叉、渗透而形成的混合性质的。刘烈龙（1995）将我国混合所有制经济进行形态上的规范后，大致将其划分为五种基本形式：社会混合所有制、企业内生产资料混合所有制、企业内剩余混合所有制、企业内经营者与所有者混合所有制以及公有制与个人所有制高度统一的混合所有制；李正图（2005）认为混合所有制企业的现实生产力是各相关利益者的生产要素综合的结果；葛扬、林乐芬（2008）认为企业层面的混合经济的边界是动态的，因此，混合经济的边界便会由一定经济条件下的均衡状态所确定。张文魁（2010）认为企业从非混合所有制转变为混合所有制有利于其经营绩效的提升。宋志平（2013）认为，从企业角度而言，混合所有制可以通过扩大投资来源使企业的规模扩大，风险分散，有效地实现资本的社会化和资源的有效配置，对资本的所有制关系起到优化作用，从而促进了两权分离并大幅提高企业和资本的运作效率；顾钰民（2014）根据马克思的企业理论，通过分析企业制度的发展来阐述混合所有制经济产生的一般规律，认为企业制度经历了从简单协作，到工场手工业制度，再到工厂制度以及公司制度的演变，其中公司制度的基本产权特征是混合所有制；魏杰等（2014）对混合所有制经济的产权安排作出了三个维度的系统分析：一是不同经济成分混合的社会形态；二是不同经济成分与不同投资主体混合的企业形态；三是不同投资主体混合的社会形态；贾康（2014）全面分析了PPP模式的正面效应，认为这种机制与混合所有制有着天然的内在连接；何自力（2014）认为混合所有制是指不同所有制成分在企业内部以资本为纽带结合而形成的所有制形态。綦好东等（2017）指出，混合所有制经济在宏观上体现为一个国家或地区不同所有制成分共存的经济形态，在微观上则表现为由不同性质产权主体构成的企业经济形式。

（三）混合所有制的认识误区

综观国内外对混合所有制的解读，不难看出，人们对混合所有制的认识还不够统一，存在以下三方面的认识误区。

1. 将混合所有制经济和企业混合所有制混为一谈

1978年改革开放以来，邓小平提出了“坚持公有制为主体、多种所有制经济共同发展的社会主义初级阶段的基本经济制度”。党的十一届六中全会提出，国有经济和集体经济是我国基本的经济形式，一定范围的劳动个体经济是公有制经济的必要补充。党的十二大报告充分肯定了非公有经济的积极作用，认为非公有经济和外商投资的发展都是公有制经济必要的、有益的补充。党的十三大报告指出，私营经济“是公有制经济必要的和有益的补充”“中外合资企业、合作经济和外商独资企业，也是我国社会主义经济必要的和有益的补充”。

邓小平南方谈话提出了“社会主义市场经济理论”。党的十四大报告强调要“以公有制包括全民所有制和集体所有制经济为主体，个体经济、私营经济、外资经济为补充，多种经济成分长期共同发展”。党的十四届三中全会通过的《中共中央关于建立社会主义市场经济体制若干问题的决定》指出：“建立社会主义市场经济体制，就是要使市场在国家宏观调控下对资源配置起基础性作用”，并强调“必须坚持以公有制为主体、多种经济成份共同发展的方针”。党的十五大报告提出：“公有制为主体，多种所有制共同发展，是我国社会主义初级阶段的一项基本经济制度”“非公有制经济是我国社会主义市场经济的重要组成部分”。党的十五届四中全会提出大力发展股份制和混合所有制经济。在这一阶段，由于不断推动经济制度由纯一色的公有制经济向多种经济成分并存的混合所有制经济发展，并将非公有制经济从改革开放早期的“拾遗补阙”地位提升到“公有制经济的补充”的地位，使我国的社会生产力实现了前所未有的大解放，国民经济实现了高速增长，连续若干年 GDP 增速超过 10%，社会财富大量增加，彻底结束了短缺经济时代，人民的生活得到了极大的改善。

但是，进入 21 世纪以后，在整个国民经济快速发展的同时，国有资本所在的领域又出现了向“一股独大、过大”发展的趋势，公有成分迅速增长，企业效率严重下降。财政部《关于我国国有企业十年发展的报告》显示，从 2001 年到 2010 年，全国国有企业净资产收益率平均为 5.4%，其中中央企业为 7.2%，比外商投资企业平均值低 3.3 个百分点[①]。

新中国经济发展走过的曲折道路一再证明：只要搞“一大二公、纯而又纯”的公有制，经济发展就会受到阻碍甚至倒退，只要重视非公有经济与公有制经济的共同发展，国有企业的活力就会焕发，国民经济就会实现快速增长。党的十八届三中全会总结了我国国民经济发展和国有企业改革的历史，提出要“积极发展混合所有制经济”，并提出“国有资本、集体资本、非公有资本等交叉持股、相互融合的混合所有制经济，是基本经济制度的重要实现形式”的重要论断，这显然是顺应历史规律的科学选择。

由此可见，我国从 1993 年提出《中共中央关于建立社会主义市场经济体制若干问题的决定》到 2013 年《中共中央关于全面深化改革若干重大问题的决定》明确提出“积极发展混合所有制经济，混合所有制经济是基本经济制度的重要实现形式”，这既是我国对我国改革开放成功经验的概括总结，更是遵循客观经济规律的理性选择。但是，混合所有制经济与企业混合所有制改革并非一回事。前者是属于宏观经济体制的范畴，而后者则属于微观企业制度的范畴。

黄速建（2014）认为混合所有制指从企业的产权结构而言，除了有国家所有或集体所有的成分外，还有其他的非公有制成分，形成国有资本、集体资本和非公有资本交叉持股、相互融合的状况。显然，就整体经济结构来看，毫无疑问，我们早已进入混合所有制经济。但若按传统理论考察微观企业的所有权结构，则属于混合所有制的企业可谓是凤毛麟角。据国家统计局第四次经济普查按登记注册类型分组的企业法人单位（表 6－2）的数据显示，截至 2018 年年底，我国内资企业法人单位数为 1834.8 万个，其中国有企业 7.2 万个，集体企业为 9.8 万个，股份合作企业 2.5 万个，联营企业 0.7 万个，有限责任公司 233.4 万个，股份有限公司 19.7 万个，私营企业 1561.4 万个。且不说股份合作企业、联营企业、有限责

① 中国民主促进会中央委员会，关于进一步深化国有企业改革的提案，http://www.mj.org.cn/lxzn/czyz/czyzjyxc_1/201312/t20131228_168144.htm

任公司、股份有限公司中有相当数量的企业还不符合混合所有制的企业所有权结构，仅国有企业和私营企业等明显不符合混合所有制企业所有权结构的企业比例就高达85.5%。即使所有的国有企业都实行了企业混合所有制改革，其所占所有内资企业法人数量的比例也不过是0.39%。

表6-2　　　　　　　按登记注册类型分组的企业法人单位

	单位数（万个）	比重（%）
合　计	1857.0	100.0
内资企业	1834.8	98.8
国有企业	7.2	0.4
集体企业	9.8	0.5
股份合作企业	2.5	0.1
联营企业	0.7	0.0
有限责任公司	233.4	12.6
股份有限公司	19.7	1.1
私营企业	1561.4	84.1
其他企业	0.1	0.0
港、澳、台商投资企业	11.9	0.6
外商投资企业	10.3	0.6

资料来源：第四次全国经济普查公报（第二号）——单位基本情况。

国家发改委2019年5月宣布，在已经推出三批50家重要领域的混改试点基础上，推出了国有企业混合所有制改革第四批试点名单。第四批试点企业共160家，其中中央企业系统107家，地方企业53家。自2013年党的十八届三中全会明确提出加强混合所有制改革到2015年9月“国务院关于国有企业发展混合所有制经济的意见”发布，再到第四批混合所有制改革试点企业的确定，5年多时间过去了，国有企业混合所有制改革尚基本处于探索阶段。与此同时，党的十八届三中、四中、五中全会推出了一系列非公有制经济企业市场准入、平等发展的改革举措，形成了鼓励、支持、引导非公有制经济发展的政策体系，但是，由于一些原因，这些政策的配套措施还不是很完善，政策落地效果还不是很好。因此，如何在微观企业层面认识混合所有制是关系到混合所有制改革方向、应用范围和改革成效的关键问题，切忌将混合所有制经济的发展状况与企业混合所有制改革的发展状况混为一谈。从全社会的角度来看，混合所有制经济就是要实现公有经济与非公有经济的共同发展，其方向是十分明确的，相关的政策也便于统一，而具体竞争性国有企业的混合所有制来说，情况则千变万化，很难整齐划一，必须在进一步分类基础上实施分类改革。

2. 主要是从不同产权性质资本混合的角度对企业混合所有制进行研究，鲜见从不同形态资本的角度对企业混合所有制的研究

对于企业混合所有制，大部分研究是将企业混合所有制界定为不同产权性质的资本的混合，并从产权激励、股权制衡以及优势互补等方面阐释企业混合所有制的作用机理，因此，其研究的焦点集中在混合所有制企业的性质、不同性质所有权之间的比例关系以及具体实施

方式方面，而鲜有从异质性资本配置的视角探讨企业混合所有制的研究。

如前所述，每个企业都离不开物质资本、智力资本和社会资本。但是，现有研究却忽视了一个最为关键的问题，就是每一个企业其实都是这三种资本形态的资本的结合体，而不是表面上所表现出来仅是其中一种形态的资本独享所有权或两种形态资本的所有者共享所有权。王竹泉（2016）指出，多种形态资本的所有者共同享有企业所有权才是企业混合所有制的真正要义，仅把企业混合所有制理解为国有资本和民营资本的混合是片面的，会严重制约企业混合所有制改革的应用范围。企业混合所有制改革的本质是利益相关者资本管理。

3. 对企业建构过程中政府投入的土地、知识、数据等政府社会资本与政府公共产品相混淆

在企业建构的资源配置中，政府投入的并非仅是国有企业中的国有资本。为促进地方经济发展，招商引资，中国很多地方政府都为企业提供了特殊的土地使用权、知识、数据以及专项政策等的支持，这些要素为企业的经营发展作出了重要的贡献，但很多情况下却被视为公共产品而无偿提供。

党的十九届四中全会《决定》提出“健全劳动、资本、土地、知识、技术、管理、数据等生产要素由市场评价贡献、按贡献决定报酬的机制”，其中，土地、知识、数据等生产要素参与分配均为首次提出，而且在这些资源的提供中，政府作用可能更为突出。如何使政府提供的土地、知识、数据等生产要素也平等地由市场评价贡献、按贡献决定报酬，将是健全社会主义基本经济制度需要解决的重大课题。但是，不论是公共管理理论，还是企业理论，目前都未认可政府作为政府社会资本出资者的身份，而是将政府作为公共管理者超然存在于企业组织之外。因此，将政府作为具有社会公共管理权和政府社会资本所有权双重权力的主体并将政府作为每一个企业的政府社会资本投资者纳入企业制度的分析框架之内，从而创新企业混合所有制制度将是中国特色企业制度的突破口之所在。

二、异质性资本禀赋与企业混合所有制的普遍性

（一）政府作为政府社会资本投资者与其他资本提供者的集体选择

如前所述，当前企业理论和政企关系理论将政府作为以提供公共产品、满足社会公共利益为目标的超然主体，忽视了政府自身的经济利益追求和政府在每一家企业中投入的政府社会资本的存在。如果将具有政府社会资本禀赋的政府纳入企业制度的分析框架，则每一家企业都是一个“具有异质性资本禀赋的利益相关者的集体选择”，政府凭借其在每一家企业中所实际投入的政府社会资本参与了每一家企业的利益相关者的集体选择，企业的本质是政府作为政府社会资本投资者与其他资本提供者的集体选择。

政府参与企业的集体选择并非是一种被动的选择。政府可以选择是否接受其他资本所有者提出的集体选择，其他资本的所有者同样可以选择与什么样的政府一起进行集体选择。因此，按利益相关者集体选择企业理论，每一家企业都是一个混合所有制的组织，是由投入政府社会资本的政府和其他资本投资者组成的一种集体选择。混合所有制是所有企业的共同特征。即使传统意义上的独资企业，也是一个由政府和业主共享企业所有权的混合所有制的组织，世界上并不存在一家纯粹意义上的独资企业。传统意义上的国有独资企业则是拥有政府社会资本所有权的政府投入的政府社会资本和物质资本的混合。

因此，每一家企业都是一个多种形态资本的结合体，企业的创立或重组就是政府和其他

形态资本的所有者将多种形态的资本进行融合或重新组合从而形成企业自有资本的过程，多种形态资本的所有者共同享有企业所有权才是企业混合所有制的真正要义。企业的本质是异质性资本禀赋的利益相关者的集体选择，参与集体选择的利益相关者成为企业所有者，确定了企业所有权的边界和企业的目标。政府在每一家企业成立时都投入了其他私人资本提供者难以取代的政府社会资本，因而应该是每一家企业集体选择的天然参与者。与其他资本提供者获得所有权一样，政府也应凭借所提供的政府社会资本享有企业的所有权。每家企业都是政府提供的政府社会资本和其他资本提供者提供的其他形态资本混合的产物，其本质是“政府作为政府社会资本的投资者与其他形态资本所有者的集体选择，反映的是企业异质性资本混合中的政府与市场的关系”。

（二）企业混合所有制是所有企业的共同特征

企业不是天生就存在的，而是后天产生的，是人为构建的结果。从资源配置视角看待企业，具有普适性。不管是哪个国家，企业建构的资源配置过程中都既有市场的参与，也有政府的参与，所不同的是政府参与的程度具有差异，这也是每一家企业具有自己的个性化特征的基础。

如同世界上没有完全相同的两个人一样，世界上也不存在两家完全相同的企业，每一家企业都具有自己的特征。但是，如果不承认政府作为政府社会资本投入者在企业中享有的所有权，我们可能无法辨识同一个投资者甲在A、B两个不同的国家或地区投入相同的货币资金分别组建的两家企业的差异何在。在不考虑政府作为政府社会资本投入者享有所有权的情况下，这两家企业是没有差别的。但是，在考虑了政府作为政府社会资本投入者享有所有权的情况下，这是两个完全不同的集体选择：在A国或地区设立的企业是投资者甲与A国或地区政府的集体选择，该企业是由投资者甲与A国或地区政府共享所有权的组织；而在B国或地区设立的企业是投资者甲与B国或地区政府的集体选择，该企业是由投资者甲与B国或地区政府共享所有权的组织。由此可见，不仅每一家企业都是一家混合所有制的企业，而且每一家企业的混合所有制又都具有自己的特性。这种特性是由企业所有者的构成及其投入的资本决定的，政府作为向每一家企业投入政府社会资本的主体，理所应当成为企业的所有者之一。混合所有制不应是简单的国有、民营不同性质资本的混合，其本质是不同形态资本（物质资本、智力资本和社会资本等）的混合。由于每一家企业中都有政府提供的政府社会资本，因此，每家企业都是政府提供的政府社会资本和其他资本提供者提供的其他形态资本混合的产物。从这个意义上来说，混合所有制是所有企业的普遍形式，反映的是企业异质性资本混合中的政府与市场的关系。中国特色社会主义市场经济制度的微观基础是中国特色混合所有制企业制度。

由此可见，不仅每一家企业都是一家混合所有制的企业，而且每一家企业的混合所有制又都具有自己的个性，这种个性是由企业所有者的构成及其投入的资本决定的。企业混合所有制是不同形态资本所有者达成一项企业契约或重新达成一项新的企业契约的集体选择，企业混合所有制改革的本质是利益相关者资本管理。

需要指出的是，目前我国虽然国有企业众多，但是政府在国有企业的所有权却并非以政府在企业中投入的政府社会资本来界定，而仍然以企业中物质资本的提供者是政府（包括中央政府或地方政府）来界定。如果政府没有在一家企业中投入有形的物质资本，政府就不会成为现实中企业的所有者。因此，深化企业混合所有制改革应充分利用政府社会资本参与的广泛性和普遍性的特征，以政府社会资本参与的企业混合所有制为突破口，将企业混合所有制真正发展成为基本经济制度的重要实现形式。

三、异质性资本配置的企业混合所有制作用机理

既然企业混合所有制是每一个企业的共性特征，那么推行企业混合所有制改革有何意义？其作用机理是什么？

1. 通过所有权关系和优化治理结构提升企业价值

每一个企业都是多种形态资本所有者共同享有企业所有权，不同形态资本所有者在企业中的所有权关系属于生产关系和上层建筑的范畴，因此，企业可以通过混合所有制改革优化企业治理结构，进而通过改进生产关系实现企业生产力的提升。在这个方面，企业混合所有制改革可以发挥的空间十分巨大。

物质资本、智力资本和社会资本在特定时间、特定空间都可能成为持定企业生存和发展所需要的关键资源，提供这些关键资源的利益相关者理所应当成为企业的内部利益相关者，从而享有企业所有权。但是，目前的企业所有权制度仍停留在以物质资本为主的时代，如何使智力资本、社会资本的所有者能够同样获得企业所有权是企业混合所有制改革应该重点突破的领域。

在此特别要强调的是，国内外的企业理论都将提供公共产品的政府视为一个超然主体排除在企业所有者的范畴之外，但是，每一个企业的运作都离不开政府特别是地方政府所提供的政府社会资本。从异质性资本配置的视角重新解读企业混合所有制，深入挖掘异质性资本配置中的政府与市场的关系，确认政府在每一个企业中政府社会资本所有者的权利和地位，进而创新企业混合所有制制度，形成解读中国特色企业制度的应用理论，对于营造合作共赢的政企关系具有重要的意义。我国的企业混合所有制改革应在这种新型企业制度和政企关系的创建中作出表率。

2. 通过资本基础和优化资本配置提升企业价值

资本规模和资本结构是决定企业生产力高低的物质基础，每一个企业的资本都是多种形态资本所有者投入的不同形态资本的集合。作为一个由物质资本、智力资本和社会资本等多种不同形态资本构成的融合体，企业资本配置的短板限制了企业的生产效率和发展，只有多种形态资本合理配置、优势互补、协同运作，才能有效地提升企业的价值创造能力。因此，企业可以通过混合所有制改革优化资本配置，实现不同所有者的资本以及不同形态资本的优势互补和协同运作，从而改善企业生产力的物质基础，提高企业的生产力。在这方面，应当充分发挥国有资本的信用优势、抗风险能力强等方面的优势，而民营资本则应该充分发挥其机制灵活、市场反应敏锐等优势，企业家、技术专家、员工等则应充分发挥其智力资本的优势，各地方政府则应充分发挥其所能提供的优良的基础设施、商业环境、人文环境等方面的条件和优势，让每一个企业都成为一个资本不断积聚和增值的场所。

四、政府社会资本参与的企业混合所有制改革路径

（一）现行的企业混合所有制改革政策与路径

2013 年，党的十八届三中全会通过的《中共中央关于全面深化改革若干重大问题的决定》指出："允许更多国有经济和其他所有制经济发展成为混合所有制经济。国有资本投资

项目允许非国有资本参股。允许混合所有制经济实行企业员工持股，形成资本所有者和劳动者利益共同体。”这标志着混合所有制改革在我国的全面启动。

此后，国有企业混合所有制改革进程大大加速，《2015年国务院政府工作报告》将混合所有制经济由此前的“加快发展”改成了“有序实施”。2015年9月，国务院发布的《关于国有企业发展混合所有制经济的意见》提出“政府引导，市场运作”“完善制度，保护产权”“严格程序，规范操作”“宜改则改，稳妥推进”四项基本原则。国家发展和改革委员会（以下简称“发改委”）颁布的《关于鼓励和规范国有企业投资项目引入非国有资本的指导意见》指出，在国有企业投资项目引入非国有资本时，要完善引资方式，规范决策程序，防止暗箱操作和国有资产流失。这一转折，使我国国有企业混合所有制改革的步伐更加规范稳健。

2016年出台的《关于国有控股混合所有制企业开展员工持股试点的意见》允许符合下列条件的企业开展员工持股试点，为企业混合所有制改革提供了新的路径。试点企业条件是：（1）主业处于充分竞争行业和领域的商业类企业。（2）股权结构合理，非公有资本股东所持股份应达到一定比例，公司董事会中有非公有资本股东推荐的董事。（3）公司治理结构健全，建立市场化的劳动人事分配制度和业绩考核评价体系，形成管理人员能上能下、员工能进能出、收入能增能减的市场化机制。（4）营业收入和利润90%以上来源于所在企业集团外部市场。该意见要求对员工的人力资本的引入“坚持增量引入，利益绑定”，即主要采取增资扩股、出资新设方式开展员工持股，并保证国有资本处于控股地位。该意见优先支持人才资本和技术要素贡献占比较高的转制科研院所、高新技术企业、科技服务型企业（以下统称科技型企业）开展员工持股试点。中央企业二级（含）以上企业以及各省、自治区、直辖市及计划单列市和新疆生产建设兵团所属一级企业原则上暂不开展员工持股试点。

2019年，国资委印发的《中央企业混合所有制改革操作指引》指出，混合所有制改革要按照完善治理、强化激励、突出主业、提高效率的要求推进。要求制定方案过程中，要科学设计混合所有制企业股权结构，充分向非公有资本释放股权，尽可能使非公有资本能够派出董事或监事；注重保障企业职工对混合所有制改革的知情权和参与权，涉及职工切身利益的要做好评估工作，职工安置方案应经职工大会或者职工代表大会审议通过。显然，企业混合所有制改革不是单纯地为混而混，而是产业链中产业节点混合、市场化经营机制的混合、不同资源禀赋的混合，切忌一窝蜂、定比例，要发挥市场配置资源的作用，绝不能用行政手段取代市场。

从现行的政策来看，企业混合所有制改革主要是面向国有企业，改革的路径主要是引入非公有资本，充分向非公有资本释放股权，并在符合条件的企业积极探索员工持股试点，在增量引入智力资本的同时，优化混合所有制企业的股权结构和资本结构。但是，通过国有土地使用权、政府数据、政府特许权、政府专项资助等的市场化实现更大范围（不限于国有企业）、更多形态资本参与（不仅有物质资本、智力资本参与，而且有社会资本的参与）的企业混合所有制改革尚未引起政府有关部门的重视。

（二）企业混合所有制改革的新路径：政府社会资本引导的企业混合所有制

企业混合所有制的内涵不应局限于民营资本和国有资本之间的混合，而应是不同形态资本的混合；企业混合所有制改革的本质是不同资本形态的资本配置结构优化。企业的所有权结构是动态调整的，是企业在不同时期主动适应市场变化的主观行为；国有资本表现为国家作为生产要素所有者在企业资产中所占份额的各项权益，是法律规定和公司治理框架内的客观存在。如前所述，政府提供的公共资本并非仅是国有企业中的国有资本。为促进地方经济发展，招商引资，中国很多地方政府都为企业提供了特殊的土地、知识、数据以及政策等的支持，这些要素为企业的经营发展作出了重要的贡献，但很多情况下却被视为公共产品而无偿提供。随着技术、土地、数据等异质性生产要素价值不断提升，确认政府对企业中政府社会资本投入的所有权，积极探索政府社会资本引导的企业混合所有制改革具有积极意义，要素市场化配置为这一创新的企业混合所有制改革路径提供了重要的契机。

（三）工业互联网：政府社会资本引导的企业混合所有制改革新方向

特别值得一提的是，在数字经济时代，工业互联网将成为政府社会资本引导的企业混合所有制的一种新形态，政府应当积极参与并加以推进。根据 2018 年我国工业和信息化部发布的《工业互联网平台建设及推广指南》：工业互联网平台是面向制造业数字化、网络化、智能化需求，构建基于云平台的海量数据采集、汇聚、分析服务体系，支撑制造资源泛在连接、弹性供给、高效配置。不难看出，工业互联网平台赋能的机理是促进虚拟社会资本向现实社会资本的转化，实现平台中企业的物质资本、智力资本、社会资本的资本配置结构的不断优化，从而提高平台中企业的资本配置效率和市场竞争力。工业互联网平台的本质是资本配置结构优化的企业混合所有制新形态。这不仅再一次证明企业混合所有制改革是每个企业都可以分享的制度红利，不论是国有企业还是民营企业，也不论是大中型企业还是小型企业，都应积极参与到企业混合所有制改革的宏伟实践中，而且更能够使政府以政府社会资本提供者身份获得企业所有权的设想成为现实，加快推进政府拥有的庞大的数据资产向政府社会资本的转化。可以预见，工业互联网将是数字经济时代企业混合所有制改革的努力方向。这种改革将引起全球企业制度划时代的变革，不仅提升我国经济的发展水平，而且将对提升全球经济的发展水平作出重要贡献。

第三节　政府社会资本与国家治理创新

党的十八届三中全会提出“全面深化改革的总目标是完善和发展中国特色社会主义制度，推进国家治理体系和治理能力现代化”，国家治理首次被作为党中央的重大命题而提出。党的十九届四中全会通过的《中共中央关于坚持和完善中国特色社会主义制度推进国家治理体系和治理能力现代化若干重大问题的决定》把国家治理提高到与坚持和完善中国特色社会主义制度的高度加以强调：“中国特色社会主义制度是党和人民在长期实践探索中形成的科学制度体系，我国国家治理一切工作和活动都依照中国特色社会主义制度展开，我国国家治理体系和治理能力是中国特色社会主义制度及其执行能力的集中体现。”资源配置相关的体制机制、法律法规安排是国家治理体系的重要组成部分。西方国家的治理体系都将政府视为企业生存和发展中的外生变量，将政府限定在“守夜人”角色而否认政府在一般企业的组建和运营过程中具有个性化、差异化的公共资源直接配置。将政府视为纯粹的公共产品提供者和“守夜人”既不是西方国家现实世界的一种行为刻画，更不符合中国特色社会主义市场经济体制下政府职能和政企关系的基本特征。在将公共资源配置区分为政府公共产品和政府社会资本的基础上，深入研究政府社会资本与国家治理创新，对坚持和完善中国特色社会主义制度、推进国家治理体系和治理能力现代化具有重要的意义。

一、政府社会资本的非均等性配置与效率性的目标导向

根据本书第二章对政府社会资本的界定，政府社会资本是指政府为招商引资、科技创新、重点发展等而专门建设的经济特区、开发园区、创新或产业园区等特殊基础设施、面向引入企业或创新企业及特定主体给予的特殊许可、政策优惠和专项支持等具有部分的排他性和竞争性特征的政府公共资源配置。从政府社会资本的界定即可看出，政府社会资本的配置具有非均等性的特征，特殊基础设施、特殊许可和政策优惠等的非均等性是一目了然的。当然，这种政府公共资源配置的目的并非提供更多的公共产品，促进经济公平，而是为了更好地发挥政府集中力量办大事的优势，在所配置资源的领域产生比市场自发的资源配置更高的经济效率。

事实上，政府社会资本配置与政府公共产品配置是政府基于不同目标所进行的公共资源配置，政府公共产品配置的目标在于保障市场经济的正常运行，为企业个体的价值创造提供公平、稳定的市场环境，降低整个社会的交易成本，激发企业个体自发性的价值创造，进而获得自身税收收入的最大化，具有无偿性、均衡性的特征。而政府社会资本配置则是基于比较效率目标，通过对特定行业、企业的资源支持，改变这些行业、企业的资源基础，提升它们的市场竞争力，实现社会产出水平的更大化，政府也因此获得更多的经济租金。

与政府公共产品配置相比，政府社会资本配置对企业价值创造的资源支持并不是通过市场这一载体间接实现的，而是一种直接性的参与，双方之间并不是一种交易契约关系，而是成为企业契约的缔结方之一，政府也因此成为企业集体选择的参与者之一，与其他所有者一样，政府也应该享有对企业的剩余控制权和剩余收益索取权。政府社会资本从政府投入出发，其投入的政府社会资本在市场中与企业自愿交换转化为产权，其目标是政府和投资者对效率的共同追求。

不同于税收是强制的、面向每一位社会公众的，政府作为政府社会资本投资者所享有的所有权是选择性的、排他性的。政府与特定企业的其他资本提供者根据集体选择理论在既满足个体理性又满足集体理性的基础上自愿签订企业契约，政府根据其在该企业中投入的个性化的政府社会资本而享有对该企业的所有权。政府社会资本所有权的确认势必使政府社会资本的非均等性配置换来非均等性的政府社会资本所有权，从而在保障每一个企业按均等性的公共产品配置公平税负的同时，得到更多政府社会资本投入的企业也更多地向政府分配利润，实现在追求效率的同时兼顾公平性。

二、政府公共产品的均等性配置与公平性的目标导向

政府的基本职能是政治职能，是通过提供公共产品增进社会福利，维护社会稳定和秩序，保障社会公平。政府公共产品配置应遵循均等性的原则，其目标导向是公平优先。

20 世纪 20 年代，英国经济学家庇古开创了福利经济学的完整体系。为实现福利最大化的目标，庇古考虑到两个问题：一是个人实际收入的增加会使其满足程度增大，二是转移富人的货币收入给穷人会使社会总体满足程度增大。据此，他提出了两个基本命题：国民收入总量越大，社会经济福利就越大；国民收入分配越是均等化，社会经济福利也就越大。庇古的这项贡献对公共服务均等化起到了基础性的影响。由于公共服务也是由国民收入形成，对

公共服务的分配能对国民收入的分配起到重要作用，能够增进社会福利，促进社会福利最大化，特别是政府财政收入占 GDP 比例较高的时候。公共服务资源一般由政府掌握，主要由政府通过财政支出等手段予以配置，如果出现配置失当的情况仍然要由政府自身来纠正。庇古的国民收入均等化思想对公共服务均等化具有启示性意义，政府应当通过公共服务均等化来实现全社会福利最大化。

均等化，就字面理解包含均衡、相等的意思，而均衡有着调节、平衡的过程，最后达到相等。当然，这里的相等，只能是大体相等，不可能绝对相等。均等的内容包含两个方面：一是居民享受公共服务的机会均等，如公民都有平等享受教育的权利。二是居民享受公共服务的结果均等，如每一个公民无论住在什么地方，城市或是乡村，享受的义务教育和医疗救助等的公共服务，在数量和质量上都应大体相等。相比之下，结果均等更重要。

政府公共产品的配置强调资源配置的公平性（均等化）和无偿性，保障政府公共产品配置需依靠强制性的财政和税收手段。公共性是公共财政的本质特征。这是因为，政府是整个社会的代表，政府的财政收入来自强制性地向全体社会成员的征税，因而，公共财政支出也必须用于全体社会成员，“取之于民、用之于民”是政府公共产品配置的基本理念，其内在的要求是政府必须对所有经济主体和社会成员提供“一视同仁”的服务。

在“一视同仁”的政策下，政府及其公共财政在为社会提供服务的过程中，对所有的社会成员应该是公平对待的。而在“区别对待”的政策下，政府及其公共财政实际上只着眼于和偏重某些经济成分、某些社会集团和少数乃至个别社会成员的利益。因此，公平性是政府公共产品配置的目标追求。政府为社会提供服务时的“一视同仁”，这从根本上决定了政府公共产品配置的范围。

众所周知，政府提供的纯公共产品存在外部性，政府可以向享受公共产品正外部性收益的人征税；又由于纯公共产品没有排他性，搭便车者问题的存在就使私人市场无法提供公共产品，这种情况下如果政府确信一种公共产品的总利益大于总成本，他就可以提供公共产品，并用强制性、无偿性的税收收入对其进行配置，从而可以使每个人的状况变好，因此，纯公共产品的供给方应由政府提供。当然，纯公共产品的供给方也存在例外，比如科斯关于灯塔的故事，这个例子打破了纯公共产品政府垄断的供给模式，当然这是特例。不能否认的是大部分纯公共产品政府供给的合理性，如国防、基础研究、法律和秩序、货币的稳定、环境控制和收入再分配等领域。

从经济学角度看，服务是相对于生产来说的。根据产业结构的划分，三次产业中，第一产业是农业，第二产业是工业和建筑业，这两个产业是物质资料的生产部门，生产出来的产品具有实物形态。第三产业属于服务行业，不生产物质产品，只提供劳务服务。因此，服务也称劳务，即不以实物形式而以提供活劳动的形式满足人们的某种特殊需要。在我国，第三产业即服务行业又可分为 4 个层次：第一层次是流通部门，包括交通运输、邮电通讯、商业等；第二层次是为生产和生活服务的部门，包括金融、保险、房地产、公用和居民服务业等；第三层次是为提高科学文化水平和居民素质服务的部门，包括教育、文化、科学、卫生等；第四层次是为社会公共需要服务的部门，包括国家机关、政党、社会团体等。

公共服务属于公共产品范畴。公共产品和服务与私人物品和服务相对应。公共产品具有两个基本特征：消费的非竞争性与受益的非排他性。这里的公共产品，包含着公共服务的内容，区别只在于，生产领域的公共产品是有形的，而服务领域的公共产品则是无形的。因此，有关公共产品的分析也适用于公共服务。与公共服务相对应的是私人服务。私人服务通过市场来提供，公共服务则主要由政府来提供。有些服务是介于公共服务与私人服务之间的准公共服务，既可以私人通过市场提供，也可以由政府提供，还可以由私人和政府共同提供。这里所讲的“提供”，是指“掏钱”，由谁掏钱就是由谁提供。政府提供，主要是通过财政支出来实现的。

通过上述分析，可以看出公共服务的内容，既包括第三产业中的第四层次，即国家机关通过直接提供劳务为社会公共需要服务，也包括政府通过财政支出向居民提供教育、卫生、文化、社会保障、生态环境等方面的服务。当然，与国家治理相关的政府公共资源配置主要是指第一产业、第二产业的政府公共产品和第三产业第一层次和第二层次中的公共服务。

三、政府作为政府公共产品和政府社会资本的提供者与企业的双重关系

政府与企业的关系反映了国家在某一特定时期的政治、经济生态等的境况，是国家治理体系的核心内容。企业作为一种社会建构，具有深刻的时代特征。在西方资产阶级发展初期，主张企业自由发展，减少政府干预；但政府完全放手又导致“市场失灵”，因此，国家主义主张政府应该干预企业的发展，重构政企关系。随着当代社会政治、经济等问题交织和复杂化，政企之间的合作和互动也变得日益密切。实践表明，无论是政府对企业的统摄控制，还是政府对商业领域的放任无为，都是不可取的。

当政治、经济、管理领域突破理论局限，尤其是引入政府社会资本理论后，政企关系表现出新的特点和活力。政府不再是外生变量、超然存在于企业组织之外，企业也不再是纯粹的被管理者，与政府是主客体关系。政府和企业的关系既影响到每个企业自身的价值，又影响到企业之间的公平和社会公共利益的维护，政府既是维系社会公平的管理者，也是参与市场活动的投资者，政府与企业之间的政权关系与产权关系，满足了政府创造社会价值、经济价值的双重目标，满足了政府对公平的维护及对效率的追逐，这种基于政府社会资本所有权的政企关系和基于政府社会公共管理权的政企关系的双重关系框架之下，将企业制度与政企关系的研究拓展到了一个新境界。

政府与企业的关系要边界清晰、权责分明。企业的本质是政府作为政府社会资本投资者与其他资本提供者的集体选择，目标是集体选择参与者的共同利益最大化，集体选择的范围决定了企业的边界。政府要把该管的事情管好，把不该管的事情还给社会、市场、企业，将企业与政府的关系纳入制度范畴，以清晰的政府权力清单和市场主体清单明确划定政府权力与企业权利边界，构建“亲”“清”的新型政商关系。

（一）中国特色政企关系：公平与效率的统一

政企关系既是国家治理研究的范畴，也是公司治理的重要内容。中国特色政企关系话语体系的构建可以从国家治理与公司治理两个层面着手。在国家治理层面，政府作为国家代理人，既要维护社会稳定公平，实现其社会价值，又要推动经济增长，实现其经济价值。然而不论是更加关注社会价值，依靠公共产品进行资源配置的“小政府”，还是追逐经济价值、通过政府社会资本投入进行资源配置的“大政府”，公平与效率都很难兼顾，极端地选择市场或政府任何一方都会带来巨大的市场或政府失灵问题。将政府的公共资源配置区分为公共产品和政府社会资本，既看到了市场和政府的缺陷，又结合了我国中国特色社会主义的国情

与深化改革的大方向，不再将政府拘泥于“大”“小”的定位，而是积极地从集体选择和社会资本投入的角度重新审视政府与市场的关系，尽量弥补二者的不足，均衡二者的力量，以供给多元化和利益共同体为核心，在保证政府政治职能、公共职能的基础上，充分发挥其经济职能，为资源的有效、高效配置奠定了基础。政府不再只是市场的裁判员和弥补市场失灵的工具，它也是政府社会资本的投资者，是在维系社会公平的同时也参与市场活动并引导效率提升的投资者。

基于政府公共资源配置视角提出政府社会资本概念，将政府视为政府公共产品提供者和政府社会资本提供者的双重身份，从而将政府与企业的关系从原来单一的政府作为公共管理者与企业的政权关系拓展到政府作为公共管理者和政府作为政府社会资本所有者与企业的双重关系。新型政企关系既满足了政府对社会公平目标的追求，又满足了政府对经济效率目标的追逐，并实现了国家治理与企业治理的有机衔接和协调统一。对中国来说，政府社会资本概念的提出，适应了中国特色社会主义市场经济体制、中国特色社会主义政治经济学的总特点，也完全符合全面深化改革、建立现代化经济体系的总要求，对中国特色社会主义市场经济体制话语体系的夯实以及中国特色政企关系话语体系的创建具有积极的促进作用。中国特色政企关系的基本框架如图 6－1 所示。

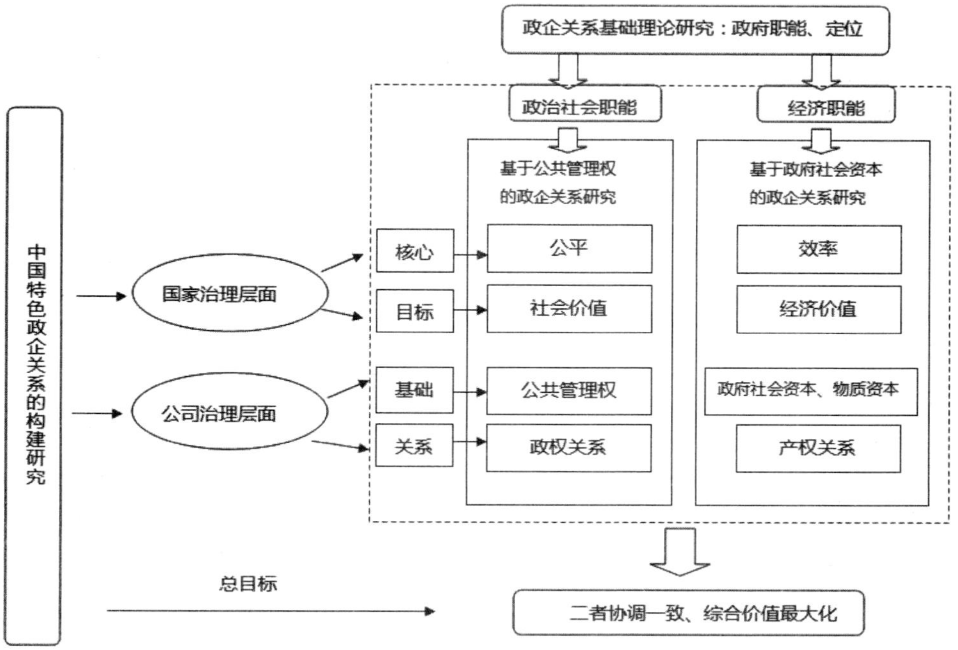

图 6－1　中国特色政企关系基本框架图

（二）中国特色政企关系的“亲”与“清”

自习近平（2016）提出“新型政商关系，概括起来说就是‘亲’‘清’两个字”以来，围绕“亲”“清”新型政商（政企，下同）关系的研究迅速涌现。

熊文钊（2016）认为，理顺政府与市场的关系，是构建新型政商关系的基本要义。在中国特色的社会主义市场经济运行模式下，政府要把该管的事情管好，不应该管的事情放下去，还给社会、还给市场、交给企业家、交给商事主体。要坚持经济自治原则，落实市场主体的经济行为、管理行为自治，保障市场主体的独立权和参与权。要坚持市场有序原则，对于主体资格、经济交往、政府管理以及民事纠纷、行政纠纷等，都要确立相应的规则和解决渠道，以保证市场经济秩序的畅通。要坚持公平正义原则，落实市场开放、程序正义的要求，确保市场主体在法律适用上一律平等。李申学（2016）指出，政商关系的实质是法治关系，法治不彰，则政商关系不良。从一定意义上讲，法治化程度决定了政商关系的成熟程度。郦正（2016）认为，在法治框架下，“亲”“清”不是一个认识问题，而是一个实践问题，将企业与政府的关系纳入制度范畴，以清晰的政府权力清单和市场主体负面清单，明确划定政府权力与企业权利边界，是建立“亲”“清”新型政商关系的关键。田志龙等（2016）指出，建立新型的政商关系，首先需要从三个方面理“清”这个关系：关系范围；关系职责；关系规则。在“清”的基础上，才能加“亲”。资金议（2017）从权力和资本分开的视角探讨了新型政商关系的构建，并指出，公权为公，资本为私，两者的界限是非常分明的。二者一旦逾越界限，糅合在一起，就会产生权力与资本的异化。这种异化会带来两种结果，一种是以权力寻租为特征的“亲而不清”，一种是以庸官懒政为特征的“清而不亲”，这两种情况又与“政府失灵”和“市场失灵”相对应。以政府最小干预和不作为为特征的“清而不亲”放纵了资本的任性。以政府的全能干预为特征“亲而不清”则忽略了权力的扩张性。方世南（2017）指出，构建“清、亲”的政商关系，要确立系统整体协调推进的理念，将政商贯通连接起来谋划，政商双方共同在文化生态、制度生态、法治生态等方面同频共振、同时发力，同向推进，一体化地促进政商生态得到同步优化。

客观来看，大多数关于政企关系的研究都是在政府的社会公共管理职能框架内对政商关系进行探讨，而少有在协调的政府经济发展职能和社会公共管理职能框架下的研究，且大多数研究关注的是传统政企双方权力范畴下的各自边界的调整，而忽视了对政企双方权力属性和内涵的创新研究，大部分关于“亲”“清”政商关系的研究，未能提出科学的“亲”“清”关系的评价标准和理论依据，是以“公平”为评价标准、还是以“效率”作为评价标准，还是兼顾“公平”与“效率”？如果是兼顾，权衡的依据又是什么？少有研究对此作出令人满意的回答。

我们认为：“亲”，即亲睦和谐，政府通过政府社会资本的投入获取企业的一定所有权，与企业有共同的利益关系与目标追求，真正做到了和如一家；同时，政府社会资本的所有权与其他资本提供者的所有权具有平等的地位，只有在涉及侵害社会公共利益的情况下政府才可行使黄金股等特权外，在企业日常事务中只能根据其享有的股权比例行使表决权，从而可以有效地避免政府对企业日常运营的不当干预。“清”，即清正廉洁，政府配置的公共产品必须遵循“均等性”“公平性”的原则，要对所有社会成员“一视同仁”，因此，政府与企业要边界清晰、权责分明。需要注意的是：虽然政府正在通过建立“三张清单（权力清单、负面清单、责任清单）”制度，用“清单”明确政府权责，使政府这双“看得见的手”和市场这双“看不见的手”在经济社会发展过程中的作用边界和施展方式得以更清晰的界定，从而厘清政府与市场、企业的边界，但是，如前所述，目前大多数政企关系研究都是在单一的政府作为公共管理者与企业之间的行政管理关系的框架下进行的探讨，主要内容是探讨如何通过法律、制度来规范政府公共权力的行使，而少有研究触及政府对企业除公共权力之外的私有权力，如政府社会资本所有权。在“政府作为公共管理者与政府作为政府社会资本所有者与企业的双重政企关系”的新型政企关系框架下，除需规范政府作为公共管理者与企业之间关系相关的“三张清单”外，还需同时规范政府作为社会资本所有者与企业之间关系相关的“三张清单”，目前所推出的“三张清单”中缺失了政府作为社会资本所有者与企业之间关系相关的“三张清单”的规定，需要加以补充和完善。

第七章　政府社会资本的应用拓展

第一节　政府社会资本与财税体制改革

科学合理的财税体制是“优化资源配置、维护市场统一、促进社会公平、实现国家长治久安的制度保障”，政府财税管理体制必须要解决好政府与市场、政府与企业、政府与社会、中央与地方政府之间的财税利益关系，也只有如此才能建立与国家治理现代化体系相适应的现代化财税管理体制（高培勇，2014）。将政府公共资源区分为政府公共产品和政府社会资本之后，不仅实现了政府社会资本投资与政府公共产品供给的分类管理，而且也为财税体制的改革提供了新的途径。

一、我国中央和地方政府财税利益关系变迁

（一）从“一灶吃饭”到“分灶吃饭”

在政府间收支划分方面，依据税制设置和企事业隶属关系，确定各级政府财政收入、支出范围，从此，政府间财政关系由“一灶吃饭”转变成“分灶吃饭”。在此期间，我国先后实行“划分收支、分级包干”“划分税种、核定收支、分级包干”以及“财政大包干”财政体制。其中，“财政大包干”形式细分为“收入递增包干”“总额分成”“总额分成加增长分成”“定额上解”以及“定额补助”。在收入端，各级政府实行收入分成。具体的收入分成办法有所差异，但其基本原理是相同的，中央根据财政运行历史状况核定地方财政收入基数，然后确定地方上解中央的财政收入基数或者收入增长率，几年不变，如果地方实际财政收入超过收入基数或某一增长率，基数额全部留给地方，增收部分按照一定比例留给地方；反之，如果地方实际财政收入未达到收入基数，中央对地方进行一定的财政补助。在支出端，中央负责中央级及所属事业单位财政支出，地方负责本级及所属事业单位财政支出，分列各级预算，地方拥有对其财政收入的分配权和使用权，秉承以收定支的原则，多收多支、少收少支，自求平衡。

虽然这一阶段还没有正式提出转移支付的概念，但在此期间中央对地方的大量财政补助、专项拨款实际上属于转移支付的范畴。当时，对于经济发展相对落后、收不抵支的地方政府，中央予以一定的财政补助，其实相当于分税制改革以后建立的一般性转移支付。另外，对于特大洪涝、干旱等自然灾害救济费、偏远地区基础设施建设补助等特殊支出项目，中央设立专案拨款，限定资金使用用途，类似于分税制改革之后建立的专项转移支付。

财政包干制结束了中央财政高度集权，不仅扩大了地方政府的财政自主权，调动了地方

多渠道筹集财政资金、搞活本地经济的积极性，减少对中央财政的依赖，还激发了市场的竞争性，打破国企“铁饭碗”，有利于促进国民经济发展。但是整个20世纪80年代的财税体制复杂多变，在如此短暂的时间内就经历了三次变动，中央和地方的财权财力调整幅度较大，必然影响政府履行社会职能。财政包干制运行到20世纪80年代末、90年代初，其内在问题逐渐暴露出来，使中央和地方的财力分配格局发生颠覆性转变，主要表现在：一是中央政府财力锐减，削弱了宏观经济管理能力。中央政府通过包干制放权给地方政府，地方政府除了保留着大量的预算外收入，可按照“利改税”之后划分的税种获得相当可观的税收收入，同时获得征税权、收入支配权。但中央政府所承担的经济建设投资和财政补贴支出责任较大，连续出现财政赤字，甚至陷入向财政盈余的地方政府借款、发行国家外债的尴尬境地，难以发挥宏观调控作用。如图7－1和图7－2所示，从改革开放到分税制改革之前，中央和地方公共财政收入波动较大，中央政府公共财政收入远低于地方公共财政收入水平；从1985年开始，中央和地方公共财政支出呈现“剪刀叉”式变化，地方财政支出开始超过中央财政支出，随后两者差距呈现扩大趋势。表7－1显示了20世纪80年代中央向地方政府借款情况，此期间中央借款累计为422.16亿元，年度借款额占中央支出的比重最高达10.9%，最低为4.3%。二是地方政府过度追求地区性经济发展，相互分割，重复开发，投资膨胀，形成了“诸侯经济”。三是地区间的财力差距扩大，东部沿海省份迎着改革开放的“春风”迅速发展，能够征收更多的税收收入，而西部地区发展较为落后，税源较为匮乏，经常出现收不抵支，直接影响了地方政府履行社会职责。总体而言，放权让利阶段的财税体制改革举措主要集中在财权、财力分配调整，打破财权集中，使财力分配由“条条”为主改为“块块”为主，政府间财政事权的界定和划分较模糊，没有建立系统、完整、稳定、规范的财税体制框架。

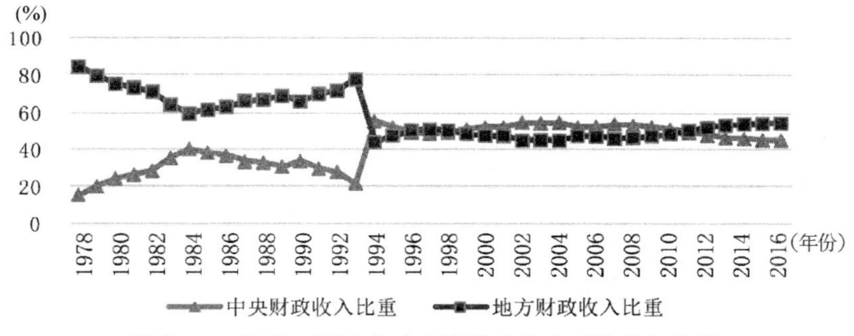

图7－1　1978－2016年中央和地方公共财政收入比重

数据来源：《2017中国财政年鉴》。

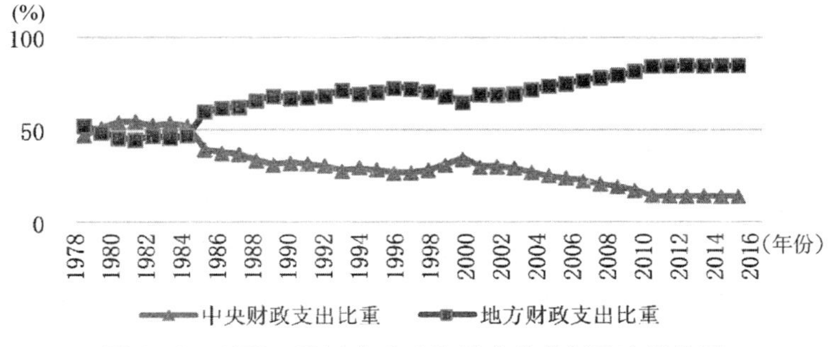

图7－2　1978－2016年中央和地方公共财政支出比重

数据来源：《2017中国财政年鉴》。

表 7－1　　1981－1989 年中央向地方借款情况　　单位：亿元、%

项目	1981 年	1982 年	1983 年	1984 年	1985 年	1986 年	1987 年	1988 年	1989 年
借款额	68.41	20.20	36.18	38.37	42.97	25.14	48.31	50.22	52.36
中央支出	625.65	651.81	759.60	893.33	795.25	836.36	845.63	845.04	888.77
借款额占比	10.9	6.2	4.8	4.3	5.4	5.4	5.7	5.9	5.9

数据来源：《中国财政统计（1950—1991）》。

（二）“分灶吃饭”的沿袭——“分税制”雏形渐成

在政府间收入方面，分税制改革按照“事权与财权相结合”的原则，统一划分中央税、地方税、共享税，将维护国家利益、宏观调控能力较强的关税、消费税等归为中央税，将适合地方征管的营业税、土地增值税等归为地方税，将与经济发展直接相关的增值税等划为中央和地方共享税，并依据税种划分中央和地方所相应拥有的税收收入的立法权、管理权等。同时，中央和地方（个别地区除外）分设国税、地税两套税务征管系统，国税机构征管中央税和共享税收入，地税机构征管地方税收入。这种政府间收入划分方式既考虑不同税种属性差异，又兼顾中央迫切集中财力的现实需要和地方财政承受能力。

在政府间支出方面，分税制改革主要延用了包干制中的央地事权与支出责任划分，没有对政府间的支出格局进行实质性变动。这一阶段实行“双轨并行”转移支付制度。不仅保留了旧体制下的体制上解、年终结算补助（或上解）及专项补助等转移支付形式，又采取了分税制改革中的税收返还和过渡期转移支付制度。税收返还作为分税制改革的重要组成部分，维护了地方政府的既得财力和支出范围，巧妙地化解了推行改革遇到的重重阻力。1994 年，中央以 1993 年地方净上划收入额（即消费税＋75%增值税－中央下划收入）作为税收返还基数，并全额返还给各地。1994 年后，如果地方净上划收入超过 1993 年基数，中央以 1993 年基数递增税收返还额，递增率由“两税”（即增值税和消费税）平均增长率的 1∶0.3 系数确定；如果收入额低于 1993 年基数，扣减相应返还额。随着时间推移，中央对地方的税收返还占地方上划收入比重呈现下降趋势，也就是说，中央拿走的“蛋糕”越来越大，地方政府分得的“蛋糕”越来越小，在中央和地方支出划分格局不变的情况下，地方将面临较大的财政支出压力。为了填补改革后造成的横向、纵向财力差距，再加上限于当时技术性条件、财力等约束，1995 年暂时建立了过渡期转移支付制度，从中央增收部分中拿出一些收入来缓解地方财力紧张问题，借助因素法计算各地标准财政收支差额来分配对各地的补助额。随后，不断改进过渡期转移支付具体实施办法，逐步趋向规范化，转移支付规模也日益扩大。不过，该阶段税收返还为转移支付的主要形式，1994 年税收返还占总转移支付比重高达 78.6%。

1994 年分税制改革是我国财税体制改革历程的“分水岭”，初步构建了较为规范的税收制度、财政收入与支出划分、转移支付体系框架，具有里程碑式的改革意义。分税制基本实现了改革初衷，提高了“两个比重”，巩固了中央财权，协调了中央与地方的分配关系。理论界、实务部门都一致肯定了这次改革的制度革新，然而，随着改革深入推进，财税体制尚未解决的矛盾逐渐反映到一系列的现实问题上来。从改革内容来看，分税制侧重于中央和地方财权财力划分，着眼于收入端的财政分权，而对于支出端的政府间的财政事权和支出责任划分，主要沿袭了“分灶吃饭”的做法，尤其省级以下的财政关系比较混乱，没有从根本上改变政府间财政事权与支出责任划分的基本格局。分税制改革后财权、财力逐渐上移，而财政事权逐渐下移到财力薄弱的基层政府，财政事权与财力、财政事权与支出责任之间的错配引发了基层财政困难、土地财政、借助融资平台变相借债等问题，倒逼着决策当局深入体制内部矛盾，纵深改革，实现更大的制度突破和创新。

（三）实现“公共服务均等化”的重要抓手——“转移支付”体系建立

在政府间收入方面，这一阶段遵循着“财力与事权相匹配”的原则，调整中央和地方的财权、财力划分格局，使之与各级政府承担的公共事务相适应。于是，我国开始推出证券交易印花税收入分享改革、所得税收入分享改革，出口退税中央和地方分担比例调整等，合理分配中央和地方财力。

政府间的支出划分，作为该阶段改革的重要内容，取得了一定进展。省以下的财政管理体制已列入改革议程，明确省以下事权与支出范围，省、市级政府支出责任不得转嫁给县、乡级政府；省、市级政府委托给县、乡级政府执行的事务，需要提供配套的专项拨款；对于省、市、县、乡的共同事务，要合理划分各级政府支出分担比例，力图让基层政府拥有足够的财力支持基本公共服务供给。

这一阶段，转移支付作为实现公共服务均等化重要工具，逐步建立一般性转移支付（原名为过渡期转移支付）、专项转移支付相互协调的转移支付体系。1999 年中央设立调节工资转移支付，主要是应对亚洲金融危机。为了配合届时推行的农村税费改革，中央新增了农村税费改革转移支付，弥补国家政策变动造成的基层政府财力缺口。2006 年设立民族地区转移支付，推动民族地区发展，后来与革命老区转移支付、边境地区转移支付合并为“革命老区、民族和边境地区转移支付”，并列入一般性转移支付。2009 年推出“三奖一补”转移支付，缓解基层政府财力困难。中央按照“存量不动、增量调整”的方针，把其增收部分通过转移支付用于协调地区间财力、促进基本公共服务均等化。除了以上一般转移支付，中央设立了大量专项转移支付项目，数量增长较快，涉及领域较广泛，资金使用范围狭窄。据财政部网站公布的 2012 年相关决算数据，中央对地方的税收返还和转移支付为 45361. 68 亿元，其规模相当于当年中央本级财政收入的 80. 75%，占地方财政支出 42. 32%。其中，中央对地方一般转移支付和专项转移支付为 40233. 64 亿元，占总转移支付的 88. 7%。

该阶段的财税体制的四个要素皆做了调整，但并没有偏离分税制改革确立的基本框架，而是重点矫正了财政包干制遗留下来的财政支出划分的做法，初步建立了转移支付制度，着力促进“财力”与“事权”相互匹配。该阶段的财税体制改革紧扣着公共财政体制的主题，促进了政府职能的转变，对完善社会主义市场经济、推动基本公共服务均等化、改善民生等方面发挥了重要的作用。

（四）由“事权”与“财权”到“事权”与“财力”的转变

中央和地方的事权与支出责任划分成为全面深化财税体制改革中的一大亮点。官方文件一改以往“事权”与“财权”、“事权”与“财力”相匹配的提法，而是从支出端出发，提出“事权与支出责任相适应”“财政事权与支出责任相适应”作为推进政府间事权与支出责任划分原则。2013 年，党的十八届三中全会通过的《中共中央关于全面深化改革若干重大问题的决定》对中央和地方的事权与支出责任作了原则性划分。2016 年出台的《国务院关于推进中央与地方财政事权和支出责任划分改革的指导意见》（国发〔2016〕49 号）是首次较为系统地提出政府间事权与支出责任划分的重要文件，进一步明确了财政事权改革方向，细化政府间的财政事权与支出责任，即“体现基本公共服务受益范围、兼顾政府职能和行政效率、实现权、责、利统一、激励地方政府主动作为、做到支出责任与财政事权相适应原则”，并制定了改革时间表和分工安排。2018 年《基本公共服务领域中央与地方共同财政事权和支出责任划分改革方案》（国办发〔2018〕6 号）和《医疗卫生领域中央与地方财政事权和支出责任划分改革方案》（国办发〔2018〕67 号）两个文件的出台更是将事权和支出责任的划分进一步科学化和精细化的落实。

关于转移支付改革，该阶段的转移支付制度也配合预算制度、政府间事权与支出责任划分改革、税制改革作出了相应的改革完善，国务院不仅在《国务院关于加强地方政府性债务管理的意见》（国发〔2014〕45 号）文件中作了相关说明，而且单独出台了文件《国务院关于改革和完善中央对地方转移支付制度的意见》（国发〔2014〕71 号），其改革内容基本一致：完善一般性转移支付、规范专项转移支付分配和使用、逐步取消竞争性领域专项转移支付、强化转移支付预算管理等。

二、深化财税体制改革的难点和问题

同建立社会主义市场经济要求相比，传统的财税管理体制还存在诸多不适应的地方，如，单一税收体制下税收公平原则无法体现、政府“越位”与“缺位”问题、事权与支出责任和财力关系不匹配等问题并存。

（一）单一税收体制下税收公平原则无法体现

在当前财税管理体制下，政府社会资本投资收益的索取与公共产品供给交易对价的索取相同，均通过征税的方式得以实现。在征收税种与税率上也与未接受政府社会资本投资的企业并无差异，企业必须按照税法的相关规定无条件地缴纳税收。在这种单一的税收关系体系内，当政府社会资本投资达到预定投资目标时，接受政府社会资本投资的企业将会给政府带来丰厚的增量税收利益，但当政府社会资本投资未达到预定投资目标时，则会产生投资与收益的主体不对称问题，因政府社会资本投资所造成的财政收支缺口实际是由全部企业所缴年的税收来弥补的，这就会导致投资受益主体与投资回报来源的错位，实际变相提高了未获得政府社会资本投资企业的税负水平，也就破坏了税收的公平性原则。

（二）政府“越位”与“缺位”

传统财政供给范围过为宽泛，几乎覆盖社会再生产的各个领域，特别是向竞争性领域的过多延伸，远远超出了政府职能范围。在建立社会主义市场经济体制过程中，如果继续延续政府过多干预竞争性领域的老路，必然导致投资决策失误、投资效果低下等问题，造成资源的浪费。因此，要按照市场化改革的要求，逐步发挥市场在资源配置中的基础性作用，在一般竞争性领域通过市场方式来配置资源，以有效解决财政职能“越位”问题。

（三）事权与支出责任和财权关系不匹配

确定中央与地方在财税利益上的合理分配关系是财税管理体制的中心内容之一，其本质内容是财权和事权的划分，我国改革开放之后的财税体制改革从本质上来讲便是围绕中央和地方在财权和事权的分配而展开的。

我国自 1980 年开始实施了分权让利改革，将一大部分国有企业下放到地方，逐渐提高地方和企业的自主权以适应社会主义市场经济发展的需要，在事权上将与地方经济发展相关的政治权力以及地方公共产品和服务资源的供给逐渐下放到地方，在财权上实施“划分收支，分级包干”的分权财政体制。但这一分权改革导致了中央和地方在事权和财权的严重不匹配，其后果是中央政府的经济调控和行政管理能力大大下降，导致“国家能力”严重削弱，财政收入在国内生产总值中的比重和中央财政收入在财政总收入中的比重大幅度降低，中央政府不得不依赖地方政府的财政收入上解才能维持财政平衡。

为解决这一问题，中央政府在1994年实施了相对集权的分税制改革，大幅度提高了中央政府的税收分成比例，如在税收中占比较高的增值税和企业所得税的中央政府占比就达到75%和60%，这大大提高了中央政府对全局的掌控能力，但同时也导致了地方政府事权和财权上的严重不匹配问题，地方政府承担了70%左右的财政支出，但财政收入占比却在50%以下，不得不依赖于中央政府的转移财源以支撑自身的正常运转，这也成为中国地方政府“土地财政”等问题的重要制度根源。改革开放以后在中央政府与地方政府之间的两次分权制改革之所以出现各种问题，其本质在于事权与财权本身在界定上的模糊化，最终导致分权制改革倒退为一种“分钱”式的制度安排。同时，虽然分税制改革有效地解决了“两个比重”（即财政收入占GDP比重和中央财政收入占财政总收入的比重）下降的问题，但在大大增强中央宏观调控能力的同时，也滋生出各级政府财权事权不匹配、地方政府财政收支缺口不断扩大的问题。解决各级政府财权事权不匹配的问题，特别是解决基层政府财力严重不足的问题成了近10年来财政体制改革的重点。

无论学界还是政府决策部门，在保持原有事权格局和财力分配不变的情境下，基本将改进转移支付制度作为解决问题的主体思路和推进路径，这在一定程度上解决了基层政府财力不足的问题，但未能从根本上解决地方政府事权与财力不匹配的问题。地方政府在自身财力严重不足的情况下，一方面，争取更多中央转移支付资金；另一方面，通过“土地财政”获取土地收入，甚至利用大量的融资平台借债，以弥补财政收支缺口，由此财政风险、政府债务风险和金融风险应运而生。这充分凸显了改进转移支付制度对各级政府财权事权匹配的调整作用已达到极限，此路已走到了尽头，需要开辟新的思路。

三、政府社会资本促进财税体制改革的思路

（一）将政府社会资本从税收中析出以真正实现税收公平

通过利税分流管理，公共产品供给和使用上的利益关系仍由税收体系予以规范，而政府社会资本投资上则通过剩余利润分享的方式予以规范，异质性、非对等性的政府社会资本投资与同质性、对等性的公共产品供给便能够实现真正经济意义上的分离，如实体现各自所蕴含的投资关系和交易关系，从根源上解决了投资受益主体和投资回报来源上的错位问题。在这一模式下，由于政府社会资本投资的合理析出，企业所缴纳的税负将真正地根据政府所提供的公共产品和服务资源水平来加以确定，企业的整体税负水平将有所下降，更好地体现了税收的公平性原则。

（二）以政府社会资本促进公共资源的市场化配置

政府社会资本投资上的利润分享将取决于政府与企业其他股东的持股比例谈判结果，政府社会资本投资对企业价值创造的贡献程度越高，政府的持股比例也就越高，相应地，政府社会资本投资所获得的利益分享额将越大。因此，政府社会资本的投资回报将由政府与每一企业的其他资本投资者根据政府社会资本对企业价值创造的具体贡献水平来单独确定，而非采用统一税率的“一刀切”方式，从而更好地体现了政府社会本投资的异质性特征和效率

性原则导向。即在新型财税管理体制下，政府财税管理体制将体现为统一化的税收与差异化的投资收益同时并存的复合型管理模式。

从市场资源配置上来讲，这是对利税分流改革的进一步深化发展，有利于推动国家财政由适应市场经济体制向匹配国家治理体系的发展。我国20世纪80年代针对国有企业的利润分配实施了利税分流改革，将政府与国有企业之间的利润分配具体分解为两个层次，第一个层次是指国有企业实现利润的一部分应当以所得税的形式上缴国家，第二个层次是指企业将税后利润再按照承包合同在承包者与政府之间进行利润分享，通过利税分流改革，也就确认了国家（政府）既是国家权力行使者又是资产所有者的双重身份。延循这一改革思路，只要国家（政府）在企业中进行了物质资本投资，国家（政府）就对企业具有了相应的所有权，既以国家权力行使者的身份对企业征税，也以企业所有者的身份参与企业剩余利润的分享。

（三）以“谁投资、谁收益”原则解决事权与财力不匹配问题

我国改革开放以来经历的“利改税”“分税制”等改革，从本质来讲都是围绕中央和地方财力和事权的分配而展开的。“分税制”改革后，中央大幅度提高了中央政府的税收分成比例，例如在增值税和企业所得税两大税收项目上中央占比分别达到了75%和60%，但同时也导致了地方政府事权和财权上严重的不匹配问题，地方政府不得不依赖中央政府的转移支付以支撑自身的正常运转，这也成为地方政府“土地财政”等问题的重要制度根源。

事实上，中央和地方政府在公共产品和政府社会资本投入上均具有双重身份，因此，按照全国企业所缴纳的一定比例上交中央政府符合公平原则。在政府社会资本投入上，中央政府负责制定全国范围的产业政策、事关国家安全和战略利益的行业经营许可授予、重大产业投资审批等权限；地方政府则负责制定本地区产业政策、企业融资支持、提供良好的营商环境等具体事项。无论是中央还是地方政府，政府社会资本的投入在对象选择和投资规模上均存在显著差异，而且存在较为明确的受益对象，理论上按照“谁投资、谁收益”的原则在确定各自在投资企业剩余利润中分配收益，这既符合效率原则又兼顾了公平。此时，央地之间事权与财力将实现更好的匹配。

事实上，中央政府与地方政府在公共产品和服务资源供给与政府社会资本投资上均具有双重角色身份，只是在具体内容和层次上有所差异。在公共产品和服务资源供给上，中央政府一般承担宪法和法律制定、领导全国行政事务、国防军事、国际外交、宏观经济调控、区域经济协调等职能，地方政府主要负责本地区行政管理、司法仲裁、公共基础设施建设等。在政府社会资本投资上，中央政府负责制定全国范围内的产业政策、事关国家安全和战略利益的行业经营许可授予、重大产业投资项目审批等权限，地方政府则具有本地区产业政策制定、企业融资支持、企业联盟支持等具体实施工作。相对而言，中央政府的公共产品和服务资源供给是出于维护全体国民的整体利益最大化而提供的，它是面向全体国民的，即便存在单独的受益对象，也是为了解决贫富差距过大、区域经济发展协调等全局性问题，在受益区域范围和对象分割上并不具有经济可行性，各级地方政府在供给上并不具有替代性，统一按照全国企业所缴纳税收的一定比例上交中央政府符合经济效率原则。

而政府社会资本投资则不同，不论地方政府和中央地方，在对象选择、投资规模等方面均存在显著性差异，而且存在较为明确的受益对象，理论上按照“谁投资，谁受益”的原则确定各自在投资企业剩余利润中的收益分享比例符合经济效率原则和公平性原则，此时，事权与财权将实现完全性的匹配。即便考虑两级政府社会资本投资在计量上的复杂程度，也可以采取折中的办法，按照一定的技术方法确定各自的持股比例，比如按照本级政府与中央政府用于本地区政府社会资本投资的公共资本支出预算占比来划分，也能够较为有效地解决事权与财权不匹配的问题。而且，由于政府社会资本的单独管理，使中央和地方政府关于公共产品的范围划分更加清晰，间接地降低了中央政府和地方政府在税收分成谈判上的复杂程度，有利于更好地确认双方在税收收入的分成比例。因此，通过对政府社会资本投资和公共产品和公共服务资源供给的分类管理，将在很大程度上改善中央政府和地方政府之间事权与财力严重不匹配的问题，能够较为有效地解决地方财政严重依赖于中央转移支付的困境。

四、政府社会资本促进财税体制改革的意义

税收管理对国家的经济发展有着非常重要的影响，也是企业日常经营活动最为密切的经济事项，几乎所有的经济活动都会与税收发生关系。税收是国家强制缴纳和必须履行的义务。随着我国改革开放和社会主义市场经济建设日益成熟，作为国家治理体系中的关键环节，税收管理和财政监督也在不断发挥着日益重要的作用，其理念和模式随着国家和政府职能的转变而不断发生变化，以期适应不断更新的经济发展模式。

依法纳税是企业法人道德意识的体现。企业需要根据实际情况不断强化内部税务管理制度，保证合法经营与有效管理。企业的经营目标是企业利益最大化，国家在进行税收监管中必然会产生需要付出的成本和利益损失，有时会与企业的经营目标相悖。因此企业难免会寻求各种方法尽可能少缴税收和规避利润损失。目前，我国税务管理体系面临现代化进程较缓慢、税收监督及激励约束体系不完善、信息化建设不全面等问题（王晓，2016），政府有时很难获得企业的全部经营信息和会计信息，企业若不如实上缴，也难以受到追溯及惩罚，偷税漏税现象严重，税收的方法手段有待提高。

政府社会资本不同于其他投入企业的社会资本，它在实现资本增值的同时还需完成政府赋予的经济和社会目标，履行微观、宏观层面的各项职责，其中最为重要的一项就是税收的管控。有了政府社会资本的注入，政府可以以合法身份直接对企业的税收进行监管，进而提升了企业税收方面的治理；政府的监督可促使企业规范自身行为，依法缴纳税收，不敢偷税漏税，为政府财政收入提供源源不断的支持，为社会发展提供良好的经济基础和物质保障。其实现路径具体主要表现在以下几个方面。

（一）建立利税分流的新型财税体制，优化企业治理结构

作为一种处理国家财政与企业分配关系的改革举措，利税分流的新型财税体制是政府社会资本实现产权改革的创新标志，符合市场经济原则的改革方向。传统模式下企业是缴纳者，政府是征收者，政府与企业之间的利益关系仅仅体现为单一的征税和被征税的关系。当政府社会资本模式引入后，国家税收收入分成利和税两部分。在利税分流的新型财税体制中，一是“税”，国家作为社会管理者有义务向社会提供公共产品，需要企业缴纳税收，这是国家凭借政治权利强制性地向企业征收的；二是“利”，作为政府社会资本投资者，国家可凭借其财产权利直接参与企业税后利润及股利股息的分配，实现政府社会资本的保值和增值。利税分流的新型财税体制既维护了税收公平、优化了企业治理结构，又保障了政府的投资效率和收益，国家利用税收和利润两种经济杠杆实现对经济的宏观调控，既促进了财政收

入的稳定增长，又提升了国家对经济治理的效率。

（二）规范企业制度，维护税收公平与公正

国家税收的取得是通过一系列制度体系来完成的，虽然制度是统一的，但企业在实际操作中的行为却不尽相同。作为企业产权的拥有者和管理者，政府社会资本所有人可以更好地规范企业制度，尤其是协助企业执行财税方面的一系列法律法规及具体的行为准则，增强企业人员的自我约束，使其严格遵守并执行。同时，通过政府社会资本的扶持协助企业转亏为盈，使企业的税收问题得到解决，增加政府的财政收入，从而实现国家对经济秩序治理的宏观目标。

同时，国家可通过政府社会资本进行行业间、地区间和企业间税负体制的综合对比与衡量，确保使同等规模的纳税主体的税负保持一致，以避免极端化征税不平等的现象出现；也可评估现行体制的优劣性和存在的问题与不足，作为未来制定税收政策和进行体制改革的依据，从而加强了国家对税收的调控职能以及提升对财政治理的水平。

（三）防范税收风险，保障企业的可持续发展

政府社会资本所有人可以直接决定和规范自己投入资金的用途和方式，调整企业的财务结构，对企业的缴税行为进行有针对性的合理安排和调控，帮助企业制定合理的税收策略，进而有效防范和降低税收管理的风险，提高企业的信用边际。政府社会资本可以帮助企业与政府建立良好的合作关系，塑造和提升企业形象，还可进一步为企业的可持续发展助力。政府社会资本帮助企业制定合理完善的税收管理制度，加强对企业纳税活动的监督管理力度，防范企业财务人员的舞弊和贪污行为的发生。

对于国家和地方政府而言，税收的有效征收还可在一定程度上缓解地方债务的增量，对于维持政府的财政稳定和可持续发展具有长远的意义。因此政府社会资本能够帮助政府更好地发挥治理和监管职能，形成良好的企业经营氛围，使国家和地区经济环境逐步形成良性循环和有序治理。

第二节　政府社会资本与创新驱动发展

创新，是新时代我国治国理政核心理念之一，是引领发展的第一理念、第一动力，是建设现代化经济体系的战略支撑。实施创新驱动发展战略，是党中央立足全局、面向未来作出的“双轮驱动”，即“科技创新和体制机制创新两个轮子相互协调、持续发力”的重大决策部署。作为创新驱动发展战略的基本构成与实现资源配置的两大主体，政府与市场的关系重构是新时代推动创新驱动战略不可或缺的组成部分。自党的十八届三中全会到十九届三中全会，我国不断强调市场在资源配置中的决定性作用，同时也明确指出要更好地发挥政府作用。习近平总书记在党的十九大报告中指出，“看不见的手”和“看得见的手”都要用好，努力形成市场作用和政府作用有机统一、相互补充、相互协调、相互促进的格局，推动经济社会持续健康发展。如何处理好科技创新和体制机制创新中政府与市场的关系，对创新发展战略的顺利实施具有重要的影响。本节将从科技创新、国家级新区管理体制和运营机制、营商环境三个方面阐释政府社会资本与创新发展。

一、政府社会资本与科技创新引领

（一）科技创新的政府主导与市场主导

科技资源的配置方式有政府主导和市场主导。政府主导资源配置具有制定和实现科技发展总目标，从战略高度、全局角度调节科技资源配置，弥补短期科技资源配置短板，注重投资周期长、战略意义大的新兴产业，监管权威高效等优势，具体采用实施科技计划、财政拨款方式实现资源配置，但政府资源配置也存在挤出效应、选择性偏见、低效、寻租行为、政府行为目标与社会公共利益存在差异、不完全信息、经济政策的局限性以及政府行为存在外部效应，可能造成资源配置的非效率等劣势。市场主导资源配置通过价格来传导供求信息，通过价值规律配置科技资源，使可转化为生产力的知识、技术和仪器设备等，通过市场行为实现流通、交易和生产。具备核心技术或知识产品的机构和个人，在市场活动中产生了源源不断的创新活力和动力，在市场竞争中找到了各自的定位与职能。在以提高技术创新能力为前提的配置行为中，市场行为发挥了决定性作用，特别是在人力资源的影响因素中更为重要，因此应注重科技人才的培养和知识资源的积累、创造，构建健康的市场经济人才竞争规则与社会环境。但市场资源配置也存在着难以克服的劣势，比如创新活动往往会产生正外部效应（创新的个人收益小于社会受益），科技知识在研发、创新、许可以及产业应用中容易被竞争对手以假名、模仿、抄袭和复制等方式侵权，从而导致科技创新主体的投入得不到回报，或减少主体的投资回报，从而削弱了科技投资和创新的积极性或利益驱动力。由于科技知识自身具有外部性、可复制性、可共消费性、可学习性以及不确定性等属性，科技创新容易扩散到社会上，为社会所共享，或被其他竞争者学习、模仿或抄袭，科技创新者不能完全收获其投资和创新的科技成果价值，市场调控科技创新的利益分配功能失灵，发挥不了市场机制的应有作用。

在科技资源配置过程中，需要处理好政府和市场在资源配置中的关系。当然，无论是政府配置还是市场配置皆各有利弊。若政府完全取代市场，政府大包大揽，事无巨细，变成无所不能的“万能政府”，造成政府职责错位，政府对社会经济过度干预，无法达到帕累托最优状态，就会陷入“政府失灵”的弊端；若市场完全取代政府，政府完全放手，任由市场经济自身调节，政府只需充当“守夜人”的角色，政府又变成“无为政府”，就会陷入“市场失灵”的弊端，这是另一种极端。据研究，以上两种极端方式在美国和日本科技资源配置中各有实践，虽然在一定阶段起了积极的作用，但从长远来看，这两种模式最终会影响科技资源的配置效率。习近平在党的十九大报告中强调，要瞄准世界科技前沿，强化基础研究，实现前瞻性基础研究，引领性原创成果重大突破。加强应用基础研究，拓展实施国家重大科技项目，突出关键共性技术、前沿引领技术、现代工程技术、颠覆性技术创新。因此，对于科技创新中政府和市场资源配置的协同是我国未来研究的主要方向。

（二）科技创新资源配置中政府与市场的协同机制

如前所述，要重新塑造政府与市场的关系，首先就要跳出一个有关政府和市场孰大孰小的思维定势。从政府公共资源配置属性分类角度看，并非所有政府提供的公共产品都符合均等化原则。政府社会资本并非真正的公共产品，更具有资本的属性。只有将政府社会资本从公共产品中剔除后，公共产品才真正具有了社会公众平等分享的特征。因此，将政府社会资本与政府公共产品区分开来，是重新塑造政府和市场科技资源配置协同机制的突破口之所在。

科技创新由基础研究创新和应用研究创新之分。基础研究是科技创新的源头。科学技术的源头一般来源于高校和其他科研机构，研究对象是科学知识，并将科学知识投入产业链和创新链的上游环节。近几年，基础研究正在进入从量变到质变、从点的突破到全面提升的发展阶段，学科交叉融合趋势日益明显。信息网络、人工智能、生物技术、清洁能源、新材料、先进制造等领域颠覆性技术不断涌现，基础研究的突破将带动相关产业飞跃式发展，同时，基础研究到产业化的周期越来越短，成为技术创新和产业发展的重要源头。据美国科学基金会（NSF）统计，近年来美国企业申请专利的科学基础 73% 来自政府支持的基础研究；过去 25 年，美国经济增长的 50% 归功于以基础研究为动力的研究和开发。基础研究成果大都具有纯公共产品的性质，是向全社会成员提供的且在消费上非竞争性、受益上非排他性和非分割性的物品。这些物品具有周期相对较长、风险较大、见效较慢和回报不确定等特点，所以应由政府发挥主导作用。

为保证基础性研究活动顺利进行，政府应以社会管理者的身份，以政府社会公共利益为目标，不断加大公共产品投入，并相应地采取税收方式集中资源来为此融资，实现政府的社会价值。此时政府更关注其社会价值，政府直接资源配置的功能被降低到最低限度。鉴于基础研究的重要性，政府应制定基础研究规划，统筹谋划国家实验室、大科学装置等重大科技创新载体建设；不断加大基础研究经费投入，设立专项研究基金，逐步提高基础研究在全社会 R&D 经费支出中的占比；广泛引进优秀的基础科学研究人才，并营造良好的科研环境和政策环境。从市场角度看，由于基础性研究的社会收益高于个人收益，若全部由市场价格机制进行配置，则会产生利益至上的不当引导，从而影响基础研究工作人员的积极性，降低了基础研究工作的效率，会对国家科技创新的源泉产生不利影响。虽然由政府主导基础研究创新，但是市场也应发挥其价值规律作用，通过市场机制使高校和其他研究机构的研究成果与市场动态相结合，使研究成果更能适应市场主体的变化，从而提高资源配置的效率。

应用研究的科技成果侧重于解决科技发展中的技术应用问题。科技成果是在充分基础研究前提下进行的技术发明与应用创新，具有风险小、见效较快等特征，政府应选择战略性的重大科技项目重点投入。又由于技术发明不符合公共产品均等化原则，因此不能认定为纯公共产品。除此以外，一些重点研究的项目对于单一企业来说，存在着适用性有限、回报周期太长而不愿投入的现象，因此，这部分重点投入应采取政府社会资本投入并确认政府社会资本所有权的方式，且在不涉及国家安全的重点领域充分调动民间资本的积极性，政府社会资本主要体现为引导性，市场的资源配置则发挥主导作用。

从政府公共资源配置属性分类进一步分析不难发现，基础研究创新领域中政府起主导作用，政府以社会管理者的身份通过不断加大公共产品投入实现其社会价值；在应用研究创新领域由市场主导，政府引导，政府以政府社会资本投资者身份通过对重点领域项目投入政府社会资本来引导资源配置，实现政府的经济价值。政府与社会组织进行一系列活动时，政府属于强势地位，使众多组织在享受这一资源时分布不均，从而引发社会不公，并由此降低政府的社会价值。由于信息的不对称性，使处于远离政府社会资本的组织难以获得，使不同的拥有者获利不同，长此以往不利于政府和市场建立持久、稳定的和谐关系。当政府社会资本的不均衡性超出一定限度、利益结构的非对称性超过社会结构本身时，就会产生政府社会资本投资的负面影响。

因此，政府的经济目标和政治目标存在着一定的冲突和矛盾，需要作出权衡。那么如何兼顾政府的经济目标和政治目标，来实现政府资源配置效率和公平的统一呢？我们可以建立一种“政府公共产品和政府社会资本协同的二元创新体制”，这种体制将在转变政府职能的同时，形成政府与作为国家重要创新主体的企业之间的双重关系，即在基础研究创新领域，政府作为公共产品的提供者与每个企业的基础研究创新之间的关系，这部分关系的性质是政府无偿资助，企业义务纳税；而在应用研究创新领域则是政府作为政府社会资本的提供者与企业的应用研究创新之间的关系，这部分关系的性质是政府有偿资助（确认政府社会资本所有权），企业则以项目的盈利回报政府（向作为股东的政府分配利润）。双重政企关系将在实现效率与公平兼顾的同时，形成政府的政权（税收）、产权（利润）的双重权力、利益格局。

二、政府社会资本与制度创新引领

党的十九大报告指出，我国经济已由高速增长阶段转向高质量发展阶段，正处在转变发展方式、优化经济结构、转换增长动力的攻关期，建设现代化经济体系是跨越关口的迫切要求和我国发展的战略目标。当前，中国经济作为世界经济的重要组成部分，应积极应对新一轮工业革命背景下知识化、信息化、经济全球化的新挑战和新机遇，实现新旧动能转换，推动经济实现高质量发展。但是，新旧动能转换需要体制机制创新的配合，政府社会资本在制度创新引领方面具有广阔的应用前景。

（一）现行“管委会＋公司”模式的弊端

“管委会＋公司”是新旧动能转换开发区特有的运营管理模式，是开发区政府经营行为的一种典型的组织化载体。在这种组织架构下，公司的主要领导和成员经常与管委会交叉任职，形成了“两块牌子，一套班子”。其中，开发区管委会是政府的派出机构，代表地方政府行使公共权力；公司则由开发区政府成立，受管委会直接领导，主要承担融资平台的功能。“管委会＋公司”运营模式使开发区政府将土地、金融、财政有效融合起来，形成解决公共服务供给、城市基础设施建设以及土地资本化运作的“一揽子”方案。从全国范围来看，“管委会＋公司”运营模式集政府与公司双重身份于一身的组织架构在破解资源动员和整体协调等难题上展现了独特的优势，但正是由于其身份的双重性，控权困境等弊端也初现端倪。

一方面，投资公司职能性质界定不清、出现考核监管困难问题。投资公司应具体负责开发区建设与管理、投融资、招商引资、产业培育以及科技创新、闲置土地清理回收等工作。但公司部分职能性质界定并不清，有些职能属于公共性服务，如开发区社会发展公益项目；有些具有准公共服务的性质，如开发园区特色景区观光项目的开展；有些则属于经营性产品，如商品房小区的开发等；此外还包括对属于对管委会掌握的公共资源的市场化运作。不同性质的职能定位集成于一身，每种职能对公司的行为要求都不尽相同，客观上造成了对公司职能予以监督考核的困难。目前在我国相关法律规定中没有对“公行为”与“私行为”进行明确界定的情况下，由于难以界定投资公司这类组织中行为究竟属于“公共行为”还是“私人行为”，纪检监察部门对监察手段的应用经常会受到影响，很多在政府体制下行之有效的手段和办法，放到对投资公司这类组织的监管上往往难以奏效。另一方面，管委会的权利过于集中。政府基于其强大的“政治身份”具有非常规动员与协调能力，对内外部资源的汲取与整合过程中形成一种“破坏性的整合权力”，在解决非常规问题时具有特别的效率。但是在投资公司内部，由于政治机制与行政机制的混合，且政治机制发挥主导作用，如，投资公司表面上通过市场机制实现对土地的经营，但这种“市场机制”并没有在资源配置中起基础作用，只是充当了土地向资本变现的通道，政治权利仍然是决定土地供应数量与土地价格水平的决定因素，无形中增加了权利寻租的风险。反过来，在公司面对来自政府体制内的制约与监督时，公司身份又成为“管委会 + 公司”架构类组织规避监管的“挡箭牌”。这种模式使管委会权力过于集中、权力寻租与滥用、规避监督等问题难以避免。

（二）“管委会 + 公司”新模式的构建

从政府配置公共资源属性分类出发，将政府配置的公共资源区分为政府公共产品和政府社会资本。从源头上厘清开发区管委会和投资公司各自的职能界限，让管委会和投资公司的职能各归其位，各司其职，充分发挥它们各自的优势并扬长避短，建立“亲”“清”的新型政商关系。管委会的基本职能是政治职能，通过提供公共产品，将精力放在行政审批、城市管理等监督管理事务上，不断增进社会福利，维护开发区社会稳定和秩序，保障开发区的社会公平。管委会凭借其社会公共管理权与公司建立行政关系，确立管委会的社会公共管理权意味着管委会是一个超然主体，每一个公司都应纳入其管理的范畴之下。将政府公共资源配置中属于政府公共产品的部分按“公共服务均等化”原则由公共财政预算进行主导配置，这部分公共资源配置所形成的政府与企业的关系体现的是管委会作为社会管理者与公司之间的行政管理关系，政府在每一个企业中的利益（体现为税收征缴）具有强制性、均衡性的特征。

从政府公共资源配置中属于政府社会资本的部分按“效率优先”的原则由国有资本预算进行配置，这部分公共资源配置所形成的政府与企业的关系体现的是管委会作为政府社会资本所有者与被投资企业之间的产权关系，遵循市场的一般价值规律，即“多投多得、少投少得”的原则，这意味着投资公司和企业其他投资者形成了利益共同体，共享盈余，共担风险。管委会以投资公司为媒介对外投资，引导社会资本进入，并与被投资企业建立产权纽带，便可以通过高效率的产权投资获得源源不断的利润收入。这样一来，投资公司成为被投资公司的股东，拥有对被投资公司经营情况的知情权，也就可以实现对被投资公司的监督，进而提高政府投资的效率，获得更多的利润回报，从而创建“管委会 + 公司”运营新模式。

现行“管委会 + 公司”运营模式下，平台公司并未与其他被投资公司建立起股权的纽带，政府通过平台公司几乎无偿为企业注入资金，提供免费的资源和良好的营商环境，甚至是提供税收返还等优惠政策，表面上看似乎是政府为了吸引企业入驻而理所应当提供的免费资源，殊不知从根源上便建立了并不平等的政企关系。

通过政府社会资本在“管委会 + 公司”管理运营过程中的功能分析，在国家级新区实行新型资本运营管理体制，确认管委会作为政府社会资本投资者身份应与其他资本投资者共享被投资企业所有权，同时平台公司与被投资公司之间建立股权关系，这意味着平台公司和企业其他投资者形成了利益共同体，共享盈余，共担风险。

（三）“管委会 + 公司”新模式的配套制度设计

基于政府社会资本所有权的政企关系使管委会与被投资企业融为一体，赋予政企关系“亲”的特征；而基于政府社会公共管理权的政企关系则使管委会与区内企业之间泾渭分明，赋予政企关系“清”的特征。两类政企关系不仅会影响其各自的目标实现，而且也会彼此产生影响。建立“亲”“清”的政企关系，需要建立基于政府社会资本所有权的政企关系与基于政府社会公共管理权的政企关系的协调机制，两种政企关系双管齐下、同频共振、同向发力，实现政企相互信任、相互促进、互帮互助、合作共赢。

现行“管委会+公司”运营管理模式中，管委会与被投资企业的地位并不对等，新区管委会为了吸引企业入驻，往往按照“核定基数、超收分成、激励发展”的财税管理原则，采取超额税收返还的激励机制，变相减少了原本并不宽裕的新区地方政府财政收入，税收收入折损现象普遍发生。平台公司与企业之间没有股权纽带造成现行财税体制下的不可持续性。

在新型“管委会+公司”运营管理模式下，对政府配置公共资源按其属性进行分类后，就实现了政府公共产品和政府社会资本供给的分类管理，对政府社会资本管理体制进行改革便成为了内在诉求。通过利税分流管理，政府公共产品的投入的收益关系仍然由税收体系予以规范，而政府社会资本投资与市场主体的利益关系则通过剩余利润分享的方式予以规范。管委会与被投资企业仍然通过税收维持财政收入；平台公司与被投资企业之间通过股权建立联系，形成利润纽带，获得利润来源，将源源不断的活水纳入国有资本预算体系，为国有资本再投资添动力。这样一来，管委会与平台公司均可获得相应的利税收入，进而构建利税分流、可持续的财政管理体制。因此，只有对我国现行单一的财税管理体制进行变革，才能处理好两类政企关系，为新型“管委会+公司”运营管理模式下政府社会公共管理权的政企关系与政府社会资本所有权的政企关系的协调机制提供制度支撑。

除此以外，还应包括投资平台在被投资企业中的黄金股制度设计、企业注册登记制度和管理办法改革设计、政府许可负面清单修订、政府公共财政预算与国有资本预算体系改革设计以及政府社会管理绩效与政府经济发展绩效综合评价体系的完善等方面的管理制度研究。

三、政府社会资本与营商环境改善

（一）营商环境是治理体系和治理能力现代化的综合反映

何为营商环境？世界银行认为，营商环境是企业活动从开办到结束的各环节中所面临的外部环境状况（World Bank，2019），具体指一个经济体内的企业在开办企业、金融信贷、保护投资者、纳税等覆盖企业整个生命周期的重要领域内需要花费的时间和成本等的总和。宋林霖和何成祥（2018）指出，营商环境涉及政治、经济、法治、社会、生态等一般环境与政企关系、劳动力市场、金融机构等具体环境。娄成武和张国勇（2018）将营商环境定义为一个区域的市场主体所面临的包括政务环境、市场环境、社会环境、基础设施环境等要素构成的综合发展环境，是政府与市场、社会共同提供的一种具有制度特征的特殊公共产品。黄新华和曾昭腾（2020）指出营商环境既包括地理区位、资源禀赋、基础设施等有形的硬环境，也涵盖政务服务、制度规则、人文法律等无形的软环境。营商环境是政府与市场的共同交集领域，二者的“握手”是优化营商环境、促进经济体良性运行的关键所在。《优化营商环境条例》中提到，营商环境是指企业等市场主体在市场经济活动中所涉及的体制机制性因素和条件。优化营商环境应当坚持市场化、法治化、国际化原则，以市场主体需求为导向，以深刻转变政府职能为核心，创新体制机制、强化协同联动、完善法治保障，对标国际先进水平，为各类市场主体投资兴业营造稳定、公平、透明、可预期的良好环境。

营商环境是一个国家和地区的重要软实力，是经济体系和经济活力的风向标，也是国家核心竞争力之一。党的十九届四中全会为推进国家治理体系和治理能力现代化作出了新的重要部署，而营商环境是治理体系和治理能力现代化的综合反映。

党的十八大以来，商事制度改革、简政放权等都释放了市场主体的发展红利。2013 年，党的十八届三中全会首次提出"建设法治化营商环境"，以推进全面深化改革。2017 年，李克强总理在全国深化"放管服"改革电视电话会议提出"营商环境就是生产力"的重要论断，强调必须营造更有吸引力的国际化、法治化、便利化营商环境，降低制度性成本，培育提升我国国际竞争新优势。2018 年 11 月，习近平总书记在首届中国国际进口博览会上提出"营商环境只有更好，没有最好"。2019 年 10 月，国家发展改革委将北京、上海作为标杆城市，要求全国努力改善营商环境、激发市场的经济活力。同月 23 日，国务院总理李克强签署国务院令，公布《优化营商环境条例》，该条例自 2020 年 1 月 1 日起施行。

世界银行《2020 年营商环境报告》显示，2019 年度中国营商环境总体评价为 77.9 分，比 2018 年上升 4.26 分，排名由 2018 年的全球第 46 位上升至 2019 年的第 31 位，为中小企业改善营商环境实施的改革数量创纪录，是东亚及太平洋地区唯一一个进入 2019 年世界银行营商环境报告十大最佳改革者名单的经济体。

（二）政府公共资源配置与营商环境

市场和政府是资源配置的两大核心力量，有效市场和有为政府是追求的理想状态。如图 7－3 所示，有效市场和有为政府都能对资源形成一定程度的引力，从而促进资源流动过程，资源流动的同时带来了营商环境的优胜劣汰。此时，具有优异营商环境的地区由于更多高质量资源的加入，成效激发动力，催生了更高的营商环境建设需求；而营商环境落后的地区，也被压力倒逼出营商环境建设需求，二者都形成了再反馈机制，即追求更有效的市场和更有为的政府。由此，市场和政府作用的发挥、资源配置过程和营商环境建设三者之间，形成了环环相扣、循环提升的反馈传导机制。

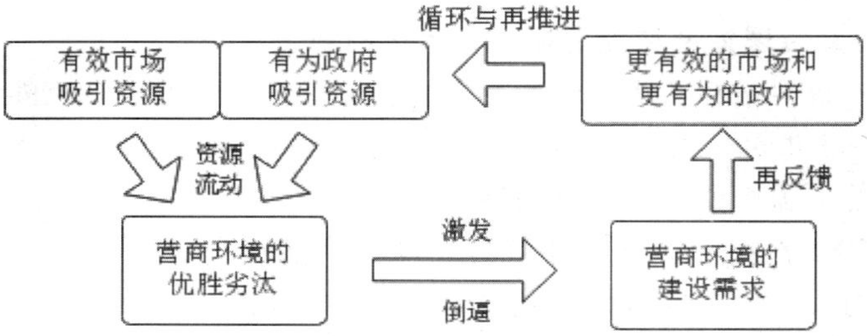

图 7－3 市场、政府与营商环境

如前所述，政府职能具有二重性，履行政治社会职能和经济职能分别以公平和效率为配置原则和目标，并依此指导资源配置行为。形成政府公共产品和政府社会资本两种公共资源，也衍生出两类政府与市场关系，政府公共产品主要用于服务和监管市场，政府社会资本则主要用于战略规划和市场引领。基于此，政府公共产品主要影响基础营商环境，即为市场主体营造合法合规、安全稳定、公平便利的市场环境，随着区域互联和协同发展，政府公共产品供给对各地营商环境的影响差异将逐步缩小，基础营商环境将走向趋同。政府社会资本则侧重于营造特色营商环境，即激发创新创业活力、实现产业引导、优化投资效率等。从宏观层面来看，政府无疑拥有广阔视野和长远规划，从微观层面来看，政府拥有海量数据信息，除了宏观视野和微观支撑外，政府还拥有多层多面的体制机制，故能实现宏微观的衔接。通过引导资源跨行流动、跨域调配，以行业突破、区域提升带动全局优化，从而赋予营商环境新的活力。因此，现阶段发挥好政府社会资本的战略引导作用，对形成营商环境的个性特色和区位优势来说非常重要。政府双重职能、政府公共资源配置与营商环境的关系如图 7-4 所示。

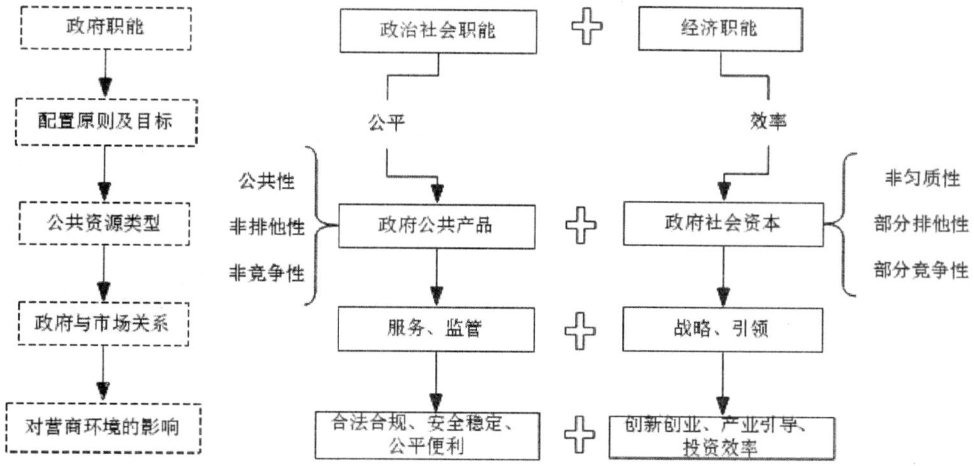

图 7-4　政府双重职能、政府公共资源配置与营商环境

（三）市场引力和政府引力双轮驱动的营商环境建设

对新经济发展来说，市场竞争是必不可少的，但如果没有有为政府的因势利导，会有企业家无法自己克服市场失灵问题的存在，从而延缓甚至丧失新技术、新产业涌现的机会（林毅夫，2020）。因此，营商环境的优劣首先在于其对资源吸引程度的高低，即营商环境的本质是对资源的引力。其次，营商环境是有效市场和有为政府的资源引力的合力。再次，在区分政府双重职能的基础上，将政府公共资源划分为政府公共产品和政府社会资本两部分，这分别对应政府基础引力和政府特色引力两部分。因此，营商环境建设需要在充分发挥市场引力和政府引力的同时，更好发挥政府作用，让政府社会资本的特色引领作用更充分地发挥。

第三节　政府社会资本与国家监督体系改革

国家治理体系是在党领导下管理国家的制度体系，党和国家监督体系则是其中不可缺少的组成部分。从党的十六大的“加强对权力的制约和监督”，到十七大“完善制约和监督机制”、十八大“健全权力运行制约和监督体系”、十九大“健全党和国家监督体系”，再到党的十九届四中全会“坚持和完善党和国家监督体系，强化对权力运行的制约和监督”，党和国家监督体系在国家治理体系中的地位和作用不断提升。党的十九届四中全会特别强调：党和国家监督体系是党在长期执政条件下实现自我净化、自我完善、自我革新、自我提高的重要制度保障。必须健全党统一领导、全面覆盖、权威高效的监督体系，增强监督严肃性、协同性、有效性，形成决策科学、执行坚决、监督有力的权力运行机制，确保党和人民赋予的权力始终用来为人民谋幸福。

一、财会监督在国家监督体系中的地位

财会监督是新中国成立以来我国会计理论和实践最具特色的内容。会计具有监督职能不仅被列入了《中华人民共和国会计法》（以下简称《会计法》），而且也是历次《会计法》修订的焦点。1999 年修订的《会计法》构建了“三位一体”的会计监督体系，突出了财会监督的基础性和权威性。党的十八大以来，党和国家强化了行政监督、民主监督、党内监督、人大监督、舆论监督、审计监督、司法监督与社会监督等监督作用的发挥，但对财会监督的基础性地位和重要作用的发挥则有所忽视。

2020 年 1 月 13 日，习近平总书记在十九届中央纪委四次全会上对健全党和国家的监督体系作出重大部署，要求“要继续健全制度、完善体系，使监督体系契合党的领导体制，融入国家治理体系，推动制度优势更好转化为治理效能”，并强调“要以党内监督为主导，推动人大监督、民主监督、行政监督、司法监督、审计监督、财会监督、统计监督、群众监督、舆论监督有机贯通、相互协调”，财会监督首次被纳入党和国家监督体系，这不仅是对中国特色财会监督地位和作用的充分肯定，更是对财会监督体系优化提出的重大课题。

在国家监督体系中，财会监督发挥着基础性支持作用。主要体现在：（1）国家监督体系是中国特色社会主义制度和国家治理体系的重要组成部分，财会监督的广泛性和基础性对于推动把制度优势更好转化为治理效能具有重要意义。（2）财会监督是财政部门履职尽责、确保党中央关于财经工作方针政策和决策部署贯彻落实、实现财政管理目标的有效抓手。（3）财会监督是强化对权力运行制约，巩固反腐倡廉成果的重要保障。（4）财会监督是推动经济高质量发展的有力保障。

不容否认，虽然财会监督之前未被列入党和国家监督体系重要组成部分，但是财会监督在党和国家监督体系中发挥的基础性支撑作用有目共睹。特别是近 20 年来，财会监督对加强财经法制建设、加快会计准则制定与实施、建立健全企事业单位内部控制、提升会计人员管理与服务水平、强化会计师事务所监督与管理等方面发挥了积极的作用，取得了良好的成效。

二、国家治理体系中财会监督体系存在的问题

1999 年，我国《会计法》第二次修订中，建立单位内部财会监督、社会审计监督和政府监督构成的“三位一体”财会监督体系。20 年来，“三位一体”的财会监督体系对提高会计信息质量、强化监督、维护经济秩序发挥了重要作用，但也暴露出不足和缺陷，除上节财会监督体系划分中论及的问题外，还存在以下几方面的突出问题。

（一）财会监督目标狭隘

虽然当前财会监督开始关注惩治腐败、问责问效、诚信建设等社会需求，但是经济监督的基本特征并未显著改变，财会监督目标尚未真正转向以协调利益关系为根本目标的国家治理上来。

（二）财会监督机制落后低效

虽然当前政府财会监督开始关注惩治腐败、问责问效、诚信建设等国家治理重大需求，但是其经济监督的基本特征并未显著改变，而且政府财会监督目标尚未真正转向以协调利益关系为根本目标的国家治理上来，外部财会监督约束软化的问题较为严重。此外，监管机制手段落后、信息化程度较低也影响了政府财会监督威慑力的发挥。

以政府会计监管为例。一是运行机制缺陷。政府会计监管部门每年发布的会计信息质量检查公告是两年前的会计信息质量情况，即2016年的公告内容是对2014年的会计信息检查情况，这种事后监管结论无法成为利益相关者的决策依据，降低了会计信息质量检查公告的可用性。二是监管机制低效。近几年政府发布的会计信息质量检查公告显示，资产、负债、所有者权益披露不实的企业数量整体呈上升趋势，虚增经营业绩现象较多，在“小金库”专项治理中发现违纪金额呈逐年上升的趋势（王竹泉和江玮滢，2017）。三是监管机制手段落后。政府会计信息质量检查公告以发布宏观定性结论为主，未能动态、全面反映会计信息质量变化，同时由于对会计信息使用者的需求偏好不完全了解，发布的监管公告内容较简单，社会影响力不大、公众威慑力不够。

（三）各类监督资源不共享不贯通

现行的国家监督体系中，除国家审计外，与政府财会监督并列并一定程度上履行财会监督的政府部门主要有证监部门、银保监部门、税务部门等。在财政部内部，除会计司和监督评价局外，预算司、国库司、金融司、资产管理司也都在一定程度上履行财会监督的职能。从表面上看，相关部门各司其职，共同推进财会监督工作，实际上财政部门作为财会监督的主要责任部门，统筹和联动作用未能充分发挥，监督内容、监督方式或是惩处力度都有很大提升空间，财会监督资源不共享、不贯通的问题较为突出，财政部门也没能通过财会监督形成对国家经济管理乃至重大社会政策的科学决策具有指导作用的信息依据。

三、国家治理体系中财会监督体系存在问题的症结分析

从经济学视角分析，政府监管是政府的相关行政部门为实现经济与社会目标，依据一定法律、规章对经济主体（通常是企业）实施微观层面的控制和干预等。政府监管作为市场的外在干预与控制手段具有如下特征。

首先，政府监管具有公共性。它提供给被监管对象的边际生产成本和边际拥挤成本均为零，即政府承担的监管成本不因被监管者数量的增加而增加，对一个企业的监管范围和程度不会影响对其他企业监管的效果。而且被监管对象包括所有企业，具有非排他性。其次，政府监管是一种约束性行为。它是政府相关部门针对市场经济与社会秩序中的问题主动实施的行为，是对企业市场行为的一种直接约束和规范，具有高度的权威性和约束性。最后，政府监管具有强制性。政府实施监管的相关法律和公共政策一旦生效，被监管对象必须执行，无任何讨价还价余地，并且这种强制性有国家机器作为后盾与保障。

然而，由于政府职能的有限性、政府权力的扩张性、政府工作人员作为经济人的私利性，政府监管在国家治理中只是一种有限的理性行为，可能出现一系列问题，不但严重影响监管的效果，而且不利于市场经济的有序运行。

1. 作为监管者的政府与被监管者的企业之间存在信息不对称问题

理论上，政府监管部门只有掌握被监管者的产业情况和企业状况，才能制定相应的监管

办法；监管者只有掌握充足的信息，才能按照社会最优化的目标，督促企业执行监管计划。但事实上，作为被监管者的企业往往比政府部门掌握更多的信息，两者关于信息的博弈犹如猫捉老鼠的游戏，政府既难以观察更难以推断被监管者的诸多行为。

2. 政府监管可能会出现异化问题

企业为实现自身利益最大化，要千方百计地对政府施加影响，如游说、利益输送、寻租等，迫使监管政策向被监管者倾斜。而政府监管者具有理性的经济人属性，有着各种利益与动机，可能被监管者俘获，使监管政策的设计与实施不符合监管的公共性。

3. 政府工作人员出现监管寻租

与监管俘获不同，监管寻租是一种主动的行为，它是政府监管过程中监管人员利用监管权力谋取私人利益的现象，也有学者将之称为“政治俘获”。这样，监管成为监管执行者牟利的手段，企业成为被宰割的“羔羊”，公权力转化为私人利益，而作为“公器”的监管机构成为个人逐利的“私器”。麦克库宾斯认为，“监管为政治家、行政官员和产业集团都带来了好处，他们形成了一个操纵政府法规、政策倾向或政策偏好的稳定的‘铁三角’联盟，即政治家、行政官员和靠政府得到好处的产业集团，三方联合纠缠在一起的联盟”。

4. 政府实施监管要付出巨大成本

一方面是可以直接反映在政府预算中的会计成本，即实际支出成本；另一方面是隐形成本，如企业或消费者为遵守监管政策所支付的“服从成本”以及企业“竞租活动”所产生的成本。

5. 政府监管具有极大的风险

不良的经济监管结构，腐败的监管机构，朝令夕改、矛盾冲突的监管措施等，都可能降低企业的投资意愿，造成市场的无序状态。

四、具有产权性质的政府社会资本监管的优势与劣势

（一）具有产权性质的政府社会资本监管的优势

1. 监督流程重心前移，提高监督效能

现行政权监督主要以行政部门为主体，通常采用定期执法检查的监督方式，在监督流程上普遍滞后，长此以往不利于市场经济秩序的有效维护。如果能实现政府社会资本产权监督，那么监督流程便可以实现从事后监督向事前预防监督和事中控制监督转变，原因在于产权制度安排赋予政府对企业重大决策的知情权和参与投票的权利，这就可以实现监督流程由事后纠错型向事前预防型、由检查型向治理型的重心转变。

2. 加大了监督的广度与深度

由于体制机制原因，政权监督下的监督广度和深度均不足，基于政权监督性质和监督成本的考量，财政部门实施监督的企业数量非常有限，仅靠自上而下的日常监督会导致监督效果大打折扣。加之我国监督法制化较弱，犯罪成本较低使会计造假和财务舞弊的现象屡禁不止。解决以上问题最好的办法是在日常行政监督的履行和权力威慑力下，增加政府产权监督路径。政府作为政府社会资本的所有者深入参与众多企业的重大决策，能够有效遏制企业管理层作出危害企业和公众利益的短视行为，这样一来，企业管理层接受政府股东的监督可以有效减少甚至杜绝违法现象的发生。

3. 通过产权交易信息平台可以有效降低监督成本

政府社会资本产权确认之所以可能出现政府社会资本持股比例的确定以及股东利益侵占问题，其根源在于政府社会资本投资者与其他资本投资者的信息不对称问题。因此，解决政府社会资本确权的根本措施在于提高政府社会资本投资的信息透明度。对此，可以构建政府社会资本股权信息平台，向全社会公开各个地区各级政府的政府社会资本投资信息，包括全部被投资企业的持股比例、收益分成、成本支出等投资信息，同时披露被投资企业的经营状况等详细信息，缓解企业价值创造信息的不对称状况。通过全国、分地区的政府社会资本投资股权信息平台的构建，有助于政府社会资本投资市场价格机制的形成，也可以有效降低产权监督成本，同时确保自下而上的监督信息报送渠道畅通有效。

（二）具有产权性质的政府社会资本监管的劣势

1. 政府持股比例不当可能导致政府寻租

与国有资本确权不同，政府社会资本大多为隐性投入，其股权比例的确认需要经过科学合理的测度与计量。若过多确权可能会导致政府部门侵占市场主体利益，甚至出现政府寻租问题。政府社会资本本身就是企业寻租、政府设租的标的物，企业为获得政府的支持而积极构建与政府的良好关系，而政府或政府官员也通过对“租金”的分配达到自身的目标，包括诱导企业进行投资以达到政府的经济增长目标、政府官员的政治晋升目标、个人私利目标等。地方政府或出于政治晋升目的压缩公共产品供给比例，可能会以牺牲整体社会公平为代价来换取局部经济效率的提升。若确权过少，可能会导致政府部门的投资收益流失，弱化政府对市场主体在重大决策上的监督和管制。因此，政府社会资本产权确认的问题应是企业利益相关者集体选择与协商的结果。

2. 股东之间利益冲突问题

现代公司治理中控制权与现金流权的分离极容易产生大股东侵占中小股东利益的问题，当政府通过政府社会资本投资成为企业股东成员之后，由于政府特殊的市场地位，将使股东之间的利益冲突问题更加复杂化。首先，一般情况下政府社会资本投资在企业总资本中占比较低，政府主要以小股东的身份参与企业的经营管理决策，大股东可能会通过虚假出资、资金占用、关联交易等方式掏空企业，侵占政府的合法权益，甚至凭借政府出资的“隐性担保”套取银行信用等问题。

五、政府双重身份与国家治理中财会监督体系创新

政府双重身份体现在政府既是政府社会资本的投入者、股东，又是社会公共管理者，双重身份下使政府对企业拥有多重监督权，通过政府作为政府社会资本投资者的财会监督与政府作为社会公共管理者的财会监督的协同，实现国家治理中财会监督体系的优化。

（一）政府作为政府社会资本投资者的财会监督

一方面，政府作为每一个企业天然的股东，尽管只是小股东，但是却具有了参与重大决策的权力和监督的权力，具体包括股东身份权利、参与决策权利、资产收益权、退股权、知情权等。由于我国公司法律制度的限制，当前我国企业仍然采用“同股同权”的股权结构安排，但国外已经出现了多种多样的“同股不同权”的股权结构安排形式，甚至出现了一些极为复杂的制度创新，如附有金融衍生工具的“有负担股份”等，这为政府社会资本投资的财会监督提供了重要的制度创新路径。

可选择的股权安排有黄金股、优先股，当然也能通过双重股权结构对企业控制权和剩余收益权的安排存在差异性诉求，特别是对关系到国计民生、经济安全等的关键经济领域都进行了大量的政府社会资本投资，政府可以通过产权纽带关系进行控制。通过特定股权安排对政府社会资本的产权确认可以保证政府在外资并购、市场垄断乃至公共利益维护等重大经营管理事项的特别决定权，可以很好地实现政府社会资本的控制权诉求，政府可以对企业的这些重大决策事项行使最终的一票否决权，从而保证国家的重大经济利益，以此实现政府对企业的有效监督。

（二）政府作为社会公共管理者的财会监督

政府作为社会公共管理者，通过政府固有的威慑力可以对每一个企业进行行政监督。事前监督是指在行政管理机构进行行政决策、开展行政行为之前进行监督。最典型的事前监督是听证会制度。听证会是由立法机关、国家行政管理机构和某些行政事业性单位根据有关规定，召集社会各阶层、当事人或有关受益、受害者进行交流、沟通的会议。一般有立法听政、价格听政、决策听政、调查听政等种类。听证会的举行，具有使社会公民和团体了解政府行为过程和信息、参与决策、监督政府行为的作用。

事中监督是指在行政管理机构决策与执行过程中所进行的监督。为了防止行政管理过程中决策的失误和执行出现偏差，必须开始事中监督，即在决策过程中对决策活动进行监督，在执行过程中对执行活动进行监督。从决策过程来看，这种监督是对决策者进行的面对面的监督，有助于及时发现决策失误或决策不当，并对其及时予以纠正；从执行过程来看，这种监督有助于及时了解执行情况，向决策中心传递相关信息，不仅有助于纠正执行偏差，而且有助于及时修正原有的不当决策。

事后监督是指行政决策或者行为作出之后，相关监督主体进行的监督活动。现代社会管理日益复杂和多元化，为行政管理带来了一定难度和压力，因此，行政行为往往具有一定先定性，以保证行政权力的权威性和强制性，这就使人们不能对所有行政行为进行事前监督，这样，就有必要进行事后监督。

（三）政府作为政府社会资本投资者和社会公共管理者的财会监督的协同

1. 双重财会监督的职能协同

推进国家治理体系和治理能力现代化是全面深化改革的目标。国家治理体系和治理能力是国家制度和制度执行力的集中体现，是一个相辅相成的有机整体，良好的国家治理体系能够提高治理能力，进而更好地发挥国家治理体系的效能（赵志强，2018）。国家治理理念和治理体系的转变为财会监督改革指明了方向。在这种社会背景下，政府社会资本的出现为财会监督目标、职能等基本内涵从协同、整体的视角重新界定提供了理论支持，有利于进一步探究政府社会资本参与下的财会监督行为在经济与政治之间的微妙平衡、财会监督与国家治理的内在逻辑关系。

从本质上说，财会监督是纠正由财会系统“负外部性”而引发的市场失灵，不适应财会环境变化的财会监督目标会加剧这种失灵。由于政府被赋予双重身份，政府社会资本作为股东之一，通过对企业经营活动的治理从微观上维护了良性经济秩序；同时政府作为实现国家治理体系和治理能力现代化的主体构建和维护社会秩序也能够促使企业持续、优质发展。这种双重治理责任更加强调了财会监督目标的责任性和经济性、公共性和秩序性。政府社会资本参与的财会监督目标应从传统的经济监督目标转向社会治理目标，即体现财会监督的公平、共治、秩序等特征，在提高会计信息质量、强化行政监管和经济监督的前提下，以“资源配置高效、会计信息负外部性最小、体现公平分配”为现实目标。

财会监督的传统职能是优化资源配置，维护经济秩序和监督资本市场，这是“市场决定资源配置”的有力保障。政府社会资本参与的财会监督体系下，财会监督职能在传统职能的基础上增加了以下两层含义：一是服务职能——将社会公共利益作为财会监督的宗旨；二是引导职能——配置和运用公共权力规范财会行为，引导财会行为更加理性化和责任化（武辉，2019）。

2. 财会监督体系优化：多元共治，协同互动

引入政府社会资本后政府的双重治理责任和目标使财会监督强调监督主体的多元化，要求政府、社会、公民彼此承认治理权利和地位，遵守合作原则，建立伙伴关系，共同提供财会监督服务、解决财会监督问题。同时，在国家治理体系和治理能力现代化背景下，国家治理主体也是由政府、组织、公民等多元组成，形成多元共治，协同互动。这种主体的多元性打破了传统社会的同质性，在异质性的社会里，政府责任、市场平等、社会利益、公民权力缺一不可。

如前所述，在现行的“三位一体”财会监督体系中，单位内部会计人员由于经济、人事关系依附于单位，财会监督活动流于形式，社会审计监督实质是一种鉴证服务，不具有实施监督的动机和权力。但有监督动机和权力的股东、债权人、公众等却未被纳入财会监督体系。缺乏独立性的单位内部财会监督、缺乏监督动力的社会监督以及具有强烈监督动机的利益相关者缺位势必给政府财会监督带来巨大的压力，财会监督主体的多元协同是大势所趋。事实上，随着会计信息和财务活动外部性的影响日益显著，股东、债权人等参与财会监督的动力也在增强。同时，社会公众作为会计信息的使用者和财务活动外部性的承受者，也应纳入财会监督体系并发挥作用。任何财会监督治理主体要想在多元异质的环境中获取自身利益，也必须适应国家治理体系的特点，通过积极参与，平等合作，实现共赢。因此，多元共治是财会监督体系优化的务实选择。

财会监督主体多元化要求在多元、协商、合作的基础上建立以政府为主导、股东、公共受托经济责任人、单位负责人、债权人、社会公众等参与的监督主体结构和协同互动的伙伴关系。具体来说，国家治理框架下的新“三位一体”财会监督体系应由政府财会监督（政府社会资本在国家层面治理）、利益相关者财会监督（政府社会资本在法人治理层面）和单位内部财会监督组成。政府财会监督是法律赋予主管财会工作的政府部门（财政部门为核心）所实施的财会监督。政府财会监督应体现公正性，减少会计信息和财务活动引发的公共与私人利益以及不同私人利益之间的冲突，降低会计信息和财务活动的外部性，实现协调各方利益关系的“善治”目标。从这个意义上来说，政府财会监督是“元治理”，是国家治理的重要手段。利益相关者财会监督是由股东（含政府社会资本所有者）、债权人、社会公众、公共受托经济责任人等利益相关者所实施的会计监督，其目标是维护各自的利益不受会计信息和财务活动外部性损害。单位内部财会监督是单位负责人实施的会计监督。在单位内部财会监督中，单位负责人具有双重身份，一是监管人，对单位及下属的财会活动行使监督权力，二是被监管人，接受股东、债权人、政府、社会公众等监督。同时，单位负责人具有双重受托责任：一是经济利益最大化的经济责任，二是社会利益最大化的社会责任。因此，单位负责人财会监督的目标不应是某一类利益相关者的利益最大化，而是各类利益相关者利

益的协调，满足各类利益相关者的需求和偏好。

在多元共治的财会监督主体结构中，政府是“元治理”，以“利益相关者各得其所”为目标，发挥主导作用，并向其他主体提供参与财会监督的机会和渠道。股东、债权人等利益相关者以“个人利益最大化”为目标参与财会监督。单位内部财会监督与政府财会监督的目标相同，应定位于向社会提供客观、公允的会计信息以及各项财务活动的合法、合理和有效地开展，最大限度降低会计信息和财务活动的外部性。显然，在政府社会资本参与的财会监督体系中，单位内部财会监督是基础，利益相关者财会监督是支柱，政府财会监督是灵魂。

第八章　未来展望

第一节　政府社会资本制度的选择

既然政府的公共资源配置可以区分为政府公共产品和政府社会资本两种类型，而不同的公共资源配置方式又具有公平性和效率性等目标导向的差异。因此，政府的公共资源配置方式就需要在不同的目标之间进行权衡，政府社会资本制度的最终选择取决于政府对双重目标的权衡和取舍。

一、政府公共资源配置方式选择的直接矛盾与取舍

如前所述，政府公共产品配置具有均衡性和无偿性的特征，作为对市场缺陷的弥补，其首要的目标追求是公平性，效率性的目标则是次一级的选择，或者说是政治价值优先，经济价值其次。而政府社会资本则正好相反，作为对政府缺陷的弥补，其首要的目标是对经济价值的追求，旨在提高政府公共资源配置乃至正社会资源配置的效率，而公平性的目标则成为次一级的选择，即经济价值优先，政治价值其次。

由此可见，政府公共资源配置方式的选择存在着公平和效率目标的直接矛盾和冲突。在一定的政府公共资源配置规模和政府社会资本的资源配置效率（与市场资源配置的效率相当）高于政府公共产品的资源配置效率假设前提下，较高的政府公共产品配置的比例，则意味着政府公共资源配置较高的公平性和较低的效率性，即政府公共资源配置的政治价值得到较大程度的实现，而政府公共资源配置的经济价值实现程度则较低，反之亦反。如图 8－1 所示。

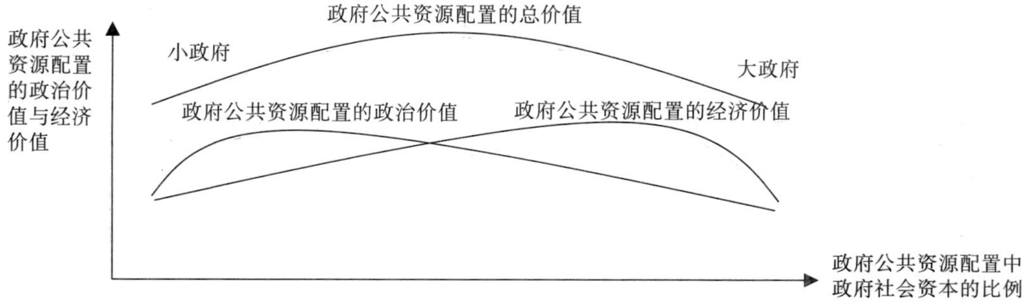

图 8－1　政府公共资源配置的双重价值与权衡

每个国家或地区的政府都必须在可获得的两种价值间进行权衡，政府公共资源配置方式的最终选择是在政治价值和经济价值之间作出权衡取舍的结果。当政府更关注政府公共资源配置所获得的政治价值时，就将投入较少的政府社会资本，较少参与和干预社会个体，形成“小政府”，从而其获得的经济价值较少；而当政府更关注政府公共资源配置的经济价值时，将形成“大政府”，即投入较多政府社会资本，较多地行使特许权、特殊政策和专项支持等，较多的政府社会资本投入必然带来政府公共资源配置较高的经济价值，但却增加了政府公共资源配置的不均等性，降低了社会公平性和政府公共资源配置的政治价值。可见，政府公共资源配置的经济价值和社会价值存在着直接矛盾和冲突，不存在政府公共资源配置方式的最优解。政府对公共资源配置方式的选择是其自身对政府公共资源配置的政治价值和经济价值权衡取舍的结果。

二、政府公共资源配置方式的动态调整

既然政府公共资源配置方式的选择是政府对公共资源配置的政治价值和经济价值权衡取舍的结果，而同一国家或地方的政府在不同的期间可能有不同的政府目标追求，这就意味着政府公共资源配置可能由于不同时期的政府对政治价值和经济价值的关注程度不同而对政府公共资源配置方式的选择进行调整，从而使政府公共资源配置出现动态变化的特征。

以美国为例，在美国特许设立企业的期间，刚成立的美国政府一方面对个人自由权利的呼声较高，一方面自身财政比较紧缺，于是政府放松了对社会公平的关注，放低获得特许证的门槛以激励人们自由经商，通过增加特许权的授予来增加政府自身的经济利益，但特许权授予本身的不均衡性以及由此导致的贫富差距加大降低了社会公平性，这显然又降低了政府的政治价值，这是该时期政府公共资源配置方式选择的必然结果；而经历了独立战争，到了通过准则自由成立企业的自由放任期间，由于政府欠缺在维护社会公平等政治价值方面提供的政府公共产品配置，行业垄断、寡头垄断又引起另一种破坏公众利益的不公平，这些都影响了政府的政治价值，进而也影响了政府对其经济价值的长远追求，于是美国政府又开始将目标转向政府的政治价值倾斜，政府公共资源配置的方式也由此而转向更多的向政府公共产品配置的方式转变，开始依法对经济进行干预，准则主义、法律、行政制度的增加都体现了这一时期政府对政治价值的追逐。

三、政府社会资本制度选择的综合分析

前面的分析是假设政府公共资源配置规模一定，且政府社会资本的资源配置效率（与市场资源配置的效率相当）高于政府公共产品的资源配置效率，但是，政府公共资源配置的规模在很大程度上是由国家或地区所实行的经济体制和经济模式决定的，并与政府的职能定位有直接的关系。中国特色社会主义市场经济体制决定了中国的政府公共资源配置规模将大于同样经济规模但实行自由市场经济体制的国家。而处在不同的经济发展阶段，政府公共产品对整个社会资源配置效率的边际贡献与政府社会资本（假设与市场资源配置的效率相当）对整个社会资源配置效率的边际贡献的高低关系可能完全不同。例如，在基础设施、教育、科技严重落后的国家和地区，政府在基础设施、教育、科技等政府公共产品上的资源配置可能没有产生直接的经济价值，但是，由于基础设施的改善带来的营商环境的改善和教育科技水平提升带来全社会智力资本水平的显著提升并带来全社会巨大的经济价值提升，这

时从全社会的角度来看，政府公共产品配置的经济效率要远远高于市场资源配置的经济效率（包括政府社会资本配置的效率），而且基础设施条件和教育科技水平的显著改善将大大提升社会公平性和政府的政治价值，因此，在这种情况下，政府公共产品配置规模的扩大是最佳的选择。相反，当基础设施、教育、科技等已很发达，再大规模增加这些领域的政府公共产品配置所产生的全社会经济价值提升的边际效应可能大大低于将相同资源进行市场化配置（或用于政府社会资本投资）所产生的全社会经济价值提升，而此时其带来的社会公平性提升也十分有限，在这种情况下，控制政府公共产品配置规模扩大市场资源配置的规模则是务实的选择。

对于政府社会资本部分的政府公共资源配置来说，由于其资源配置本身就具有选择性的特征和效率性的目标导向，因此，有为的政府会将该部分资源更多配置到对全社会经济效率提升作用更强的关键领域，从而可以产生比市场资源配置效率平均水平更高的效率，而在赋予政府对政府社会资本所有权的情况下，政府社会资本配置多的行业或企业不仅为社会创造了更多的税收，而且给政府带来了更多的经济价值提升，且经济价值的提升并没有带来社会公平性的降低，此时，加大政府社会资本的配置则是理性的选择。

此外，不论是政府公共产品性质的公共资源配置，还是政府社会资本性质的公共资源配置，都有集中力量办大事的独特优势，这种优势是那些否认或尽可能降低政府公共资源配置的自由市场经济体制所无法比拟的。中国在面对重大突发公共卫生事件时所表现出的超强的应对能力以及在高铁、航天、国防等领域的超常规发展都有力地证明了政府公共资源配置的制度优势。

当然，不论是政府公共产品还是政府社会资本形式的公共资源配置，政府的调控能力和政府的腐败水平都会对这些资源配置的效率性和公平性产生实实在在的影响。因此，每个国家和地区的政府都需要结合自身的实际状况和发展阶段进行全面分析和权衡后作出理性的选择，没有也不可能存在一个放之四海而皆准的模式或标准。“使市场在资源配置中起决定性作用，更好发挥政府作用”是符合中国特色社会主义新时代和中国国情的科学选择，也是政府社会资本制度应用的基本准则。

第二节　政府社会资本制度的未来展望

一个严谨的理论需要从定义到体系的完整构建，也需要事实和数据支撑，显然本书构建的政府社会资本理论的观点还缺乏充分的事实和数据支撑，政府如何对基于政府社会公共管理权和基于政府社会资本所有权的政治目标、经济目标进行协调，如何对不同时期、不同国家的企业制度的优劣进行综合评价，均需要继续深入研究。从更现实的角度来说，在中国特色政企关系框架下，国家治理层面政府作为社会公共管理者和政府作为政府社会资本所有者与企业的利益分配关系如何调整，政府对企业拥有的双重权力如何在国家治理和监督体系中发挥协同作用，也尚需要深入开展研究，这些问题有待在后续的《政府社会资本与企业理论创新》《政府社会资本与国家治理创新》中进行深入分析和阐述。

主要参考文献

奥尔森，1995. 集体行动的逻辑［M］. 上海：上海三联书店.

奥斯特罗姆，2000. 公共事物的治理之道［M］. 余逊达，陈旭东，译. 上海：上海三联书店.

奥斯特罗姆，2015. 公共资源的未来：超越市场失灵和政府管制［M］. 北京：中国人民大学出版社.

伯尔曼，1993. 法律与革命——西方法律传统的形成［A］//江平主编，外国法丛书［C］. 贺卫方，等，译. 北京：中国大百科全书出版社.

布迪厄，华康德，1978. 实践与反思［M］. 北京：中央编译出版社.

布坎南，1988. 自由、市场与国家［M］. 吴良健，桑伍，曾获，译. 北京：北京经济学院出版社.

程虹，2000. 制度变迁的周期：一个一般理论及其对中国改革的研究［M］. 北京：人民出版社.

大冢久雄，2002. 股份公司发展史论［M］. 北京：中国人民大学出版社.

费方域，1998. 企业的产权分析［M］. 上海：上海三联书店、上海人民出版社.

高德步，王玉，2001. 世界经济史［M］. 北京：中国人民大学出版社.

高鸿业，2005. 就业、利息和货币通论［M］. 北京：商务印书馆.

葛家澍，吴水澎，1983. 建国以来会计基本理论文章摘编［M］. 天津：天津人民出版社.

胡毓达，2004. 集体选择与社会福利［M］. 上海：上海科学技术出版社.

霍布斯，1985. 利维坦［M］. 黎思复，等，译. 北京：商务印书馆.

柯武刚，史漫飞，2000. 制度经济学：社会秩序与公共政策［M］. 韩朝华，译. 北京：商务印书馆.

科斯，阿尔钦，诺斯，等，1994. 财产权利与制度变迁［M］. 上海：上海三联书店、上海人民出版社.

莱特，里斯，1981. 美国经济史［M］. 沈阳：辽宁人民出版社.

李惠斌，杨雪冬，2000. 社会资本与社会发展［M］. 北京：社会科学文献出版社.

卢梭，1994. 社会契约论［M］. 何兆武，译. 北京：商务印书馆.

卢现祥，2004. 新制度经济学［M］. 武汉：武汉大学出版社.

陆铭，潘慧，2009. 政企纽带——民营企业家成长与企业发展［M］. 北京：北京大学出版社.

罗森堡，小伯泽尔，1989. 西方致富之路［M］. 上海：三联书店.

马歇尔，1981. 经济学原理［M］. 朱志泰，译. 北京：商务印书馆.

诺斯，1994. 经济结构史中的结构与变迁［M］. 陈郁，译. 上海：上海三联书店.

诺斯，2003. 经济史中的结构与变迁［M］. 上海：三联书店.

诺斯，2009. 经济史中的结构与变革［M］. 北京：商务印书馆.

帕特南，2001. 使民主运转起来［M］. 南昌：江西人民出版社.

皮凯蒂，2014. 21 世纪资本论［M］. 北京：中信出版社.

青木昌彦，1999. 经济体制的比较制度分析［M］. 北京：中国发展出版社.

萨缪尔森，1999. 经济学［M］. 萧琛，译. 北京：华夏出版社.

萨伊，1963. 政治经济学概论［M］. 陈福生，译. 北京：商务印书馆.

塞利格曼，1975. 美国企业史［M］. 上海：上海人民出版社.

斯蒂格利茨，1998. 政府为什么干预经济［M］. 北京：中国物资出版社.

斯密，2010. 国富论［M］. 谢宗林，李华夏，译. 北京：中央编译出版社.

宋则行，樊亢，1994. 世界经济史（上卷）［M］. 北京：经济科学出版社.

泰格，利维，1996. 法律与资本主义的兴起［M］. 上海：学林出版社.

坦茨，2014. 政府与市场：变革中的政府职能［M］. 王宇，等，译. 北京：商务印书馆.

王小鲁，樊纲，余静文. 2017. 中国分省份市场化指数报告（2016）［M］. 北京：社会科学文献出版社.

王竹泉，2003. 公司治理结构中的会计监督研究［M］. 北京：中国财政经济出版社.

吴水澎等，2000. 中国会计理论研究［M］. 北京：中国财政经济出版社.

习近平，2017. 习近平谈治国理政（第二卷）［M］. 北京：外文出版社.

夏皮罗，瓦里安，张帆，2000. 信息规则：网络经济的策略指导［M］. 北京：中国人民大学出版社.

燕继荣，2006. 投资社会资本——政治发展的一种新维度［M］. 北京：北京大学出版社.

杨瑞龙，周业安，2000. 企业的利益相关者理论及其应用［M］. 北京：经济科学出版社.

虞政平，2001. 股东有限责任［M］. 北京：法律出版社.

张其仔，2001. 新经济社会学［M］. 北京：中国社会科学出版社.

张维迎，1995. 企业的企业家——契约理论［M］. 上海：上海人民出版社.

张维迎，1996. 博弈论与信息经济学［M］. 上海：上海三联书店、上海人民出版社.

郑远民，2001. 现代商人法研究［M］. 北京：法律出版社.

本刊编辑部，2019. 会计监督 20 年大事记（1999—2018）［J］. 财政监督（1）：43 - 44。

边燕杰，2004. 城市居民社会资本的来源及作用：网络观点与调查发现［J］. 中国社会科学（3）：136 - 146 + 208.

边燕杰，丘海雄，2000. 企业的社会资本及其功效［J］. 中国社会科学（2）：87 - 99 + 207.

曹冈，2000. 新《会计法》对会计理论的影响［J］. 会计研究（5）：16 - 21.

曹伟，程六兵，赵璨，2016. 地方政府换届会影响企业纳税行为吗？——来自市委书记变更的证据［J］. 世界经济文汇（3）：91－110.

曹伟，杨德明，赵璨，2016. 政治晋升预期与高管腐败——来自国有上市公司的经验证据［J］. 经济学动态（2）：59－77.

曹伟，杨德明，赵璨，等，2017. 地方政治权力转移与企业社会资本投资周期——基于政企关系重构的动态研究［J］. 财经研究（1）：4－16.

陈丹，唐茂华，2008. 关注公共资源配置的公平性问题［J］. 中国发展观察（9）：33－34.

陈德球，李思飞，钟昀珈，2012. 政府质量、投资与资本配置效率. 世界经济，（3）：89－110.

陈冬华，2009. 地方政府、公司治理与补贴收入—来自中国证券市场的经验证据［J］. 财经研究（9）：15－21.

陈国辉，陆建桥，1996. 企业产权组织 会计信息质量 会计监督——兼析我国国有企业会计信息反映失真、会计监督弱化的深层动因［J］. 会计研究（5）：33－37.

陈建先，2013. 诺贝尔经济学奖专家对政府经济学贡献之研究［J］. 行政论坛（4）：83－88.

陈爽英，傅锋，井润田，2020. 政治关联对研发投资的影响：促进还是抑制［J］. 科研管理（1）：184－192.

陈晓芸，吴超鹏. 2013. 政治关系、社会资本与公司投资效率. 山西财经大学学报，35（6）：91－101.

陈毓圭，1995. 对会计监督的几点看法［J］. 会计研究（6）：26－28.

陈云贤，2019. 中国特色社会主义市场经济：有为政府＋有效市场［J］. 经济研究（1）：4－19.

陈宗胜，王晓云，周云波，2018. 新时代中国特色社会主义市场经济体制逐步建成——中国经济体制改革四十年回顾与展望［J］. 经济社会体制比较（4）：24－41.

程恩富，2014. 完善双重调节体系：市场决定性作用与政府作用［J］. 中国高校社会科学（6）：43－52＋153－154.

程恩富，2016. 马克思主义政治经济学理论体系多样化创新的原则和思路［J］. 中国社会科学（11）：43－49.

程恩富，高建昆，2014. 论市场在资源配置中的决定性作用——兼论中国特色社会主义的双重调节论［J］. 中国特色社会主义研究（1）：53－59.

程恩富，侯为民，2014. 市场和政府的功能强弱性及其互补作用［J］. 海派经济学（4）：8－15.

程恩富，孙秋鹏，2014. 论资源配置中的市场调节作用与国家调节作用——两种不同的“市场决定性作用论”［J］. 学术研究（4）：69－78.

程文进，1999. 美国政府与公司关系的历史演变［J］. 北京社会科学（4）：3－5.

楚永生，2003. 政府与市场资源配置有效性边界分析［J］. 西安电子科技大学学报（社会科学版）（4）：30－34.

戴亦一，潘越，刘新宇，2014. 社会资本、政治关系与我国私募股权基金投融资行为［J］. 南开管理评论（4）：88－97.

邓建平，曾勇，2009. 政治关联能改善民营企业的经营绩效吗［J］. 中国工业经济

(2)：100－110.

刁建东，权锡鉴，2012. 走出家族主义困境［J］. 企业管理（2）：18－19.

杜兴强，1998. 会计信息的产权问题研究［J］. 会计研究（7）：3－5.

杜兴强，郭剑花，雷宇，2009. 政治联系方式与民营上市公司业绩："政府干预"抑或"关系"？［J］. 金融研究（11）：162－177.

杜媛，孙莹，王苑琢，2015. 混合所有制改革推动资本管理创新和营运资金管理发展［J］. 会计研究（1）：93－95.

杜媛，王竹泉，2014. 政企关系再观察：一个理性视角［J］. 改革（11）：127－136.

方福前，2019. 论建设中国特色社会主义政治经济学为何和如何借用西方经济学［J］. 经济研究（54）：16－29.

方军雄，2006. 市场化进程与资本配置效率的改善［J］. 经济研究（5）：50－61.

方军雄，2007. 所有制、市场化进程与资本配置效率［J］. 管理世界（11）：27－35.

方军雄，2007. 所有制、制度环境与信贷资金配置［J］. 经济研究（12）：82－92.

方流芳，1992. 中西公司法律地位历史考察［J］. 中国社会科学（4）：153－170.

冯俏彬，贾康，2010. 权益—伦理型公共产品：关于扩展的公共产品定义及其阐释［J］. 经济学动态（7）：34－42.

冯正好，2008. 中世纪西欧的城市特许状［J］. 西南大学学报（社会科学版），（1）：184－189.

高明华，杨丹，杜雯翠，等，2014. 国有企业分类改革与分类治理——基于七家国有企业的调研［J］. 经济社会体制比较（2）：19－34.

高培勇，2014. 由适应市场经济体制到匹配国家治理体系——关于新一轮财税体制改革基本取向的讨论［J］. 财贸经济（3）：5－20.

葛家澍，刘峰，1999. 新中国会计理论研究 50 年回顾［J］. 会计研究（10）：7－14.

耿新，张体勤，2010. 企业家社会资本对组织动态能力的影响——以组织宽裕为调节变量［J］. 管理世界（6）：109－121.

龚凯颂，1998. 为会计监督正名［J］. 会计研究（3）：3－5.

顾海良，2017. 新发展理念的新时代政治经济学意义［J］. 经济研究（11）：15－17.

顾钰民，2017. 时代和实践：中国特色社会主义政治经济学的思想之母、理论之源［J］. 福建师范大学学报（2）：16－21.

桂勇，黄荣贵，2008. 社区社会资本测量：一项基于经验数据的研究［J］. 社会学研究（3）：122－142＋244－245.

郭道扬，1997. 论会计职能［J］. 中南财经大学学报（3）：62－75

郭剑花，杜兴强，2011. 政治联系、预算软约束与政府补助的配置效率——基于中国民营上市公司的经验研究［J］. 金融研究（2）：114－128.

郭文帅，2015. 权力尺度对公共资源配置影响的时空分析［D］. 北京交通大学.

何秉孟. 准确理解"使市场在资源配置中起决定作用"［N］. 中国社会科学报，2014－01－10.

何平. 政企关系是政治经济学核心问题之一［N］. 中国社会科学报，2011－08－02.

洪银兴，2016. 以创新的理论构建中国特色社会主义政治经济学的理论体系［J］. 经济研究（4）：4－13.

洪银兴，2016. 中国特色社会主义政治经济学的创新发展［J］. 红旗文稿（7）：4－9＋1.

洪银兴，2017. 关于中国特色社会主义政治经济学理论体系建设的几个问题［J］. 人文杂志（12）：30－36.

洪银兴，2017. 新时代现代化理论的创新［J］. 经济研究（11）：17－19.

洪银兴，2018. 市场化导向的政府和市场关系改革40年［J］. 政治经济学评论（6）：28－38.

洪银兴，2020. 进入新时代的中国特色社会主义政治经济学［J］. 管理世界，36（9）：1－11.

胡培兆，2016. 以民族的自尊自信创建中国特色社会主义经济学［J］. 中国社会科学（11）：36－42.

胡业飞，田时雨，2019. 政府数据开放的有偿模式辨析：合法性根基与执行路径选择［J］. 中国行政管理（1）：30－36.

黄珺，魏莎. 2016. 独立董事政治关联对企业信贷融资的影响研究. 管理评论（11）：182－190.

黄群慧，2013. 新时期如何积极发展混合所有制经济［J］. 行政管理改革（12）：49－54.

黄世忠，2001. 内部会计监督与控制制度［J］. 会计之友（6）：4－6＋2.

黄速建，2014. 中国国有企业混合所有制改革研究［J］. 经济管理6（7）：1－10.

纪建悦，董辉，2016. 公用事业类公司国有股比例与财务绩效关系研究——兼论混合所有制中的价值陷阱［J］. 中国海洋大学学报（社会科学版）（6）：44－49.

纪建悦，刘顺利，2013. PPP融资模式在我国公共租赁房建设中的应用研究［J］. 金融发展研究（1）：28－31.

贾生华，陈辉宏，2005. 企业利益相关者的利益协调与公司治理的平衡原理［J］. 中国工业经济（8）：114－121.

姜作培，1996. 资源配置与增长方式的转变［J］. 理论导刊（6）：11－14.

蒋永穆，2017. 建设现代化经济体系必须坚持的基本取向［J］. 马克思主义研究（12）：29－33.

蒋永穆，张晓磊，周宇晗，2017. 积极探索和构建中国特色社会主义的经济发展理论［J］. 政治经济学评论（2）：33－49.

金碚，2018. 关于“高质量发展”的经济学研究［J］. 中国工业经济（4）：5－18.

金太军，袁建军，2011. 政府与企业的交换模式及其演变规律——观察腐败深层机制的微观视角［J］. 中国社会科学（1）：102－118＋222.

金宇超，施文，唐松，等，2018. 产业政策中的资金配置：市场力量与政府扶持［J］. 财经研究（4）：4－19.

李春明，2017. 构建亲清政企关系研究［J］. 当代经济（31）：148－152.

李海凤，史燕平. 2014. 投资者保护、政府干预与资本配置效率. 经济经纬，31（3）：139－144.

李建平，黄瑾，2017. 论中国特色社会主义政治经济学的当代新特征［J］. 福建师范大学学报（2）：8－15.

李青原，2009. 会计信息质量与公司资本配置效率——来自我国上市公司的经验证据. 南开管理评论，12（2）：115-124.

李维安，2014. 深化国企改革与发展混合所有制［J］. 南开管理评论（3）：1.

李维安，邱艾超，古志辉，2010. 双重公司治理环境、政治联系偏好与公司绩效—基于中国民营上市公司治理转型的研究［J］. 中国工业经济（6）：85-95.

厉以宁，2014. 中国道路与混合所有制经济［J］. 中国市场（23）：3-11.

梁上坤，金叶子，王宁，等，2015. 企业社会资本的断裂与重构——基于雷士照明控制权争夺案例的研究［J］. 中国工业经济（4）：149-160.

林毅夫，2017. 新结构经济学的理论基础和发展方向［J］. 经济评论（3）：6-18.

林毅夫，2020. 有为政府参与的中国市场发育之路［J］. 广东社会科学（1）：5-7+254.

刘国光，2015. 政府和市场关系的核心是资源配置问题［J］. 毛泽东邓小平理论研究（11）：1-6+91.

刘国光，王佳宁，2018. 中国经济体制改革的方向、目标和核心议题［J］. 改革（1）：5-21.

刘鹤，2019. 坚持和完善社会主义基本经济制度［N］. 人民日报，2019-11-22（6）.

刘伟，2019. 坚持社会主义市场经济的改革方向——中国特色社会主义经济转轨的体制目标［J］. 中国高校社会科学（2）：16-20+157.

刘细良，樊娟，2010. 基于公共资源配置的腐败形成机理分析［J］. 湖南大学学报（社会科学版），24（4）：128-132.

刘玉廷，郭林，李冰慧，2016. 基于政府预算的国家审计制度优化研究［J］. 审计研究（5）：20-26.

刘长庚，张磊，2016. 理解"混合所有制经济"：一个文献综述［J］. 政治经济学评论（6）：25-41.

罗党论，刘晓龙，2009. 政治关系、进入壁垒与企业绩效—来自中国民营上市公司的经验证据［J］. 管理世界（5）：97-106.

罗党论，唐清泉，2009. 政治关系、社会资本与政策资源获取：来自中国民营上市公司的经验证据. 世界经济（7）：84-96.

罗党论，唐清泉，2009. 中国民营上市公司制度环境与绩效问题研究［J］. 经济研究（2）：107-119.

罗党论，甄丽明，2008. 民营控制、政治关系与企业融资约束——基于中国民营上市公司的经验证据［J］. 金融研究（12）：164-178.

罗飞，孙铮，陆正飞，等，2000. 如何理解中国特色的会计［J］. 会计研究（2）：2-8.

罗飞，王竹泉，2000. 会计监督是保证现代企业制度良好运行的一项重要机制［J］. 财会通讯（3）：11-14.

罗飞，王竹泉，2001. 论国家作为出资者对国有企业的财务管理［J］. 会计研究（4）：3-9+65.

罗国亮，2008. 改革开放三十年政企关系改革与启示［J］. 岭南学刊（5）：21-25.

吕立邦，黄恒学，2016. 国有企业改革中的政企关系问题探析. 社科纵横（10）：67-71.

马骏，2005. 体制不协调与监管瓶颈：我国会计监管体制的演变及路径选择［J］. 会计研究（8）：15 - 20 + 95.

倪红日，张亮，2012. 基本公共服务均等化与财政管理体制改革研究［J］. 管理世界（9）：7 - 18 + 60.

聂辉华，2020. 从政企合谋到政企合作——一个初步的动态政企关系分析框架［J］. 学术月刊（6）：44 - 56.

潘红波，余明桂，2010. 政治关系、控股股东利益输送与民营企业绩效［J］. 南开管理评论（4）：14 - 27.

潘石，莫衍，2005. 政企关系问题的本质：政府参与二重性的外化［J］. 长白学刊（1）：70 - 73.

潘越，戴亦一，吴超鹏，等，2009. 社会资本、政治关系与公司投资决策［J］. 经济研究（11）：82 - 94.

潘越，宁博，肖金利，2015. 地方政治权力转移与政企关系重建——来自地方官员更替与高管变更的证据［J］. 中国工业经济（6）：135 - 147.

逄锦聚. 2016. 中国特色社会主义政治经济学的民族性与世界性［J］. 经济研究，51（10）：4 - 11.

彭向刚，周雪峰，2016. 论新型政企关系下的政府规制：挑战与要求［J］. 学术研究（3）：59 - 66.

綦好东，曹伟，赵璨，2015. 货币政策、地方政府质量与企业融资约束——基于货币政策传导机制影响的研究［J］. 财贸经济（4）：32 - 45.

綦好东，郭骏超，朱炜，2017. 国有企业混合所有制改革：动力、阻力与实现路径［J］. 管理世界（10）：8 - 19.

邱海平，2015. 使市场在资源配置中起决定性作用和更好发挥政府作用——中国特色社会主义经济学的新发展［J］. 理论学刊（9）：47 - 60.

石军伟，付海艳，2010. 企业的异质性社会资本及其嵌入风险——基于中国经济转型情境的实证研究［J］. 中国工业经济（11）：109 - 119.

石军伟，胡立君，付海艳，2007. 企业社会资本的功效结构：基于中国上市公司的实证研究［J］. 中国工业经济（2）：84 - 93.

时家贤，袁玥，2019. 改革开放 40 年政府与市场关系的变迁：历程、成就和经验［J］. 马克思主义与现实（1）：27 - 34.

宋磊，谢予昭，2019. 中国式政府——市场关系的演进过程与理论意义：产业政策的视角［J］. 中共中央党校（国家行政学院）学报（1）：123 - 128.

隋敏，王竹泉，2012. 中小企业社会资本积累与盈利能力提升［J］. 企业管理（1）：96 - 99.

隋敏，王竹泉，2013. 社会资本对企业价值创造影响研究：理论、机理与应用［J］. 当代财经（7）：111 - 121.

覃家琦，邵新建，2015. 交叉上市、政府干预与资本配置效率［J］. 经济研究（6）：117 - 130.

唐国平，刘忠全，刘金洋，2017. 我国会计监督现状及优化思考——基于《会计法》修订的分析［J］. 财务与会计（21）：28 - 31.

田利辉，叶瑶，2013. 政治关联与企业绩效：促进还是抑制？——来自中国上市公司资本结构视角的分析［J］. 经济科学（6）：89－100.

王海，尹俊雅，2018. 政府驻地迁移的资源配置效应［J］. 管理世界（6）：60－71.

王金磊，綦好东，2015. 国有企业信息公开披露：先行实践与推进对策［J］. 财务与会计（11）：46－48.

王军，陈毓圭，高一斌，1988. 关于企业会计监督职能的反思［J］. 会计研究（5）：36－40.

王瑞，2002. 商法本质的变迁［J］. 政法论坛（6）：56－61.

王秀华，王竹泉，2013. 利益相关者价值的归属及衡量——基于利益相关者集体选择视角［J］. 管理现代化（4）：88－90.

王砚羽，谢伟，乔元波，李习保，2014. 隐形的手：政治基因对企业并购控制倾向的影响——基于中国上市公司数据的实证分析. 管理世界（8）：102－114＋133.

王彦超，赵璨，2016. 社会审计、反腐与国家治理［J］. 审计研究（4）：40－49.

王永贵，2019. 不断开辟中国特色社会主义意识形态建设的新境界——新中国70年意识形态建设的历程、经验和新时代前景［J］. 当代世界与社会主义（5）：88－96.

王苑琢，王竹泉，2016. 资本配置视角的民营企业混合所有制实践——以特锐德为例［J］. 财务与会计（1）：31－32.

王跃堂，孙铮，陈世敏，2001. 会计改革与会计信息质量——来自中国证券市场的经验证据［J］. 会计研究（7）：16－26＋65.

王仲兵，2001. 论资本观念与会计模式［J］. 南开管理评论（3）：36－39.

王竹泉，2002. 利益相关者会计监督体制的国际比较［J］. 会计论坛（2）：69－79.

王竹泉，2006. 利益相关者财务披露监管的分析框架与体制构造［J］. 会计研究（9）：35－41＋95.

王竹泉，2008. 会计信息披露的外部性与会计信息质量——基于利益相关者的视角［J］. 当代会计评论（2）：39－49.

王竹泉，2016. 企业混合所有制改革的多维考察与机理分析［J］. 财务与会计（1）：25－27.

王竹泉，2020. 我国宏观会计信息质量指数的构建与应用［J］. 会计之友（12）：2－9.

王竹泉，毕茜茜，2008. 改革开放30年会计监督的发展与创新［J］. 会计研究（7）：16－24＋96.

王竹泉，杜媛，2012. 利益相关者视角的企业形成逻辑与企业边界分析［J］. 中国工业经济（3）：108－120.

王竹泉，杜媛，2013. 政企关系的历史考察与理论重建［A］//中国会计学会2013年学术年会论文集［C］：1602－1622.

王竹泉，杜媛，2014. 混合所有制的本质与利益相关者资本管理［A］//2014营运资金管理高峰论坛暨混合所有制与资本管理高峰论坛论文集［C］：1－8.

王竹泉，杜媛，曲冠青，2016. 企业混合所有制改革的多维考察与机理分析［J］. 财务与会计（1）：25－27.

王竹泉，杜媛，孙莹，等，2014. 利益相关者视角的资金管理：机理与策略［J］. 财务与会计（理财版）（3）：10－12.

王竹泉，杜媛，王苑琢. 2017. 新型政商关系：国家治理与公司治理创新的发动机. 中国会计研究与教育，9（2）：1－19.

王竹泉，韩星佳，2018. 企业的政府社会资本禀赋对资本配置效率的影响研究——资源配置中政府作用的资本市场证据［A］//2018 中国资金管理智库高峰论坛论文集［C］：208－223.

王竹泉，韩星佳，2018. 企业的政府社会资本禀赋对融资约束的影响研究——资源配置中政府作用的资本市场证据［J］. 当代财经（10）：68－79.

王竹泉，江玮滢，2017. 我国会计信息质量检查十年回顾与改进建议［J］. 财政监督（2）：5－10.

王竹泉，权锡鉴，2018. 混合所有制改革是每一个企业均可以享受的政策红利——兼论中国特色企业理论与政企关系话语体系构建［J］. 财会月刊（23）：3－9.

王竹泉，任祯，权锡鉴，2018. 资源配置视角下的中国特色政府、市场与企业关系［A］//2018 中国资金管理智库高峰论坛论文集［C］：108－122.

王竹泉，隋敏，2010. 控制结构＋企业文化：内部控制要素新二元论［J］. 会计研究（3）：28－35＋96.

王竹泉，于小悦，权锡鉴，2020. 以要素市场化配置推动国有企业混合所有制改革创新发展［J］. 财会月刊（17）：135－140.

王竹泉，张璠，2018. 科技创新中政府与市场资源配置协同研究［A］. 2018 中国资金管理智库高峰论坛论文集［C］：307－324.

卫兴华，2017. 关于中国特色社会主义政治经济学的一些新思考［J］. 经济研究（11）：13－15.

魏杰，施戍杰，2014. “市场决定论”与混合所有制经济——什么样的产权安排能够促进共同富裕［J］. 社会科学辑刊（4）：95－101.

魏炜，朱青元，林桂平，2017. 政治关联、多元化并购与企业并购绩效［J］. 管理学报（7）：998－1005.

吴金群，李潇，2013. 经济发展中的政企互动关系［J］. 第一资源（6）：68－77.

吴军，夏建中，2012. 国外社会资本理论：历史脉络与前沿动态［J］. 学术界（8）：67－76＋264－268.

吴联生，2001. 企业会计信息违法性失真的责任合约安排［J］. 经济研究（2）：77－85＋94.

吴水澎，2000. 论会计监督与监督会计［J］. 财会通讯（10）：3－6.

吴文锋，吴冲锋，刘晓薇，2008. 中国民营上市公司高管的政府背景与公司价值［J］. 经济研究（7）：130－141.

吴文锋，吴冲锋，芮萌，2009. 中国上市公司高管的政府背景与税收优惠［J］. 管理世界（3）：141－149.

伍中信，肖美英，1997. 信息、产权与博弈：会计监督的经济学［J］. 会计研究（12）：15－18.

武辉，王竹泉，2019. 国家治理框架下善治导向的会计监督体系重构［J］. 会计研究（4）：3－10.

习近平，1998. 社会主义市场经济和马克思主义经济学的发展与完善［J］. 经济学动态（7）：3－6.

夏小林，2015. 政企关系：有分有合——从国际视角评切割政企关系的“改革”陷阱［J］. 管理学刊（3）：1－15＋19.

谢伏瞻，2018. 马克思主义是不断发展的理论［J］. 中国社会科学（5）：4－22.

徐丹丹，董莹，孔晓旭，等，2018. 国有企业分类改革的操作性困境能破解吗？——基于功能变动视角的衡量分析［J］. 经济社会体制比较（4）：9－15＋23.

严成樑，2012. 社会资本、创新与长期经济增长［J］. 经济研究（11）：48－60.

阎达五，杨有红，2001. 内部控制框架的构建［J］. 会计研究（2）：9－14.

杨道广，潘红波，陈汉文 . 2014. 政治关系、会计信息与银行信贷资本配置效率——来自中国民营上市公司的经验数据 . 投资研究，33（7）：26－40.

杨德明，赵璨，2014. 国有企业高管为什么会滋生隐性腐败？［J］. 经济管理（10）：64－74.

杨德明，赵璨，2015. 民营上市公司的政治关联与融资研究—基于货币政策和媒体监督的视角［J］. 审计与经济研究（2）：93－102.

杨德明，赵璨，2015. 内部控制、媒体曝光率与国有企业高管腐败［J］. 财务研究（5）：66－73.

杨德明，赵璨，曹伟，2017. 寻租与企业绩效："绊脚石"还是"润滑剂"［J］. 财贸经济（1）：130－145.

杨继国，安增军，2004. 企业理论的演进逻辑及其发展方向［J］. 中国工业经济（7）：91－97.

杨瑞龙，1995. 国有企业股份制改造的理论思考［J］. 经济研究（2）：13－22.

杨瑞龙，2014. 以混合经济为突破口推进国有企业改革［J］. 改革（5）：19－22.

杨瑞龙，2019. 中国特色社会主义经济理论的方法论与基本逻辑［J］. 政治经济学评论（6）：20－41.

杨瑞龙，杨其静，2001. 专用性、专有性与企业制度［J］. 经济研究（3）：3－11＋93.

杨雄胜，1997. 会计监督本质新探［J］. 四川会计（12）：6－8.

杨雄胜，陈丽花，曹洋，等，2013. 会计理论范式革命：黎明前的彷徨与思考［J］. 会计研究（3）：3－12＋95.

杨宇，沈坤荣，2010. 社会资本、制度与经济增长——基于中国省级面板数据的实证研究［J］. 制度经济学研究（2）：34－51.

杨筠，宁向东，2018. 政治关联、政府补贴与企业创新绩效［J］. 技术经济（5）：31－37.

叶静怡，周晔馨，2010. 社会资本转换与农民工收入——来自北京农民工调查的证据［J］. 管理世界（10）：44－56.

于文超，何勤英 . 2013. 投资者保护、政治联系与资本配置效率［J］. 金融研究，（5）：152－165.

于玉林，1980. 试论会计监督［J］. 会计研究（1）：67－70.

余菁，2014."混合所有制"的学术论争及其路径找寻［J］. 改革（11）：26－35.

余明桂，潘红波，2008. 政治关系、制度环境与民营企业银行贷款［J］. 管理世界（8）：9－21＋39＋187.

虞政平，2000. 论早期特许公司——现代股份公司之渊源［J］. 政法论坛（5）：52－67.

约翰·凯奥伯利·西尔伯斯通，1996. 关于"利益相关者"的争论——公司的治理结构［J］. 经济社会体制比较（3）：42－48.

张晖明，2018. 国有企业改革经验成果与中国特色企业理论初探［J］. 政治经济学评论

(6)：70－77.

张军扩，侯永志，刘培林，等，2019. 高质量发展的目标要求和战略路径［J］. 管理世界（7）：1－7.

张俊伟，2017. 关于振兴实体经济的几点思考［J］. 理论参考（4）：39－47.

张康之，2004. 公共管理：社会治理中的一场革命（上）［J］. 北京行政学院学报（1）：1－4.

张雷声，2017. 中国特色社会主义政治经济学的重大原则［J］. 南京师大学报（社会科学版）（1）：5－13.

张莉，朱光顺，李夏洋，等，2017. 重点产业政策与地方政府的资源配置［J］. 中国工业经济（8）：63－80.

张良庆，1998. 政府资源配置：激励和约束机制的构建［J］. 财政研究（9）：25－30.

张敏，黄继承，2009. 政治关联、多元化与企业风险—来自中国证券市场的经验证据［J］. 管理世界（7）：156－164.

张琦，2015. 公共产品理论的分歧与融合［J］. 经济学动态（11）：147－158.

张爽，陆铭，章元，2007. 社会资本的作用随市场化进程减弱还是加强？——来自中国农村贫困的实证研究［J］. 经济学（季刊）（2）：539－560.

张薇薇，2007. 中世纪商人法初探：其范畴、渊源与法律特征［J］. 浙江社会科学（3）：72－79.

张维迎，1996. 所有制、治理结构及委托——代理关系——兼评崔之元和周其仁的一些观点［J］. 经济研究（9）：3－15＋53.

张维迎，柯荣住，2002. 信任及其解释：来自中国的跨省调查分析［J］. 经济研究（10）：59－70＋96.

张玉利，杨俊，任兵. 社会资本、先前经验与创业机会——一个交互效应模型及其启示［J］. 管理世界，2008（7）：91－102.

赵璨，曹伟，朱锦余，2013. 治理环境、产权性质与内部控制治理效应——基于公司违规视角的研究［J］. 经济与管理评论（6）：124－131.

赵璨，王竹泉，杨德明，等，2015. 企业迎合行为与政府补贴绩效研究—基于企业不同盈利状况的分析［J］. 中国工业经济（7）：130－145.

赵璨，杨德明，曹伟，2015. 行政权、控制权与国有企业高管腐败［J］. 财经研究（5）：78－89.

赵璨，朱锦余，曹伟，2013. 产权性质、高管薪酬与高管腐败——来自中国上市公司的经验证据［J］. 会计与经济研究（5）：24－37.

赵海军. 基于产权的信息资源分类与信息确权理论建设［J］. 图书与情报，2012（4）：89－97.

赵良庆，2004. 政府在建立和完善社会主义市场经济体制中的基础性作用［J］. 合肥学院学报（社会科学版）（1）：35－39.

赵瑞. 2012. 社会资本视角下企业融资行为研究. 福建：华侨大学.

赵瑞. 2013. 企业社会资本、投资机会与投资效率. 宏观经济研究（1）：65－72.

中央党校“中国特色社会主义政治经济学研究”课题组，韩保江，张慧君，2017. 中国特色社会主义政治经济学对西方经济学理论的借鉴与超越——学习习近平总书记关于中国特色社会主义政治经济学的论述［J］. 管理世界（7）：1－16.

周驰，2013. 推进公共资源配置市场化改革的策略思考［J］. 人民论坛（11）：66－67.

周飞舟，2006. 分税制十年：制度及其影响［J］. 中国社会科学（6）：100－115＋205.

周鲁耀，2016. “管委会－公司”模式的治理绩效与控权困境——基于一项典型案例的研究［J］. 中国行政管理（7）：46－51.

周其仁，1996. 市场里的企业：一个人力资本与非人力资本的特别合约［J］. 经济研究（6）：71－80.

周绍东，2015. 公共产品超额供给：特征、根源及其治理［J］. 财政研究（9）：91－95.

周业安，2000. 中国制度变迁的演进论解释［J］. 经济研究（5）：3－11＋79.

朱鸿伟，2003. 政企关系的国际比较及启示［J］. 南方经济（1）：73－75.

Aggarwal R K，Meschke F，Wang T Y，2012. Corporate political donations：investment or agency？［J］. Business and politics，14（1）：1－38.

Alchian A A，Demsetz H，1972. Production，information costs，and economic organization［J］. The American economic review，62（5）：777－795.

Allen F，Qian J，Qian M，2005. Law，finance，and economic growth in China［J］. Journal of financial economics，77（1）：57－116.

Asquer A，Mele V，2018. Policy－making and public management［J］. The palgrave handbook of public administration and management in Europe：517－533.

Bartolini S，Bonatti L，2008. Endogenous growth，decline in social capital and expansion of market activities［J］. Journal of economic behavior & organization，67（3－4）：917－926.

Boubakri N，Cosset J，Saffar W，et al.，2008. Political connections of newly privatized firms［J］. Journal of Corporate Finance，14（5）：654－673.

Chen C，Z Li，X Su，Z Sun，2011. Renting－Seeking Incentives，Corporate Political Connections and Organizational Structure of Private Firms：Chinese Evidence［J］. Journal of Corporate Finance，17（2）：229－243.

Chou Y K，2006. Three simple models of social capital and economic growth［J］. Journal of socio－economics，35（5）：889－912.

Claessens S，E Feijen，L. Laeven，2008. Political Connections and Preferential Access to Finance：The Role of Campaign Contributions［J］. Journal of Financial Economics，88（3）：554－580.

Coase R H，1937. The Nature of the firm［J］. Economica，4.

Coleman，J，1990. Foundations of Social Theory［J］. Cambridge Harvard University Press.

Faccio，M，2006. Politically Connected Firms［J］. The American Econocmics Review，96（1）：369－386.

Faccio M，Masulis R W，McConnell J J，2006. Political connections and corporate bailouts［J］. Journal of finance，61（6）：2597－2635.

Faccio M，Lang H P，2002. The ultimate ownership of Western European corporations［J］. Journal of financial economics，65（3）：365－395.

Guiso L, Sapienza P, Zingales L, et al. , 2004. The role of social capital in financial development [J]. The American economic review, 94 (3): 526 -556.

Healy, P, and K Palepu. 2001. Information asymmetry, corporate disclosure, and the capital markets: a review of the empirical disclosure literature [J]. Journal of Accounting and Economics, 31 (1): 405 -440.

Holdsworth, 1925. History of English Law, London, Methuen [J]. 8: 201 -202.

Houston, J F, Jiang L, Lin C, et al. , 2011. Political connections and the cost of borrowing, SSRN, Working Paper.

Ijaz K A, Atif M, 2005. Do lenders favor politically connected firms? rent provision in an emerging financial market [J]. Quarterly journal of economics (4): 4.

Knack S, Keefer P, 1997 . Does social capital have an economic impact? a cross country investigation [J]. Quarterly journal of economics, 112 (4): 1251 -1288.

Laursen K, Masciarelli F, Prencipe A, 2012 . Regions matter: how localized social capital affects innovation and external knowledge acquisition [J]. Organization science, 23 (1): 177 -193.

Mclean, R D, T Zhang, and M Zhao. 2012. Why Does the Law Matter? Investor Protection and Its Effects on Investment, Financial and Growth [J]. Journal of Finance, 67 (1): 313 -350.

Musgrave R A. 1959. The theory of public finance [M]. New York: McGraw - Hill.

Myers, S, and N. Majluf. 1984. Corporate Financing and Investment Decisions When Firms Have Information that Investors Do Not Have [J]. Journal of Financial Economics, 13 (2): 187 -221.

Putnam, R, 1995. Bowling Aline: America's Declinig Social Capital [J]. Journal of Democracy, 6: 65 -78.

Stevens W H, 1926. Stockholders' voting rights and the centralization of votingcontrol [J]. The quarterly journal of economics, 40: 353 -392.

Shleifer A, Vishny R W, 1994. Politicians and firms [J]. Quarterly journal of economics, 109 (4): 995 -1025.

Stulz R, 1988, Managerial control of voting rights: financing policies and the market for corporate control [J]. Journal of financial economics, 20: 25 -54.

Wu W, Wu C, Rui O M, et al, 2012. Ownership and the value of political connections: evidence from China [J]. European financial management, 18 (4): 695 -729.

Wurgler, J, 2000. Financial Markets and the Allocation of Capital [J]. Journal of Financial Economics, 58 (1): 187 -214

Zak P J, Knack S, 2001. Trust and growth [J]. The economic journal, 111 (470): 295 -321.